직분자를 위한 대표기도문
[증면개정판]

직분자를 위한 대표기도문(증면개정판)

초 판 1쇄 발행 | 2020. 8. 10
증면개정판 1쇄 인쇄 | 2021. 10. 30
지은이 | 노진향
펴낸이 | 박미옥
펴낸곳 | 맑은하늘
편 집 | 권상아
교 정 | 이지선
일부총판 | 비전북 (031) 907-3927
등 록 | 제 679-30-00202호(2016. 8. 11)
주 소 | 부천시 원미구 중동 1289번지 팰리스카운티
　　　　아이파크상가 3층 301호
전 화 | (032) 611-7578
팩 스 | (032) 343-3567
도서출간상담 | E-mail:chmbit@hanmail.net

ISBN : 979-11-88790-21-0 03230

정가:16,800원

[교회력과 절기에 맞춘 사계절 대표기도문]

Representative prayer
for a worship in Lord's day

직분자를 위한
대표기도문

노진향 목사

맑은하늘

머리말

기도차례만 되면 신경 쓰이고 걱정되는 대표기도, 아이러니하게도 대표기도 때문에 스트레스 받는 성도들이 의외로 많습니다.

대표기도는 주로 직분을 받은 자들이 하게 되는데, 직분자가 많지 않은 교회는 자주 돌아오는 대표기도 때문에 심적으로 많은 부담을 느끼고 있는 것이 사실입니다. 이 때문에 작은 교회에 출석하다가 대표기도가 부담스러워 큰 교회로 옮겼다는 성도도 있습니다.

어떤 교회는 목사님이 성도에게 대표기도를 시키면, 교회를 아예 안 나오겠다고 으름장을 놓기도 한답니다. 그러므로 대표기도는 목사님이나 성도 모두에게 반갑고 기쁜 일만은 아닙니다. 물론 예외인 교회도 있겠지요.

이렇듯 대표기도는 부담이 되는 것이 사실입니다. 더 큰 부담은 대표기도를 하기 위하여 공적인 자리에 서야 한다는 것입니다. 누군가 대표기도를 할 때에 떨며 버벅대는 것을 보기라도 했다면 그 강도는 더할 것입니다.

하지만, 성도가 대표기도를 하는 자리에 서게 되었다는 것은, 이제 자신의 신앙이 어느 정도 공적으로 인정받게 되었다는 것을 의미하기도 합니다. 그러니 부담이긴 하지만 감사한 일이지요. 사람에게 인정받는 것이 곧 주님께도 인정받는 것이 되는 것이니까요. 그리고 부담이 곧 사명이라는 말이 있습니다.

부담을 갖지 않으면 사명도 감당하지 못하고, 사명을 감당하지 못하면 변화나 발전도 주어지지 않는 겁니다. 그러니 대표기도를 피하지 마십시오. 영혼을 울리고 하나님의 보좌를 움직이는 대표기도가 되기 위하여 영적인 부담을 가져보십시오. 주님이 반드시 도우시고 함께하실 것입니다.

대표기도를 준비하시는 분들을 위하여 또 한권의 책을 내놓습니다. 이제 대표기도의 성격이나 분야도 다양해졌음을 봅니다. 그러므로 그것을 제대로 파악하고 있지 않으면 대표기도도 항상 겉도는 기도가 될 수밖에 없습니다.

이 책은 교회력에 초점을 맞추어 엮은 것입니다. 아직 직분자중에 교회력에 대하여 잘 모르고 있는 분들이 많다는 것을 느낍니다.
이 책의 기도문이 그런 분들에게 조금이라도 힘이 되었으면 기쁘고 감사하겠습니다.

수리산기슭에서 노진향 목사

편안한 삶을 위해 기도하지 마라. 강한 사람이 되도록 기도하라. 당신의 능력에 합당한 사명을 위해 기도하지 마라. 오히려 당신의 사명에 합당한 능력을 구하라. _ 필립스 브룩스

| 차례 |

제2부 | 수요예배 대표기도문

제3부 | 구역(셀, 속회)모임 대표기도문

제4부 | 가정 애경사(哀慶事) 대표기도문

제5부 | 헌신예배 대표기도문

제6부 | 헌금(봉헌) 대표기도문

제7부 | 회의와 모임 대표기도문

제2부 │ 교회와 성도를 위한 직분자 무릎 대표기도문

제3부 | 나라와 이웃을 위한 직분자 무릎 대표기도문

[1권]
직분자를 위한
주일예배 대표기도문

대표 기도에 대하여

대표기도란?

예배를 위하여 여러 사람이 함께 모인 자리에서 한 사람이 그들을 대표하여 기도하는 것을 말한다. 예배와 모임의 성격에 따라서 다양하게 분류할 수 있지만, 예배학적인 입장에서 보면 주일예배 때에 드리는 기도를 말한다.

대표기도의 성격

대표기도는 도고(禱告)의 성격을 띠고 있다. 그러므로 공동의 성격을 띤 기도라는 것을 잊어선 안 된다. 공동체의 관심과 문제를 파악할 수 있어야 하고 개인에 관계된 기도내용으로 흘러가지 않도록 주의해야 한다.

대표기도순서

기도의 순서는 일반적으로 ① 하나님께 대한 찬양과 감사, ② 죄의 고백, ③ 공동체의 염원과 소망을 담은 간구, ④ 기도를 들어주실 것에 대한 확신, ⑤ 예수님의 이름으로 끝을 맺는다. 대표기도도 동일하지만 한 가지 주의해야 할 것은 예배의 유형에 따라 기도해야 한다는 것과, 객관성을 잃지 않도록 주의해야 한다는 것이다. 그러므로 대표기도는 사전에 준비하는 것이 꼭 필요하다.

대표기도를 잘하는 방법

1) 개인기도생활이 반드시 뒷받침되어야 한다.

2) 공동체와 사회적 관심을 잘 파악하고 있어야 한다.

3) 목사님의 설교와 조화를 이룰 수 있어야 한다.

4) 기도의 패턴을 익히기 위하여 다양한 기도문을 참고해보라.

5) 한 주간동안 기도문을 작성해서 입에 붙도록 반복하여 읽어보라.

6) 기도의 내용이 긍정적일 수 있도록 힘쓰라.

7) 예배의 성격과 기도의 내용이 일치하고 있는지 점검해야 한다.

대표기도를 위한 준비

1) 주보를 잘 살펴보아야 한다.

2) 복장을 단정히 하는 것이 바람직하다.

3) 예배 15분전에 미리 기도석에 앉아있는 것이 바람직하다
   (주일예배).

4) 성령님을 의지하기 위하여 기도해야 한다.

5) 페이퍼를 너무 의존하지 말아야 한다.

대표기도 때 주의할 점

1) 지나친 미사의 여구로 기도내용을 꾸미지 말아야 한다.

2) 설교시간을 침범하지 않도록 간단하게 하는 것이 바람직하다.

3) 탄원과 원성이 섞인 기도를 삼가야 한다.

4) 감정이나 흥분을 조절할 수 있어야 한다.

5) 개인기도로 착각하지 말아야 한다.

6) 발음을 정확하게 하되, 너무 빠르거나 느리게 하지 말아야 한다.

7) 가성을 사용하지 말아야 한다.

8) 어려운 문자를 쓰지 말아야 한다.

9) 일반화시킨 대명사를 사용해야 한다.

　　예) 제가 → 저희가, 내가 → 우리가

10) 설교식으로 하지 말아야 한다.

대표기도문의 구성(주일예배)

1) 하나님께 찬양으로 나아감

2) 하나님께 감사로 영광

3) 회개와 고백으로 접근

4) 간구와 도고

　　– 국가, 민족, 이웃을 위하여

　　– 교회, 기관, 구역(셀)을 위하여

　　– 교회의 특징적 상황이나 공동기도제목을 위하여

　　– 설교자를 위하여

　　– 성가대와 예배위원을 위하여

　　– 예배의 의탁

　　– 예수 그리스도의 이름으로

　　– 아멘

교회력 도표(chart)

명칭	기간과 의미	전례색
강림절 (대림절) Advent	11월 30일에 가장 가까운 주일에 시작하여 성탄절 전까지 4주간이고, 예수 그리스도의 오심을 기쁨으로 기억하며 재림을 소망하는 절기이다.	보라
성탄절 Christ Mas Tide	12월 25일부터 1월 5일까지이고, 예수 그리스도의 탄생과 성육신을 축하하는 절기이다.	흰색
현현절 (주현절) Epiph-ani	1월 6일부터 성회수요일까지이고, 처음에는 그리스도의 세례를 기념하다가 후에는 그리스도께서 이방인에게 나타나심을 기념하기 위하여 절기를 지켰다.	흰색
성회수요일 Ash Wednesday	부활주일 전날로부터 평일만 거꾸로 계산하여 40일째 되는 수요일이고, 사순절이 시작되는 첫 번째 날로 고난과 부활에 대한 준비일이다.	보라
사순절 Lent	성회수요일부터 부활절 전날까지 평일만 40일이고, 예수 그리스도의 고난을 기억하며 금식과 자기 회개의 기회를 삼기도 하고 구제와 사회봉사를 강화하여 신앙훈련의 기간으로 삼기도 한다.	흰색

명칭	기간과 의미	전례색
수난주간 PassionWeek	사순절의 마지막 한주간이며, 부활절 전주인 종려주일부터 시작하여 부활절 전날까지이다. 예수님의 입성, 죽음, 장사되기까지의 사건들을 기념한다.	보라 (빨강)
종려주일 Paln Sunday	수난주간의 첫날(주일)이고, 예루살렘의 입성을 기념하는 주일이다.	보라 (빨강)
수난일 Good Friday	수난(고난)주간의 6일째 날이고 예수님의 죽으심을 기념한다.	보라 (흑색)
부활주일 Easter day	수난일 후 첫 주일이고, 예수님의 부활하심을 기념하는 주일이다.	흰색
부활절 Easter	부활주일부터 6주간이고 부활의 주님 안에서 기쁨을 누리는 기간이다.	흰색
성령강림절 Whitsunday	부활주일 후 일곱 번째 주일이고, 성령의 강림하심을 기념하는 주간이다.	빨강
오순절 Pentacost	성령강림절 후 9월 마지막주일까지이고, 성령강림 후 그 역사를 기념하는 기간이다.	녹색
왕국절 Kingdom	10월 첫 주부터 대강절(대림절) 전까지이고 그리스도인들의 사회적 책임을 깨닫게 하는 절기이다.	녹색

기념주일 도표(chart)

명칭	기간과 의미	전례색
어린이주일 Chridren's Day	국가적으로 어린이날을 공휴일로 정한 나라는 전 세계에서 일본과 한국 두 나라뿐인 것으로 알고 있다.	5월 첫째 주일
어버이주일 Parents Day	어머니 날 운동은 미국의 자비스 부인 (Mrs. Ann M. Jarvis)에게서부터 시작되었다.	5월 둘째 주일
맥추감사절 Feast of Harvest	맥추절은 이스라엘의 3대절기중 두 번째 절기이다. 유월절로부터 시작되는 절기 주기의 종결로서 간주되는 절기가 맥추절이다.	7월 첫째 주일
종교개혁 주일 Reformation Sunday	종교개혁은 1517년 10월 31일 마틴 루터 (Martin Luther)가 비텐베르그(Witten-berg)대학 게시판에 95개 조항을 써 붙이면서 시작 되었는데, 오직 믿음으로, 오직 성경으로, 오직 은혜로 라는 슬로건을 종교개혁의 3대 원리로 삼았다.	10월 마지막 주일
추수감사절 Thanksgiving Day	한국교회는 1904년부터 장로교 단독으로 지키다가, 1914년부터 각 교파가 11월 셋째주일을 추수감사절로 지키게 되었다.	교단별 로약간 다름
성서주일 Bible Sunday	성서주일을 언제부터 지켰는지에 대한 정확한 기록은 없다. 성서주일이 특별히 강조된 것은 마틴 루터가 종교개혁을 일으킨 후부터이다.	12월 둘째 주일

주님의 마음을

오 주님,

당신의 크신 자비로써

저의 모든 죄를 제거하시고

제 안에 성령의 불을 붙이소서.

돌 같은 마음을 가져가시고

살과 피로 된 마음을,

주님을 사랑하고 찬양할 수 있는 마음을,

주님 안에서 즐거워하고

사랑하며

주님을 기쁘게 할 수 있는 마음을

저희에게 주소서.

오직 그리스도를 위하여!

- 암브로시우스(Ambrosius) 339-397

제1부

주일오전, 오후예배

대표기도문

빛의 자녀로 행함

송영(Recitation)

일어나라 빛을 발하라 이는 네 빛이 이르렀고 여호와의 영광이 네 위에 임하였음
이니라 보라 어둠이 땅을 덮을 것이며 캄캄함이 만민을 가리려니와 오직 여호와
께서 네 위에 임하실 것이며 그의 영광이 네 위에 나타나리니 나라들은 네 빛으로,
왕들은 비치는 네 광명으로 나아오리라(사 60:1~3)

새해 들어 맞이하는 첫 주일에 빛으로 나타나신 우리 주님의 현현
하심을 찬송하며 영광을 돌립니다.
빛이신 우리 주님의 모습을 뵈오니, 지난날의 흑암이 모두 걷히고
깨끗이 사라지는 것을 깨닫습니다. 그러나 지금 이 순간 저희 자신
을 돌아보니 여전히 어두운 죄악 길에서 서성거렸던 죄악의 요소
들이 꿈틀거리고 있음을 발견합니다.

저희의 심령을 주님의 강하신 빛으로 비추셔서 모든 죄악의 요소
들이 소멸되는 은총이 있게 하시고, 다시는 어두운 죄악의 길에서
서성이는 일이 없도록 저희의 삶에 등불이 되어 주옵소서.

주님!
여기에 모여 한마음으로 예배드리는 저희 모두가 '일어나 빛을 발

하라'는 주님의 말씀을 지키며 행하는 한해가 되기를 원합니다.
저희를 빛의 자녀로 택하여 주셨사오니, 빛의 자녀로서 주님의 말씀 안에 거하기를 힘쓰며, 그 말씀대로 힘써 행할 수 있는 복된 한 해가 되게 하옵소서.

또한, 어둠가운데 있는 많은 영혼이 빛이신 주님께로 돌아올 수 있도록 입을 열어 복음을 전할 수 있게 하시고, 주님처럼 모든 것을 깨뜨려 섬김의 도를 실천할 수 있는 삶이 되게 하옵소서. 그리하여 주님의 몸 된 교회도 구원과 진리의 빛으로 충만해지며, 섬김과 충성의 빛으로 충만해져가는 은혜의 역사가 있게 하옵소서.

주님!
새해 첫 주일을 맞이하여 모든 기관이 새롭게 출발합니다.
임명된 모든 일꾼들이 맡은 직임과 직책에 마음을 다하여 충성할 수 있게 하시고, 서로가 뜨겁게 사랑하며 참된 부흥을 이룰 수 있는 복된 한해가 되게 하옵소서.
특별히 목양에 힘쓰시는 목사님과 교역자들께 성령의 능력을 덧입혀 주옵소서. 언제나 피곤하지 않도록 새 힘을 주시고, 지치지 않도록 능력의 오른손으로 붙들어 주옵소서.

찬양으로 영광 돌리는 성가대의 찬송을 받으시고, 세우신 목사님을 통하여 주님의 세미한 음성을 듣게 하실 것을 믿사오며, 빛이신 예수 그리스도의 이름으로 기도합니다. 아멘

오직 충성

송영(Recitation)

내 영혼아 여호와를 송축하라 내 속에 있는 것들아 다 그의 거룩한 이름을 송축하라 내 영혼아 여호와를 송축하며 그의 모든 은택을 잊지 말지어다. 좋은 것으로 네 소원을 만족하게 하사 네 청춘을 독수리 같이 새롭게 하시는도다(시 103:1~2,5)

자비로우신 하나님 아버지!
새해 첫 주일을 맞아 저희를 예배의 자리로 이끄신 주님의 은혜를 감사드립니다. 새날을 맞이하여 설레는 마음을 가지고 주님 앞에 나왔지만, 여전히 저희의 마음이 깨끗하지 못함을 고백합니다.

지금까지 죄를 멀리하는 삶을 살기에 게을렀던 저희들을 용서하여 주시고, 깨끗함과 진실함으로 주님의 영광을 대할 수 있도록 정결한 마음을 허락하여 주옵소서.

주님!
올해는 항상 새로움으로 거듭나는 한해가 되기를 원합니다. 저희만 아니라, 하나님을 섬기는 이 나라의 신실한 주의 백성들이, 겸손히 주님의 나라와 의를 구하는 한해가 되게 하옵소서.

지난날 교회와 이웃을 위하여 기도하지 못한 것과, 봉사하지 못한 것과, 복음을 증거 하는 일에 게을렀던 잘못들을 다시는 반복하는 일이 없게 하옵소서. 주님이 기뻐하시는 것들에 온 맘과 정성을 쏟을 수 있는 한해가 되게 하옵소서.

또한, 이 민족이 주님의 보호하심 가운데 자유와 평화를 누릴 수 있게 하시고, 이 나라의 권력을 가진 모든 자들이 하나님을 두려워하며 주님의 정의를 나타낼 수 있는 일꾼들이 되게 하옵소서.

주님!
새해를 맞이하여 교회의 새로운 일꾼들도 임명되었사오니, 부름 받은 모든 일꾼들이 맡은 직책에 충성과 헌신을 다할 수 있게 하옵소서. 주님의 희생 사역이 있으셨기에 저희가 일꾼으로 부름 받게 된 것을 항상 생각하며, 교만과 나태함으로 주님의 영광을 가리는 일이 없게 하옵소서.

특별히 주님의 몸 된 교회를 위하여 애쓰시는 목사님과 모든 교역자분들을 주님의 강하신 손으로 붙드셔서 영육 간에 피곤함이 없게 하시고, 성령의 능력을 더하셔서 주님이 맡기신 양무리를 보살피기에 조금도 부족함이 없게 하옵소서.

저희에게 미래를 열어주시고, 올해의 첫걸음을 주님께로 향하게 하신 은혜를 다시 한 번 감사하오며, 예수 그리스도의 이름으로 기도합니다. 아멘

사랑의 심부름꾼

송영(Recitation)

새 노래로 여호와께 노래하라 온 땅이여 여호와께 노래할지어다 여호와께 노래하여 그의 이름을 송축하며 그의 구원을 날마다 전파할지어다 그의 영광을 백성들 가운데에, 그의 기이한 행적을 만민 가운데에 선포할지어다 여호와는 위대하시니 지극히 찬양할 것이요(시 96:1~4)

사랑의 하나님, 은혜의 주님!
잠시 교회를 떠나 있던 저희들을 다시금 주님을 경배하는 예배의 자리로 이끄심을 감사합니다. 이 시간, 저희들을 긍휼히 여기셔서 세상의 것으로 냄새나는 곳곳을 주님의 보혈로 씻어주시고 크신 은혜로 가득히 채우시옵소서.

오늘도 저희들이 예배를 드리기 위하여 주님 앞에 겸손히 머리를 조아렸지만, 온전한 정성이 담겨지지 않은 채 예배드리게 된 것을 매우 부끄럽게 생각합니다. 너무나 낯 뜨겁고 부끄러운 저희들이지만, 주님을 가까이하는 자들을 거절하지 않으시는 주님의 사랑을 의지하여 예배드리기 원합니다.
주님만이 홀로 영광을 받으시고, 주님의 선하심과 인자하심을 다시금 경험하는 시간이 되게 하옵소서.

사랑의 주님!
여전히 소돔과 고모라와 같은 세상이기에, 곳곳에 주님의 사랑을 나타내고 섬겨야 할 곳이 많다는 것을 깨닫습니다.

저희들이, 주님의 사랑 베풀기에 인색하지 않도록 강퍅한 마음을 녹여주시고, 주님의 사랑을 온전히 실천할 수 있는 사랑의 도구가 되게 하옵소서. 선한 사마리아 사람같이 진실한 마음으로 이웃을 사랑하며 섬길 수 있는 사랑의 심부름꾼이 되게 하옵소서.

긍휼이 풍성하신 주님!
저희의 믿음이 연약하여 주님의 도우심을 바라는 간구를 드리지 않을 수 없습니다. 일어나 빛을 발하는 인생으로 살 수 있도록 힘을 주시고 능력을 더하여 주시기 원합니다.

고통가운데 깊이 빠질지라도 주님의 피 묻은 십자가를 생각할 수 있는 믿음이 되게 하옵소서. 절망이 엄습할지라도 새로운 심령으로 거듭나게 하시는 주님의 능력을 의지할 수 있게 하옵소서.

오늘도 예배를 인도하시는 목사님을 성령의 강하신 능력으로 붙드시고, 부족한 저희들이 예배 순서마다 동참할 때, 저희 가운데 성령님이 운행하고 계심을 경험하는 시간이 되게 하옵소서.

사랑이 풍성하신 예수 그리스도의 이름으로 기도합니다. 아멘

예수님만 바라봄

송영(Recitation)

여호와의 인자하심과 인생에게 행하신 기적으로 말미암아 그를 찬송할지로다 그가 사모하는 영혼에게 만족을 주시며 주린 영혼에게 좋은 것으로 채워주심이로다 (시 107:8~9)

살아계신 하나님!
인생에게 행하시는 주님의 기이한 일로 말미암아 찬송과 영광을 돌립니다. 사모하는 자를 만족케 하시고, 주린 영혼에게 좋은 것으로 채워주시는 주님의 그 크신 사랑을 생각할 때, 거짓되고 부정한 입술로 주님을 찬송함이 너무 부끄럽습니다.

하지만, 부패한 인생을 바른 길로 인도해 주시기 위하여 오늘도 예배의 자리로 불러주신 주님의 사랑을 의지하여 찬양과 영광을 돌리오니 기쁘게 받아주시옵소서.

주님!
삶 가운데 주님을 사모하는 마음과 순종하는 마음이 없었던 저희들입니다. 사람의 겉모양만 남아, 피리를 불어도 춤추지 않고 애곡하여도 가슴을 칠 줄 모르는 저희들이었습니다.

이 시간, 저희들의 감각 없는 마음을 불같은 성령으로 녹여주시고, 애통하며 회개하는 마음을 갖게 하셔서 주님의 긍휼을 입고 주님을 뵈올 수 있는 시간이 되게 하옵소서.

영적으로 어두웠던 눈도 뜨이게 하셔서 주님의 주권을 고백하며 올곧은 믿음으로 사는 인생이 되게 하옵소서.

주님!

새해를 맞이했지만, 아직도 저희들에게는 묵은 고통들이 그대로 있음을 솔직히 고백하지 않을 수 없습니다.

"너희는 먼저 그의 나라와 그의 의를 구하라"고 말씀하신 주님의 가르침을 너무나 잘 알고 있지만, 떠나지 않는 고통으로 인하여 늘 경직된 삶을 살 수밖에 없는 연약함을 불쌍히 여기시기를 원합니다.

모든 죄악 된 습관들을 믿음으로 물리치게 하시고, 모든 어려움을 믿음으로 극복하게 하시며, 믿음의 주요 온전하게 하시는 이인 예수님만 바라보고 살아가는 인생이 되게 하옵소서.

달음박질하여도 곤비치 아니하고, 걸어가도 피곤함을 모르는 인생이 되게 하옵소서.

오늘도 예배를 통해서 주님의 음성을 듣게 하시고, 갈급한 영혼들이 성령의 위로하심을 받는 시간이 되게 하옵소서.

사랑이 많으신 예수 그리스도의 이름으로 기도합니다. 아멘

주의 계명을 지킴

송영(Recitation)
너희가 전에는 어둠이더니 이제는 주 안에서 빛이라 빛의 자녀들처럼 행하라(엡 5:8)

저희를 흑암의 권세에서 건져내셔서 빛의 나라, 생명의 나라로 옮기신 주님! 지난 한주간도 저희를 주님의 사랑과 은혜와 보호가운데서 살게 하시고, 이 시간에 다시금 주님의 거룩하신 임재 앞에 엎드려 예배하게 하시니 감사와 영광을 돌립니다.
그러나 그동안도 주님의 은혜를 외면한 채 저희 인생이 온통 저희 자신의 것인 양 생각하며 마음대로 즐기고 함부로 생활을 해왔습니다. 인생을 만드신 주님께서 이와 같은 저희의 모습을 보시고 가증이 여겨 넘어뜨릴까 두렵사오니 불쌍히 보시고 용서하여 주옵소서.

사랑이 많으신 주님!
저희가 세상에 살면서 걱정과 두려움이 많이 있습니다. 육신의 피로도 감당키 어려울 때가 있습니다. 때로는 괴로움 속에서 주님을 원망할 때도 있습니다. 이웃사람이 짜증스러울 때도 있습니다. 경건된 생활이 아니라, 방탕하고 나태할 때가 너무나 많습니다.

주님! 크신 사랑으로 다시 한 번 저희 영혼을 보듬어주셔서 주님이 주시는 힘으로 삶의 멍에를 기꺼이 짊어지게 하옵소서. 진실한 마음과 강한 믿음으로 힘 있게 살아가게 하옵소서.

은혜의 주님!
이번 주에는 민족의 명절인 설날이 있습니다. 많은 성도들도 부모님과 일가친척이 있는 고향을 찾아 떠날 것입니다. 오고가는 발걸음을 지켜 주시고, 행여나 불미스러운 일이 발생하지 않도록 불꽃 같은 눈동자로 보살펴 주옵소서.

온 가족의 모든 대화를 말없이 듣고 계시는 주님이심을 깨닫습니다. 서로 간에 어떤 대화를 나누든지 말없이 듣고 계시는 주님을 생각하며 대화를 나눌 수 있게 하시고, 거친 대화와 다툼이 오고 가지 않도록 함께 하시옵소서.
특별히 주님의 계명을 어기는 범법이 없기를 원합니다. 우상에게 절을 하거나 동조하는 일이 없게 하시고, 믿음을 굳게 지킬 수 있도록 도와주옵소서.

오늘도 주의 말씀을 전하시는 목사님을 기억하옵소서. 생명의 말씀을 전하시기에 조금도 부족함이 없도록 큰 능력으로 채워 주옵소서. 예배의 시종을 주님께 의탁하오며 예수 그리스도의 이름으로 기도합니다. 아멘

세상을 치유하는 교회

송영(Recitation)

자랑하는 자는 이것으로 자랑할지니 곧 명철하여 나를 아는 것과 나 여호와는 사랑과 정의와 공의를 땅에 행하는 자인 줄 깨닫는 것이라 나는 이 일을 기뻐하노라 여호와의 말씀이니라(렘 9:24)

언제나 가까이 계시는 사랑의 주님!

죄로 말미암아 주님의 형상을 잃어버린 저희들을 추하게 여기지 않으시고 예배할 수 있도록 사랑을 베푸시니 무한 감사합니다.

인류의 빛으로 오시고, 저희의 죄를 도말하신 주님을 생각할 때, 오늘도 감격할 수밖에 없음을 깨닫습니다.

그러나 이 시간에 차마 말로다 고백하기 어려운 무수한 죄들을 주님께 가지고 나왔음을 시인합니다. 주님의 피 묻은 십자가의 은혜로 깨끗하게 씻어주옵소서. 그리고 죄의 권세를 이기고 주님의 영광을 나타낼 수 있는 성령의 사람이 될 수 있도록 긍휼을 베풀어 주옵소서.

은혜의 주님!

교회도 위기의식을 절감하지 않을 수 없습니다. 사랑이 식어져 가고 있고, 굳어진 마음들을 애써 감추며, 형식화된 예배만 힘겹게 드리는 교회들이 점차 늘어가고 있습니다.

간구하오니, 주님의 권세와 능력을 잃어가는 교회를 불쌍히 여기시고 회복시켜 주옵소서. 병들고 아픈 세상을 진정으로 치유할 수 있는 교회로 거듭나도록 은총을 내려 주옵소서.

주님!

주님을 의지하는 이 순간에도 여전히 온갖 염려로 고통과 슬픔에 잠겨 있는 성도들이 있습니다. 사랑의 주님께서 친히 그들의 상처를 싸매어 주시고 위로하여 주옵소서. 주님 안에서 참된 안식과 평안을 누리며, 주님을 의지하는 믿음으로 살아갈 수 있도록 그들을 더 믿음으로 강화시켜 주옵소서.

주님께 예배드리는 이 복된 시간, 성령님께서 친히 저희가운데 운행하여 주시고, 하나님을 가까이 하는 인생이 얼마나 복된 것인지를 깨달아 알게 하옵소서. 예배를 수종들기 위하여 몸과 마음을 드리는 손길들에게도 함께하셔서 수고가 더해지는 만큼 주님의 크신 은혜도 더하여지게 하옵소서.

오늘도 생명의 말씀을 전하시는 목사님을 특별히 붙드셔서 권세 있는 능력의 말씀을 선포하게 하실 것을 믿사옵고, 예배의 시종을 주님께 의탁하오며, 생명이신 예수 그리스도의 이름으로 기도합니다. 아멘

사랑의 은사

송영(Recitation)

오라 우리가 굽혀 경배하며 우리를 지으신 여호와 앞에 무릎을 꿇자 그는 우리의 하나님이시요 우리는 그가 기르시는 백성이며 그의 손이 돌보시는 양이기 때문이라 너희가 오늘 그의 음성을 듣거든(시 95:6~7)

고마우신 하나님 아버지!
지난 한 주간을 믿음 안에서 살아가도록 인도하시고, 거룩한 주일을 맞이하여 주님 앞에 나와 예배할 수 있게 하시니 감사합니다.
"하나님께 가까이 함이 내게 복이라"는 시편 기자의 노래와 같이, 복 있는 삶이 주님으로부터 나오기에 약속하신 주님의 은혜를 사모하며 교회에 모였습니다. 부족한 입술로 경배 드리며, 감사함으로 드리는 예배를 기쁘게 받으시옵소서.

주님!
저희들이 주님의 은혜와 보호가운데 살면서도 여전히 이생의 안목과 정욕의 안목에 사로잡혀 살았음을 고백합니다. 주님 주시는 은혜를 저버리고 산 것을 회개하오니 용서하여 주옵소서.
더 이상, 주님 주신 은혜를 가볍게 여기는 죄를 짓지 않도록 성령으로 충만하게 하옵소서.

고마우신 주님!

간절히 바라옵기는, 저희 모두를 사랑의 은사로 충만하게 채워주옵소서. 그리하여 주님을 더욱 사랑하며, 서로가 사랑으로 하나가 되기에 힘쓸 수 있게 하옵소서.

주님의 몸 된 교회를 섬길 때에도 사랑의 동기로 행할 수 있게 하옵소서. 봉사와 충성과 헌신을 통하여 오직 사랑만이 드러날 수 있게 하옵소서. 주님의 분부하신 전도와 선교에도 영혼을 사랑하는 간절한 마음만 담아낼 수 있게 하옵소서. 그리하여 구원받기로 작정된 자들이 주님께로 돌아올 수 있는 은혜를 누릴 수 있게 하옵소서.

주님!

주님의 몸 된 교회가 사랑과 진리와 섬김의 공동체가 되게 하셔서, 은혜와 평강과 기쁨을 주는 교회로 더욱더 든든히 서갈 수 있게 하옵소서. 가정들도 주님의 사랑 안에서 세워져 감으로 주님의 아름다운 덕을 선전하는 복된 가정들이 되게 하옵소서.

특별히 교회를 섬기시는 목사님과 함께하셔서 영육 간에 신령함과 강건함을 더하여 주시고, 강단에서 전하시는 말씀마다 생명을 살리고 건지는 복된 말씀이 되게 하옵소서.

예배를 위하여 수고하는 손길들에게도 성령의 위로하심이 있게 하실 것을 믿사오며, 사랑이 많으신 예수 그리스도의 이름으로 기도합니다. 아멘

영혼을 감싸 안는 교회

송영(Recitation)

주께서 심지가 견고한 자를 평강하고 평강하도록 지키시리니 이는 그가 주를 신뢰함이니이다 너희는 여호와를 영원히 신뢰하라 주 여호와는 영원한 반석이심이로다(사 26:3~4)

천지를 주관하시는 우리 주 하나님!

주님의 지극히 높으신 위엄을 찬양합니다. 저희들이 항상 주님의 밝은 빛을 받으며 살고 있으면서도 그 빛을 피하여 어둠의 그림자들을 친구삼아 죄의 소리에 귀를 기울이면서 살았습니다.

저희의 마음을 비추시는 주님 앞에 떨리는 마음으로 죄 짐을 내려놓사오니 긍휼을 베푸시옵소서.

앞으로는 좀 더 빛이신 주님을 드러낼 수 있는 삶이되기를 원합니다. 영광의 빛이신 주님을 나타낼 수 있는 삶이 될 수 있도록 저희의 마음에 꿈틀거리는 죄들을 주님의 강하신 빛으로 태워주옵소서.

은혜로우신 주님!

온 세상이 죄에 눌려 중병을 앓고 있습니다. 탄식 소리가 점점 더 높아지고 있고, 갈길 몰라 방황하며 비틀거리는 영혼들이 곳곳에 넘쳐나고 있습니다. 이런 때에 주님의 교회가 영혼 때문에 몸부림치고, 영혼 때문에 울 수 있는 교회가 되게 하옵소서. 죄악에 찢겨 몸부림치는 영혼들을 주님의 따뜻한 사랑으로 감싸 안게 하시고, 치유할 수 있는 교회가 되게 하옵소서. 그들에게 구원의 복된 소식을 힘써서 외칠 수 있는 교회가 되게 하옵소서.

주님!
이 자리에 주님의 도우심을 바라보며 떨리는 마음으로 머리 숙인 성도들을 위하여 기도합니다. 여러 가지 어려움으로 믿음이 흔들리는 일이 없게 하시고, 사랑이 식어지거나 누구를 미워하는 일들이 없게 하옵소서. 오직 주님만 바라보며 모든 어려움을 이겨 갈 수 있는 성도들이 되게 하옵소서.

오늘도 영생의 말씀을 전하시는 목사님을 성령의 능력으로 붙들어 주시고, 말씀을 귀 기울여 듣는 성도들마다 주님의 은혜를 깨닫는 시간이 되게 하옵소서.

주님의 몸 된 교회를 위하여 자신들의 몸을 아끼지 않고 주님 앞에 죽도록 충성하는 일꾼들에게 우리 주님이 위로해 주시고 크신 복으로 갚아 주옵소서.
예배의 시종을 주님께 의탁하오며, 거룩하신 예수 그리스도의 이름으로 기도합니다. 아멘

주님을 따르는 제자의 삶

송영(Recitation)

이에 예수께서 제자들에게 이르시되 누구든지 나를 따라오려거든 자기를 부인하고 자기 십자가를 지고 나를 따를 것이니라 누구든지 제 목숨을 구원하고자 하면 잃을 것이요 누구든지 나를 위하여 제 목숨을 잃으면 찾으리라(마 16:24~25)

구원의 하나님!

모든 인류의 죄를 사하시려고 이 땅에 주 예수 그리스도를 보내주심을 감사합니다. 하나님의 아들이 저희의 죄를 대신 지시고 죽임을 당하심으로, 저희에게 평화와 고침이 있게 되었음을 믿습니다. 이 은혜에 감사하며 예배드리오니 기쁘게 받으시옵소서.

사랑의 주님!

십자가를 지신 주님을 생각한다 하면서도, 사랑이 필요한 곳에 사랑을 베풀지 못하고 살았던 저희들이었습니다.

저희들이 진정 주님을 본받는 삶을 사는 선택된 주의 백성인지 저희 자신을 돌이켜보지 않을 수 없습니다.

용서의 주님!

저희의 죄를 따라 처벌하지 않으시며, 저희의 죄악을 따라 갚지 않으시는 인애하신 주님을 앙망하며 회개하오니, 저희들이 좀 더 자신을 부인하고 주님을 따르는 제자의 삶을 살아가도록 성령의 충만함을 허락하여 주옵소서.

주님!
교회와 성도를 위하여 간구합니다. 주님의 고귀한 피로 세워진 주님의 교회입니다. 죄악이 관영한 이때에 세상에 동화됨이 없이, 더욱 더 진리의 빛을 비출 수 있는 거룩한 등대가 되게 하여 주옵소서. 또한, 세상의 여러 가지 고민과 근심가운데서 힘든 생활을 하는 성도들이 있습니다.
그들의 형편을 돌아보셔서 인생의 무거운 짐들을 대신 맡아 주시는 주님의 은총 속에서 안식과 쉼을 얻을 수 있게 하옵소서.

원치 않는 질병으로 힘겨운 나날을 보내는 성도들도 있습니다. 만병의 의원이신 주님께서 친히 안수하셔서 그들이 다시금 육체의 강건함을 얻을 수 있게 하옵소서.

오늘도 말씀을 전하시는 목사님을 주님의 강하신 팔로 붙드셔서 권세 있는 말씀과 심령을 기경하는 말씀이 되게 하옵소서.

예배를 위하여 여러 모양으로 섬기는 성가대와 봉사위원들을 기억하실 것을 믿사오며, 예배를 통하여 영광을 받으시는 예수 그리스도의 이름으로 기도합니다. 아멘

순교자들의 믿음을 계승함

송영(Recitation)

주께서 심지가 견고한 자를 평강하고 평강하도록 지키시리니 이는 그가 주를 신뢰함이니이다(사 26:3)

천지의 주재이신 주님!
이 땅의 구속 사역을 완성하시기 위해 이 땅에 오심을 감사드립니다. 십자가의 보혈로 구원을 얻은 저희가 그 은혜를 힘입어 이 전에 모였습니다.

주님의 피 묻은 십자가를 바라볼 때마다 새로운 감동이 솟아오르고, 그 기쁨으로 인하여 변화되어 가는 것을 깨닫사오니 진심으로 감사드립니다. 영원토록 주님 안에 거하는 저희들이 되게 하옵소서.

하나님 아버지!
주님 안에 거하며 주님과 함께 일한다 하면서도 스스로의 생각을 앞세웠으며, 주님의 뜻을 멀리하는 시간들이 많았습니다.
저희의 부족함을 용서하여 주옵소서. 부끄러움을 무릅쓰고 하나님 앞에 내어놓는 잘못들을 십자가의 보혈로 씻어 주시고 소멸해 주옵소서. 주님의 크신 은혜로 저희를 새롭게 하여 주옵소서.

주님!
오늘은 특별히 일제의 포악한 침략과 잔인한 착취에 항거하여 자유와 평화의 깃발을 높이 들었던 삼일절을 기념하며 예배드립니다. 무력하고 나약하였기에, 이방 민족에게 주권을 빼앗기는 설움을 당했으나, 그럼에도 불구하고 민족의 정기를 잃지 않고 분연히 일어설 수 있도록 인도하여 주신 주님께 감사와 찬양을 돌리지 않을 수 없습니다.
비굴하게 노예 되기를 거부하고, 빼앗긴 나라와 이 민족의 주권을 위하여 투쟁하다 쓰러진 순교자들의 피가 저희 가슴에서 사라지지 않게 하시고, 다시는 치욕과 슬픔의 역사가 없게 하시며, 번영과 영광만이 가득한 조국으로 성장되게 하시며, 모든 백성들이 주님의 복음을 믿고 섬기는 복된 나라가 되게 하옵소서.

나라를 이끌어 가는 대통령을 비롯한 위정자들이 하나님을 두려워할 줄 아는 마음을 갖게 하셔서 이 나라의 백성을 진실 되게 섬길 수 있는 수종자들이 되게 하옵소서.

오늘도 저희들이 목사님을 통하여 주시는 진리의 말씀을 하나도 놓치지 않게 하옵소서. 말씀을 전하시는 목사님께 큰 능력을 더하시고 예배를 위하여 섬기는 손길들도 주의 오른손으로 붙드시옵소서. 예배의 시종을 주님께 의탁하오며, 예수 그리스도의 이름으로 기도합니다. 아멘

모든 것을 내어줌

송영(Recitation)

우리가 아직 죄인 되었을 때에 그리스도께서 우리를 위하여 죽으심으로 하나님께서 우리에 대한 자기의 사랑을 확증하셨느니라(롬 5:8)

십자가의 사랑을 보여주신 주님!

사순절을 맞이하여 사십일 동안 계속하여 무릎 꿇고 회개하는 기회를 주시니 감사합니다. 오만하고 자고하였던 마음이 하나씩 깨어져 가는 것을 경험합니다. 주님의 피 묻은 십자가를 바라볼 때마다 죽음같이 강하신 주님의 사랑을 가슴으로 느낍니다.

그 크신 주님의 사랑 앞에서 언제나 부끄럽지 않은 삶을 살아갈 수 있게 하시고, 영원토록 십자가의 은혜 안에만 거하는 삶이 되게 하옵소서.

사랑의 주님!

저희들이 주님의 놀라운 십자가 사랑과 구속하신 은혜를 경험했음에도 불구하고, 여전히 저희는 옛 사람의 구습을 따라 썩어져 가는 세상을 좇아 살려고 하는 욕구들 속에 갇혀 있습니다.

이처럼 세상의 유혹 앞에 힘없이 빨려들어, 주님이 주신 십자가 은

혜를 쉽게 던져버리는 저희들을 주님의 크신 능력으로 붙잡아 주
셔서, 항상 세상을 이기는 능력의 삶이 되게 하옵소서.

주님! 저희들이 주님의 고난을 생각하는 사순절을 지나면서, 마지
막 피 한 방울까지도 아낌없이 쏟으셨던 주님의 사랑과, 제자들의
발을 씻기신 주님을 본받기 원합니다. 오늘 저희 모두도 십자가의
사랑으로 이웃을 부요케 하는 삶이 되도록 이끌어 주옵소서.

주님! 주님의 교회도 세속적인 것으로 배불러가는 교회가 되지 않
기를 원합니다. 주님이 자신을 위하여 그 무엇도 취하거나 챙겨두
지 않으셨던 것처럼, 오늘의 교회도 탐심에서 벗어나 모든 것을 내
어줌으로써, 영적으로 가난한 자들을 부요케 하는 십자가 정신이
배어있는 교회가 되게 하옵소서.

주님!
아직도 교회주변에는 배도의 길을 걸으며, 탕자와 같은 삶을 사는
백성들이 많습니다. 그들이 죄 사함의 축복을 받고 주님께로 돌아
올 수 있게 하여 주옵소서. 주님의 교회도 그들이 하나님 아버지를
만날 수 있는 축복의 길을 활짝 열어 놓는 교회가 되게 하옵소서.

이 시간 목사님이 말씀을 증거 하실 때, 피 묻은 십자가에서 영혼들
을 불쌍히 여기시는 주님의 사랑을 다시금 깨닫게 하실 것을 믿사
옵고, 예수 그리스도의 이름으로 기도합니다. 아멘

끊임없이 낮아짐

송영(Recitation)

시온의 딸아 크게 기뻐할지어다 예루살렘의 딸아 즐거이 부를지어다 보라 네 왕
이 네게 임하시나니 그는 공의로우시며 구원을 베푸시며 겸손하여서 나귀를 타시
나니 나귀의 작은 것 곧 나귀 새끼니라(슥 9:9)

겸손과 섬기심으로 이 땅에 평화를 가져오신 사랑의 주님!
"호산나 다윗의 자손이여 찬송하리로다 주의 이름으로 오시는 이
여 가장 높은 곳에서 호산나"(마21:9)라고 외치던 많은 군중들처럼,
이 시간 저희들도 소리 높여 외치며 찬양을 드립니다.

오늘은 특별히 평화의 왕으로 오신 주님을 생각하며 종려주일로 지
킬 수 있도록 은혜를 베푸심을 감사합니다.
또한, 주님께서 이천년 전에 어린나귀를 타시고 예루살렘에 입성하
심으로써, 진정한 승리는 힘의 정복에 의한 것이 아니라, 겸손과 봉
사로 이 세상을 섬겨야하는 것임을 깨닫게 하여주시니 감사드립니
다.

자비로우신 주님!
섬기는 종으로 오신 주님을 믿노라 하면서도, 오히려 섬김을 받으

려하고, 귀족같이 대접받기에만 힘썼던 저희들은 아니었는지 돌이켜봅니다. 섬김의 삶을 살지 못한 저희를 꾸짖어 주시고, 십자가에 달리시기까지 철저히 낮아지기를 원하셨던 주님처럼, 저희들도 끊임없이 낮아지는 주님의 자녀가 되도록 은혜를 베푸시옵소서.

주님!
주님의 피로 사신 교회도 주님을 본받아 더욱더 섬기는 공동체가 되게 하시고, 주님을 철저히 닮기 위하여 최선을 다하는 교회가 되게 하옵소서.

주님의 나라는 말에 있지 아니하고 능력에 있다고 하였사오니, 말만 무성하여 주님의 나라를 어지럽히는 교회가 되지 말게 하시고, 이웃에게 십자가의 사랑을 보여줌으로써 주님의 나라가 얼마나 아름다운지를 나타낼 수 있는 교회가 되게 하옵소서.

특별히 저희를 사랑하셔서 주님이 쓰시는 귀한 목사님을 단위에 세우셨사오니, 평화의 복음을 선포하실 때에 저희들 모두가 귀담아 들으며 아멘으로 화답할 수 있게 하옵소서.
이름 없이 빛도 없이 교회를 섬기는 성도들이 있습니다. 그들의 섬김을 통하여 주님의 십자가사랑만 증거 될 수 있게 하옵소서.

평화의 왕으로 오셔서, 십자가에서 죽으시기까지 섬김의 본을 보여주신 예수 그리스도의 이름으로 기도합니다. 아멘

고난의 쓴잔을 받는 삶

송영(Recitation)

그가 찔림은 우리의 허물 때문이요 그가 상함은 우리의 죄악 때문이라 그가 징계를 받으므로 우리는 평화를 누리고 그가 채찍에 맞으므로 우리는 나음을 받았도다(사 53:5)

구원의 주님!

주님의 수난으로 저희가 새 생명을 얻게 됨을 감사드립니다. 주님께서 고난의 쓴잔을 받지 않으셨더라면 저희들은 여전히 죄에게 종노릇 하며 마귀의 자식으로 살았을 것입니다.

하지만, 저희 대신 주님이 질고를 지시고, 징벌을 받으시고, 찔림과 상함을 받으셨기에, 저희가 나음을 입었고 죄 사함 받고 구원을 소유한 축복된 자녀로 살게 되었음을 믿나이다.

십자가에 달리셨던 주님을 기억하고, 주님의 그 위대하신 사랑 앞에 늘 감격하며 주님을 사모할 수 있는 저희들이 되게 하옵소서.

주님!

오늘은 특별히 종려주일지만, 동시에 주님께서 고난의 쓴 잔을 받으신 고난주간이 시작되고 있습니다. "호산나, 호산나" 외치며 주님을 찬양하던 무리들이, 결국 주님을 십자가에 못 박은 배반자들이 되었듯이, 오늘 저희들도 주님을 찬양하던 입술로 주님을 부인하고 저주하는 일이 생길까 두렵습니다.

오! 주님,
저희 속에 있는 죄악의 쓴 뿌리들을 제거시켜 주시고, 주님을 위해 옥합을 깨뜨려 향유를 쏟아 부은 마리아처럼, 온 마음으로 주님을 찬양하는 저희 모두가 되게 하옵소서.
주님의 피 묻은 십자가를 언제나 사랑하게 하시고, 주님께서 받으셨던 고난의 쓴잔을, 이제 저희가 받을 수 있게 하옵소서.

주님!
주님이 피로 값 주고 사신 교회도 종교적인 겉치레들로만 가득 찬, 외식하는 교회가 되지 말게 하시고, 진정으로 주님의 이름을 드높이고 죄악의 사슬을 풀어 생명과 자유를 주신 주님을 힘껏 찬양할 수 있는 교회가 되게 하옵소서.

무엇보다도 갈길 몰라 방황하는 영혼들이, 자유와 평화를 주시기 위해서 오신 주님을 만날 수 있게 하시고, 그들에게 천국 복음이 임함으로 주님의 복된 소식을 깨달을 수 있게 하옵소서.
목사님이 말씀을 전하십니다. 듣는 이들 모두가 십자가의 능력을 다시 한 번 체험하고 험한 십자가를 붙드는 말씀이 되게 하옵소서.
예배의 시종을 주님께 맡기오며, 예수 그리스도의 이름으로 기도합니다. 아멘

생명 바쳐 사랑함

송영(Recitation)

우리가 아직 죄인 되었을 때에 그리스도께서 우리를 위하여 죽으심으로 하나님께
서 우리에 대한 자기의 사랑을 확증하셨느니라(롬 5:8)

거룩하신 주님!
이 시간 주님의 험한 십자가를 바라봅니다. 예수님의 고통과 절규
가 얼룩진 십자가 위에 저희의 죄와 정욕의 덩어리들이 엉켜 있음
을 고백합니다.
주님의 고통은 저희의 허물 때문인 것을 이제 깨닫고 감격과 찬양
으로 십자가를 바라봅니다. 저희의 죄를 용서하여 주옵소서.

주님!
이 고난주간에 주님을 철저히 배우기 원합니다. 나귀를 타시고 예
루살렘에 올라가신 주님의 겸손, 자기의 뜻보다 아버지의 뜻이 이
루어지기를 원하신 주님을 보며, 저희 또한 그렇게 살기를 다짐할
수 있게 하옵소서.
섬김을 받기보다 섬기며 사신 주님의 생애, 만민의 죄를 담당하고
희생의 제물이 되신 주님의 사랑을 상기하며, 저희 또한 그렇게 살
기를 원하며 다짐할 수 있게 하옵소서.

사랑의 주님!

저희를 위해 종으로 이 세상에 오셔서 가장 낮은 자리까지 내려가시고 생명까지 주신 주님을 생명 바쳐 사랑할 수 있는 저희 모두가 되게 하옵소서.

겟세마네 기도의 시간에 깨어있지 못하던 제자들의 모습이, 오늘 저희들의 모습이 되지 않기를 소원합니다.

십자가의 험한 자리를 지키지 못했던 제자들의 냉담한 외면이, 오늘 저희들의 모습이 아니기를 원합니다.

오직 구속받은 은총에 힘입어 주님을 본받게 하시고, 이웃을 위하여 겸손한 사랑을 주며, 주님의 피 묻은 복음을 힘껏 전하는 저희들이 되게 하옵소서.

오늘도 저희에게 십자가의 찢기심과 피 흘리심으로 말씀하고 계시는 주님을 발견합니다. 주님의 피 묻은 십자가를 생각하며, 더 쓰라린 아픔을 느끼는 이 밤이 되게 하옵소서.

목사님이 전하시는 말씀을 통하여 십자가상에서 말씀하시는 주님의 음성을 듣기를 원합니다.

말씀을 들을 때마다 주님이 저희들에게 생명을 주시기 위하여 찢기신 그 상처를 어루만지며, 저미는 마음으로 주님을 부르길 원하오며, 예수 그리스도의 이름으로 기도합니다. 아멘

부활의 기쁨과 소망

송영(Recitation)

그러나 이제 그리스도께서 죽은 자 가운데서 다시 살아나사 잠자는 자들의 첫 열
매가 되셨도다 사망이 한 사람으로 말미암았으니 죽은 자의 부활도 한 사람으로
말미암는도다(고전 15:20~21)

만물을 새롭게 하시는 주님!
죽음을 이기고 부활하신 주님을 구주로 믿는 저희들이, 이 거룩한
성전에 모여 할렐루야 찬송하며 예배드리게 하심을 감사드립니다.
이 자리에 모인 저희 모두가 주님의 승리하심을 진정으로 기뻐하
고 있습니다.

부활의 주님!
이 기쁘고 영광스러운 날에 부끄럽게도 저희의 약한 모습을 먼저
내놓습니다. 이제껏 주님의 부활하심을 의심하여 널리 증거 하지
못했던 저희들입니다.
연약한 믿음 때문에 일어난 모든 잘못들을 용서하시고, 주님의 은
혜 가운데 새로운 인생길을 걸을 수 있게 하옵소서.
부활하신 주님의 뒤를 따라, 죽었어도 다시 살아서 영원히 주님 나
라에서 영생할 것을 믿으며, 소망 중에 고통을 이기며, 환난을 극복

하며, 주님처럼 승리하며 살게 하옵소서.

주님!
의혹과 암흑의 시대를 살고 있는 사람들도, 죄로 말미암아 죽을 수 밖에 없는 인생임을 깨닫게 하셔서 부활하신 주님을 만나게 하옵소서. 죄 사함 받고 구원받아, 영원한 소망을 주시는 주님을 모시고 기쁨과 소망으로 살게 하옵소서.

주님!
주님이 사랑하시고 친히 세우신 교회도 부활의 소망으로 넘쳐나는 교회가 되게 하옵소서. 이 교회를 찾는 자마다 부활의 주님을 만나게 하는 교회가 되게 하옵소서.

오늘 이 시간, 다시 사신 부활의 주님을 찬양하며, 주님 앞에 드리는 이 예배에도 주님이 함께 하실 것을 믿습니다. 부활의 첫 열매가 되셔서 저희에게 산 소망을 주신 주님을 경험하는 시간이 되게 하옵소서.

부활의 기쁜 소식을 증거 하시기 위하여 단위에 서시는 목사님을 성령님께서 친히 붙드시고, 저희모두가 부활과 구원과 소망이 넘치는 시간이 되게 하옵소서. 찬양으로 영광의 주님을 높이는 성가대와, 예배를 위해 섬기는 모든 성도들을 주님의 크신 은혜와 복으로 채워주실 것을 믿사오며, 사망 권세를 이기신 예수님의 이름으로 기도합니다. 아멘

부활의 증인

송영(Recitation)

우리 주 예수 그리스도의 아버지 하나님을 찬송하리로다 그의 많으신 긍휼대로 예수 그리스도를 죽은 자 가운데서 부활하게 하심으로 말미암아 우리를 거듭나게 하사 산 소망이 있게 하시며 썩지 않고 더럽지 않고 쇠하지 아니하는 유업을 잇게 하시나니 곧 너희를 위하여 하늘에 간직하신 것이라(벧전 1:3~4)

부활의 주님!

오늘 부활절을 맞이하여 주님의 부활을 기념하는 예배를 드릴 수 있게 하심을 감사드립니다.

주님의 부활로 온 세계 만민들이 기뻐하는 날이었습니다. 죄와 죽음을 이기신 일이 분명한 역사적 사건임을 믿습니다.

이 시간 저희 모두가 다시 한 번 환희와 소망으로 주님을 찬양합니다. 홀로 영광을 받으시옵소서.

부활의 주님!

돌이켜보건대 저희들은 너무 겁쟁이였습니다. 부활의 주님이 저희와 함께하심에도 불구하고, 사소한 일에도 평안을 잃고, 때로는 부활하신 주님을 의심하고 죽음에 대한 두려움까지 있었습니다.

믿음이 부족한 것을 불쌍히 여겨 주옵소서. 부활의 확신으로 이제 저희 모두 일어나 의심과 두려움을 떨쳐버리고 부활의 증거자로 나설 수 있게 하옵소서.

자비로우신 주님!
주님의 부활의 터 위에 세우신 이 교회도 부활하신 주님의 권능을 온 세상에 증거 할 수 있게 하옵소서.
악한 세력들을 깨뜨리고, 죽음과 질병과 공포와 절망으로 살아가는 영혼들에게 위로와 새로운 소망과 용기를 주는 교회가 되게 하옵소서. 이 민족도 부활의 주님을 만남으로 신실하고 정직한 백성들이 넘쳐나게 하옵소서.

주님!
교회에 세우신 각 기관과 모든 직분을 맡은 자들에게도 함께 하시기 원합니다. 부활의 산 신앙을 갖고 능력 있게, 맡은 역할을 잘 감당할 수 있게 하시며, 맡은 자에게 구할 것은 오직 충성밖에 없음을 기억하게 하옵소서.
부활의 복된 소식을 대언하시기 위하여 단위에 서신 목사님을 성령님께서 친히 붙드시고, 권세 있는 말씀으로 온 심령에 불을 붙이게 하옵소서.

예배를 위하여 수고하는 손길들을 더욱 복 있게 하실 것을 믿사옵고, 예배의 시종을 주님께 의탁하오며, 산 소망이 되신 예수 그리스도의 이름으로 기도합니다. 아멘

구원의 기쁜 소식을 전파함

송영(Recitation)

그런즉 그들이 믿지 아니하는 이를 어찌 부르리요 듣지도 못한 이를 어찌 믿으리요 전파하는 자가 없이 어찌 들으리요 보내심을 받지 아니하였으면 어찌 전파하리요 기록된 바 아름답도다 좋은 소식을 전하는 자들의 발이여 함과 같으니라(롬 10:14,15)

언제나 동일하신 주님!
저희를 지금까지 사랑과 은혜로 보호하여 주시고 인도하심을 감사드립니다. 은혜의 주님께서는 이토록 변함이 없으시건만, 저희들은 바람에 흔들림같이 이리 저리 요동하며 변하는 세월을 보냈습니다. 주님의 형상을 닮아가지 못하고 있는 저희들이, 얼마나 추한모습을 하고, 주님을 반역했던가를 생각하면 감히 고개를 들 수도 없습니다.
오직 부활의 주님만 의지하고 여기 나왔습니다. 저희들을 긍휼히 여기셔서 받아주옵소서.

존귀를 받으시기에 합당하신 주님!
주님을 믿고 따르는 모든 자들이, 세상 속에서 부활하신 주님의 명령을 지킬 수 있도록 힘을 주시옵소서.

부활하신 주님과 날마다 영적인 교제를 나누기에 부족함 없게 하시고, 이생의 안목과 육신의 정욕에 이끌려 좌초하는 인생이 아니라, 능력의 주님께 매여 사는 복된 인생들이 되게 하옵소서.

저희 교회도 사망 권세를 이기신 부활의 주님을 드높이고 온전히 주님의 영광을 드러내는 교회가 되기를 원합니다.
승천하신 주님이 영광중에 재림하시는 그날까지, 주님의 몸 된 교회로서 부활의 주님을 나타내기에 부족함이 없는 교회가 되게 하옵소서. 신앙의 수고가 늘 동반됨으로써, 순종과 사랑의 욕구를 충족하며, 구원의 기쁜 소식을 전파하는데 힘쓰는 교회가 되게 하옵소서.

주님!
교회 안에 주님의 교회를 온전케 하기 위하여 세워진 기관들이 있습니다. 각 기관마다 더욱 축복하셔서, 주님의 영광을 드러내기에 부족함이 없는 기관으로 쓰임 받게 하옵소서. 항상 충성과 봉사와 섬김이 넘쳐나는 기관들이 되게 하옵소서.

이 시간, 말씀을 들고 단위에 서시는 목사님을 성령의 능력으로 강하게 붙드실 것을 믿습니다. 마음을 다하여 예배를 섬기는 이들에게도 크신 위로와 은혜를 더하여 주옵소서. 길과 진리와 생명이신 예수 그리스도의 이름으로 기도합니다. 아멘

치유와 소망을 주는 교회

송영(Recitation)

수고하고 무거운 짐 진 자들아 다 내게로 오라 내가 너희를 쉬게 하리라 나는 마음이 온유하고 겸손하니 나의 멍에를 메고 내게 배우라 그리하면 너희 마음이 쉼을 얻으리니(마 11:28~29)

창조주이신 주님!

저희들에게 안식의 복을 허락하심을 감사드립니다. 주무시지도 졸지도 않으시며, 저희를 눈동자 같이 아끼고 지켜주신 하나님의 은혜를 감사하며 찬양과 영광을 드립니다.

이 어두운 세상에서 승리하며 살 수 있는 길은, 오직 빛과 생명이 되시는 주님을 믿고 따르는 방법밖에 없음을 알기에 이 전에 나왔습니다.

저희의 어지러운 마음을 깨끗케 하시고, 착잡한 심정을 정리하여 주시고, 의심에 찬 심리를 튼튼한 확신으로 바꾸어 주시며, 소망의 밝은 빛을 비춰 주옵소서.

사랑의 주님!

상한 갈대처럼 늘 넘어지기 쉬운 이 험한 세상에서, 주님이 성별하여 세워주신 믿음의 자녀로 살 수 있도록 인도하여 주옵소서.

주님을 섬기는 귀한 일꾼으로 쓰임 받으며 살 수 있도록, 저희의 삶의 전 영역을 붙들어 주옵소서.

주님의 피 값으로 세우신 교회도 사랑과 진리 안에서 언제나 부흥하고 성장하게 하시며, 낙심과 좌절에 빠져 있는 영혼들을 치유하고, 고통 중에 괴로워하는 영혼들에게 은혜와 평강과 소망을 주는 교회가 되게 하옵소서.

주님!
교회 주변에 상처 받은 이웃들이 많습니다. 주님의 밝은 빛을 그들에게 비추시옵소서.
그들의 신음 소리가 변하여 주님의 은혜를 찬양하는 소리가 되게 하시고, 영원히 주님만을 섬기면서 영생의 복을 누리는 복된 삶이 되게 하여 주옵소서.
주님의 교회와, 참된 예배를 드리기 위하여 몸을 드려 충성하는 손길들이 있습니다. 그들의 수고를 주님께서 받아주시고, 거센 풍랑과 세파 속에서도 결코 부족함 없는 삶이 될 수 있도록 인도하여 주옵소서.

말씀을 전하시는 목사님께 성령의 두루마기를 입혀 주옵소서. 전하시는 말씀이 듣는 이들에게 큰 울림과 깨달음이 되게 하여 주옵소서. 예배의 시종을 주님께 의탁하오며, 생명의 주가 되시는 예수 그리스도의 이름으로 기도합니다. 아멘

믿음으로 자라남

송영(Recitation)

이르시되 진실로 너희에게 이르노니 너희가 돌이켜 어린 아이들과 같지 아
니하면 결단코 천국에 들어가지 못하리라 그러므로 누구든지 이 어린 아이와 같
이 자기를 낮추는 사람이 천국에서 큰 자니라(마 18:3,4)

사랑의 주님!
오늘 저희에게 따뜻한 봄날을 주시고, 저희의 심령이 주님의 밝은
빛을 받으며, 성령의 인도하심 속에서 말씀과 교훈을 기다리게 하
시니 감사드립니다.

이 시간, 정성이 담긴 예배를 드릴 수 있도록 저희들의 마음에 진실
함을 주시고, 영과 진리 안에서 예배를 드릴 수 있도록 성령님이 주
장하여 주옵소서. 주님께는 큰 영광이 되게 하시며, 저희에게는 큰
은혜의 시간이 되게 하여 주옵소서.

오늘은 특별히 어린이주일로 지키고 있습니다. 간절히 기도하는 것
은, 저희들도 주님의 나라를 어린아이처럼 받들게 하셔서, 그 순수
함과 겸손함, 깨끗함을 인하여 하늘의 영광을 바라보게 하옵소서.

어린아이를 사랑하신 주님!

이 땅에 사는 모든 어린이들을 축복하여 주옵소서. 어린 마음속에 믿음을 간직하고 하나님을 경외하는 법을 배우며 자라게 하시며, 세상에 잘못 돋아난 독버섯 같은 존재들이 되지 않도록 진리의 말씀으로 강하게 붙들어 주시옵소서.

모든 어린이들이 주님의 날개 아래서 세상을 밝게 비추는 등불이 되게 하시고, 그 어떤 불의와도 타협하지 아니하며, 심지가 곧은 사람으로 성장하기에 부족함이 없도록 이끌어주옵소서.

자비로우신 주님!

어린 자녀를 양육하고 있는 부모들을 위해서 기도합니다. 자녀들이 신앙적인 분위기 속에서 자랄 수 있도록 신앙의 모범을 보이는 부모들이 되게 하옵소서.

특별히 주님의 교회에서 아이들의 신앙교육을 전담하는 주일학교를 기억하옵소서. 아이들을 교육하는 교사들에게 지혜와 능력을 더하셔서, 백지와 같은 어린영혼들을 주님을 닮아가는 아이들로 든든히 세워갈 수 있게 하옵소서.

어린 영혼들에게 믿음을 심어주는 막중한 책임이, 주님이 그들에게 맡겨주신 귀한사명이란 것을 잊지 말게 하옵소서.

말씀을 전하시는 목사님을 붙들어 주셔서, 주님의 음성을 담아낼 수 있는 말씀을 전하실 수 있게 하옵소서. 예배의 시종을 주님께 의탁하오며, 예수 그리스도의 이름으로 기도합니다. 아멘

새 생명과 새 평안

송영(Recitation)

평안을 너희에게 끼치노니 곧 나의 평안을 너희에게 주노라 내가 너희에게 주는 것은 세상이 주는 것과 같지 아니하니라 너희는 마음에 근심하지도 말고 두려워하지도 말라(요 14:27)

저희들을 빛으로 인도하여 주신 주님!
주님의 따사로운 빛을 온 누리에 가득하게 하신 주님, 자연의 아름다움을 인하여 감사와 찬양을 드립니다.
온 누리에 향하신 주님의 은총이 충만하듯이, 저희들의 심령을 주님의 크신 사랑의 은총으로 충만하게 채워 주옵소서.

주님이 보시기에, 저희들에게 아름답지 못한 것으로 가득 차 있음을 발견합니다. 이 시간, 주님을 대하기에 저희들의 모습이 너무 부끄럽사오니, 불쌍히 여기시고 용서하여 주옵소서.

만물들이 주님께서 부족함 없이 채워주시는 은총으로 노래하며 찬양하듯이, 저희들도 우리에게 향하신 주님의 크고 놀라우신 은총으로 즐겁게 노래하며 찬양할 수 있는 삶이 되게 하옵소서.

사랑의 주님!

산 소망이 끊겨진 채, 하루하루를 살아가고 있는 사람들을 불쌍히 여기셔서 기쁨과 소망이 넘치는 복된 생활이 될 수 있도록 인도하여 주옵소서.

무엇보다도 구원의 주님을 만날 수 있도록 은총을 더하셔서, 주님을 믿음으로 새 생명과 새 평안을 누리게 하시고, 하늘의 소망을 갖고 복된 삶을 살아갈 수 있게 하옵소서.

살아계신 주님!

이제 이 땅과 교회에 주신 복을 곤고한 형제들과 나눌 수 있도록 은혜 베푸시기를 원합니다. 이글어지고, 깨지고, 찢어져 상처 입은 영혼들을 주님의 능력으로 치유하고 위로해주는 교회가 되게 하시고, 강건한 삶으로 이끌어줄 수 있는 복된 교회가 되게 하옵소서.

수많은 어려움과 아픔에 휩싸여 있는 이 나라도, 하루라도 빨리 주님 앞으로 돌아와 주님 안에서 풍성한 생명을 누리는 민족이 되게 하여 주옵소서.

예배를 섬기는 수종위원들을 붙들어 주시고, 그들의 몸을 드리는 순종을 통해서 주님이 더욱 기뻐 받으시는 복된 예배가 되게 하옵소서. 오늘도 말씀을 전하시는 목사님을 기억하셔서, 기쁨과 소망이 넘치는 말씀을 전할 수 있게 하옵소서.

말씀을 듣는 이마다 삶에 기적을 일으키는 생명의 말씀이 되게 하옵소서. 예수 그리스도의 이름으로 기도합니다. 아멘

위로와 평안의 복

송영(Recitation)

그런즉 너는 알라 오직 네 하나님 여호와는 하나님이시요 신실하신 하나님이시라 그를 사랑하고 그의 계명을 지키는 자에게는 천 대까지 그의 언약을 이행하시며 인애를 베푸시되(신 7:9)

사랑의 주님!

저희들에게 어버이 주일을 주심을 감사합니다. 이 시간, 저희 모두가 감사의 예배를 드리기 원하오니 기쁘게 받아 주옵소서. 저희에게 복된 가정을 주신 주님!

그러나 저희는 부모와 자녀로서의 책임을 다하지 못하고 있음을 고백합니다. 주님 앞에서 언제나 부끄러운 죄인들입니다.

늘 내 이익과 안일을 위하여 고집을 부립니다. 땀 흘리는 수고도 싫어합니다. 주님이 주시는 깊은 사랑을 외면할 때가 많습니다. 용서하여 주옵소서. 믿음과 사랑과 봉사를 먼저 내 가정에서 베풀 수 있도록 도와주옵소서.

인자와 자비가 풍성하신 주님!

자녀들을 위해 평생을 희생하시고 수고하신 부모님들께 위로와 평안을 주옵소서. 자녀들이 잘되기만을 기도하며 사신 부모님들을 축복하셔서 영육간에 강건함을 주시고, 바라시는 모든 소원들이 주님의 뜻 안에서 이루어지게 하옵소서.

아직 주님을 영접하지 못한 부모님들께는 먼저 된 저희들이 간곡한 기도와 신앙의 본을 보임으로써, 주님을 영접하고 영생을 얻게 하는데 자녀의 본분을 다할 수 있게 하옵소서.

특별히 노령에 계신 분들께 건강의 복을 허락하셔서, 세상에서 주님이 맡겨주신 일을 다 마칠 때까지 맑은 정신과 튼튼한 기력으로 주님을 섬길 수 있게 하옵소서.

은혜의 주님!

부모님을 모시고 있는 자녀들을 위하여 기도합니다. 부모님을 사랑하고, 순종하며, 공경하는 복된 마음을 주옵소서. 부모님의 은혜에 조금이라도 보답하겠다는 심정으로 부모님을 따뜻하게 모시며, 부모님의 말씀에 귀를 기울이며, 잘 순종할 수 있게 하옵소서. 주님의 몸 된 교회도 부모공경의 본을 보여, 이 사회의 썩어짐을 막고, 주님의 사랑의 빛을 펼치는 교회가 되게 하옵소서.

말씀을 전하시는 목사님께도 큰 능력으로 함께하시옵소서. 고생하신 부모님께는 위로의 말씀이 되게 하시고, 자녀들에게는 다시 한번 부모공경의 축복을 깨닫는 시간이 되게 하옵소서.

예수 그리스도의 이름으로 기도합니다. 아멘

경건한 생활

송영(Recitation)

내가 주의 영을 떠나 어디로 가며 주의 앞에서 어디로 피하리이까 내가 하늘에 올라갈지라도 거기 계시며 스올에 내 자리를 펼지라도 거기 계시니이다(시 139:7~8)

언제나 충만하게 채워주시는 주님!

저희들에게 주님의 사랑과 은혜를 충만하게 채워주셔서 주님을 찬양하고 경배할 수 있는 축복된 삶을 살게 하심을 감사합니다. 항상 가득차고 흘러넘침으로써, 주님을 찬양하고, 주님의 뜻을 좇아 사는 것에 부족함이 없도록 이끄실 것을 믿습니다. 주님의 일을 감당하는데도 피곤함이 없게 하시고, 기쁨으로 충성할 수 있는 저희 모두가 되게 하옵소서.

저희는 때때로 신앙생활에서 실족할 때가 많이 있습니다. 죄악과 허탄한 것에 매인바 되어 주님의 자녀 된 모습을 잃어버리고 사는 저희들입니다. 긍휼히 여기시고 용서하여 주옵소서.

사랑의 주님!

항상 주님 앞에서 경건한 생활의 모습이 되게 하옵소서. 저희가 어떠한 일을 하든지 먼저 주님을 생각할 수 있게 하셔서, 주님께 인정받고 칭찬받으며, 축복을 받는 주님의 자녀가 되게 하옵소서.

회개하고 뉘우치는 마음마다 은혜로 채우시기 원합니다. 주님의 은혜를 흠뻑 받아서 사랑과 찬양을 힘차게 할 수 있게 하시고, 직장과 가정과 일터와 생활의 전 영역을 통해서 주님의 뜻을 담아낼 수 있는 삶이 되게 하옵소서.

신실하신 주님!
인생의 무거운 짐을 지고 고달파하는 성도들을 기억하옵소서. 긍휼히 여기셔서 주님 안에서 쉼을 얻을 수 있도록 축복하시고, 주님의 크신 은혜를 맛보아 알 수 있도록 인도하시옵소서.

특별히 5월은 가정의 달입니다. 가정마다 주님의 귀한 은총을 넘치도록 부으셔서 건강한 가정, 밝고 소망에 찬 생활이 계속될 수 있도록 이끌어주옵소서.

주님의 몸 된 교회도 주님이 성령으로 세우신 가정임을 잊지 말게 하셔서, 주님의 지체를 이룬 서로서로가, 더욱 아끼고 사랑하며 붙들어 줄 수 있는 믿음의 가족이 되게 하옵소서.

이 시간, 생명의 말씀을 전하시는 목사님을 기억하옵소서. 주님께서 능력의 오른팔로 붙드심으로 피곤함이 없게 하시고, 말씀을 듣는 자들에게 능력의 통로가 되는 말씀이 되게 하옵소서. 예수 그리스도의 이름으로 기도합니다. 아멘

성령의 역사하심

송영(Recitation)

명절 끝날 곧 큰 날에 예수께서 서서 외쳐 이르시되 누구든지 목마르거든 내게로 와서 마시라 나를 믿는 자는 성경에 이름과 같이 그 배에서 생수의 강이 흘러나오리라 하시니(요 7:37~38)

약속하신 성령을 보내주신 주님!
감사와 영광을 돌립니다. 오! 주님, 저희를 변함없이 지켜주시는 주님의 은혜와 사랑을 항상 기억하며, 주님만 바라보며 믿음 위에 굳게 서서 살아갈 수 있는 삶이 되게 하옵소서.

지난 한주간도 저희의 약함을 도와주시고 이끌어 주시는 성령의 인도함 속에서도 쾌락 사랑하기를 즐겨하며, 이생의 안목과 정욕을 좇아 살기를 즐겨했던 저희들이었습니다. 긍휼히 여겨주시고 용서하여 주옵소서.

더 이상 성령님을 탄식하게 하는 죄악 된 일들을 반복하지 않도록, 저희들의 부족한 심령을 성령의 능력으로 사로잡아 주옵소서. 주님의 손에 붙들려 경건하고 거룩한 삶을 살아갈 수 있게 하옵소서.

사랑의 주님!

오늘 이 시간, 오순절 날 마가의 다락방에 충만하게 임하셨던 성령의 역사하심이 일어날 수 있기를 원합니다. 주님의 은혜를 사모하는 심령마다 주의 영으로 덮으셔서 성령 충만한 사람으로 새롭게 될 수 있게 하옵소서.

그리하여 그 어떤 불의와도 타협하지 않으며, 그 어떤 위협 앞에서도 굴하지 않고, 주님을 담대히 증거 하는 순교적인 신앙으로 살아가게 하옵소서.

주님!

저희 교회도 성령의 불이 타오르는 능력의 교회가 되기를 원합니다. 아무리 강퍅한 심령도 이 교회에 발을 들여놓을 때 성령의 능력으로 거꾸러지는 역사가 있게 하시고, 죄 자백이 일어나며 탄식하는 회개의 역사가 있게 하옵소서.

삶에 지친 자들은 삶의 희망이 넘치게 하시고, 병든 심령은 치료의 역사가 있게 하시며, 믿음 없는 자들은 믿음 위에 굳게 서고 확신에 찬 생활이 되게 하옵소서. 기도하는 자마다 주님의 사랑의 응답을 받을 수 있는 신령한 교회가 되게 하옵소서.

이 시간도 목사님이 말씀을 전하십니다.

주의 크신 능력으로 붙들어 주시고, 말씀을 듣는 저희 모두가 쏟아 부으시는 주님의 은혜를 경험할 수 있게 하옵소서.

예배의 자리에 성령의 운행하심을 믿사옵고, 예수 그리스도의 이름으로 기도합니다. 아멘

산 믿음

송영(Recitation)

내 영혼아 네가 어찌하여 낙심하며 어찌하여 내 속에서 불안해 하는가 너는 하나님께 소망을 두라 그가 나타나 도우심으로 말미암아 내 하나님을 여전히 찬송하리로다(시 43:5)

언제나 동일하신 주님!
오순절 기간을 맞이하여 성령님의 함께하심으로 교회와 저희들을 인도하시니, 그 은혜가 크고도 큼을 피부 깊숙이 느낍니다. 오늘도 주님의 날을 맞이하여 예배의 자리로 나왔사오니, 저희들이 드리는 예배를 기쁘게 받아 주옵소서.

영원한 소망이 되시는 주님!
오늘도 저희는 이 세상의 삶에 취하여 정신없이 살다가 주님 앞에 나왔습니다.
한 주간 동안 저희는 가치 없는 것에는 바쁘게 왕래하면서도 주님의 나라에는 열망이 없었습니다. 주님의 말씀에 귀를 기울이기보다는 세상의 욕심을 더욱 채우려고 안간힘썼음을 고백합니다.
오! 주님, 아직도 헛된 것을 좇아 헤매는 저희들을 꾸짖어 주시고, 주님의 손으로 선택하신 것들로 바꾸어 잡게 하옵소서.

또한, 부족하고 무지한 저희들의 영안을 밝게 하셔서 주님의 말씀을 밝히 보게 하시고, 오묘하신 뜻을 깨달아 죽도록 충성하고 순종하는 저희들이 되게 하여 주옵소서.

주님의 말씀이라면 무엇이라도 순종하고 행할 수 있는 산 믿음의 소유자들이 되게 하여 주옵소서.

교회의 머리 되신 주님!

주님께서 택하시고 세우신 몸 된 교회에 성령의 큰 은사와 능력으로 함께 하시옵소서.

주님의 이름으로 놀라운 역사가 일어나며, 상한 심령이 위로와 평안을 얻고, 온갖 질병에 시달리는 영혼들이 치료함을 받는 주님의 은혜가 나타나게 하옵소서.

특별히 교회를 섬기는 각 기관과 부서의 제직들과 함께 하시옵소서. 맡겨진 일에 충성을 다할 수 있도록 성령의 능력으로 붙드시고 하늘의 지혜로 충만하게 채워주옵소서.

오늘도 말씀을 전하시는 목사님을 성령의 능력으로 붙들어 주옵소서. 귀 기울여 듣는 자 모두가 은혜의 소낙비를 경험하는 시간이 되게 하옵소서.

예배를 위하여 수종드는 손길들을 기억하셔서, 그들의 섬김이 주님의 나라에서는 해같이 빛나게 하옵소서.

예배의 시종을 주님께 의탁하오며, 예수 그리스도의 이름으로 기도드립니다. 아멘

부요한 믿음

송영(Recitation)

믿음으로 아벨은 가인보다 더 나은 제사를 하나님께 드림으로 의로운 자라 하시는 증거를 얻었으니 하나님이 그 예물에 대하여 증언하심이라 그가 죽었으나 그 믿음으로써 지금도 말하느니라(히 11:4)

성령을 통하여 저희의 연약함을 이끄시는 주님!

거룩한 성일을 맞이하여 주님의 은혜와 사랑을 기억하며, 주님 앞에 예배드릴 수 있도록 인도하시니 감사드립니다.

보잘 것 없는 저희들이지만, 겸손히 머리 숙여 예배할 때에 저희들과 함께하시고, 성령으로 충만하게 하셔서 은혜를 받을 수 있는 마음이 형성되는 은총이 있게 하옵소서.

새롭게 하시는 주님!

저희들은 근심 많고 유혹 많은 세상에 살면서, 주님의 자녀이면서도 주님의 이름을 제대로 부르지도 못했던 바보였습니다.

부끄러운 마음으로 주님의 십자가 보혈을 의지하오니, 저희들의 못난 모습을 용서하여 주시고 긍휼을 베풀어 주옵소서.

주님!

저희가 이 세상 살아가는 동안 시험과 환난을 통해서라도 주님을 망각하는 일이 없도록 깨닫게 하여 주옵소서.

영적으로 건강하게 하여 주셔서 육체적인 건강이 전부가 아님을 느끼게 하여 주옵소서. 또한 물질적인 부가 전부가 아님을 알게 하셔서 믿음으로 부요해지는 것을 좇을 수 있게 하시고, 주님을 아는 지식으로 충만하여짐으로 지혜롭고 겸손하여서 주님을 닮아갈 수 있게 하옵소서.

또한 높아질수록 겸손하여지고, 가질수록 더 큰사랑을 베풀 수 있는 저희들 되게 하여 주옵소서.

주님!

주님이 친히 세우신 교회들을 붙드셔서 기도의 불이 꺼지지 않는 교회가 되게 하옵소서. 이 민족의 하나 됨을 위하여 힘써서 기도할 수 있게 하시고, 이 나라에 진정한 평화가 오기까지 주님의 긍휼하심을 구하는 교회들이 되게 하여 주옵소서.

또한 주님의 형상을 드러내기 위하여 사랑의 수고와 봉사를 아끼지 않는 교회가 되게 하옵소서.

이 시간, 말씀을 전하시는 목사님을 성령의 권능으로 붙드셔서 주님이 친히 목사님의 입을 통하여 들려주시는 말씀이 되게 하옵소서. 예배를 섬기는 손길들에게도 더욱 크신 은혜로 함께하셔서, 섬기면 섬기수록 더 섬기고 싶은 욕구만 있게 하여 주옵소서. 예수 그리스도의 이름으로 기도합니다. 아멘

나라사랑 겨레사랑

송영(Recitation)

여호와는 나의 빛이요 나의 구원이시니 내가 누구를 두려워하리요 여호와는 내 생명의 능력이시니 내가 누구를 무서워하리요 이제 내 머리가 나를 둘러싼 내 원수 위에 들리리니 내가 그의 장막에서 즐거운 제사를 드리겠고 노래하며 여호와를 찬송하리로다(시 27:1,6)

모든 권세의 주관자가 되시는 주님!
저희가 이렇게 신앙의 자유가 보장된 땅에서 주님께 예배드릴 수 있음을 감사드립니다. 주님께서 이 분단된 나라와 겨레를 사랑하셔서 정치적인 안정, 경제적인 성장, 군사적인 평온을 유지할 수 있게 하심을 감사드립니다.
지난 날, 이 민족의 주의 백성들이 6.25동란으로 큰 환난을 당했으나, 지금까지 남겨 놓으셔서 나라를 지키게 하시고, 하나님의 나라를 건설하는 역군이 되게 하심을 감사드립니다.

주님!
저희 모두가 6.25를 통해 얻은 뼈아픈 교훈을 되새기며, 남은 자로서의 책임을 다할 수 있기를 원합니다.
이웃 간에 서로 사랑하고 나라와 겨레를 사랑하여, 세계를 향하여 선진조국을 빛내고, 정의와 자유가 보장되는 이상 국가를 건설하는데 책임을 다하는 국민이 되게 하옵소서.

능력의 주님!
오랜 공산정권의 압제 하에 영육 간에 기갈에 처한 북한 동포들을 기억하여 주옵소서. 잘못된 정권과 잘못된 이데올로기를 어서 속히 소멸시켜 주시고, 종교의 자유도 다시 회복됨으로 우렁찬 기도 소리와 찬송이 북녘 땅 곳곳에 울려 퍼질 수 있게 하여 주옵소서.

은혜의 주님!
남한의 모든 교회도, 북한의 동포들을 위하여 항상 기도할 수 있게 하시고, 이 나라의 통일을 위하여 더욱 힘써서 부르짖을 수 있게 하옵소서. 이 민족전체가 복음화 되기까지, 구령의 열정이 불꽃처럼 타오를 수 있는 교회가 되게 하옵소서.

이 시간, 말씀을 전하시는 목사님을 주님의 능력의 오른팔로 붙드셔서, 권세 있는 말씀을 선포하게 하시고, 듣는 자의 마음마다 살아 운동력 있는 주님의 말씀을 경험하게 하옵소서.
예배를 위하여 섬기는 손길들을 기억하셔서 그들의 수고와 봉사에 주님의 은혜가 가득 넘치게 하여 주옵소서.

예배의 시종을 주님께 의탁합니다. 성령께서 저희들의 연약함을 도우실 것을 믿사오며, 예수 그리스도의 이름으로 기도합니다. 아멘

힘 주시는 주님

송영(Recitation)

너희 안에 이 마음을 품으라 곧 그리스도 예수의 마음이니 그는 근본 하나님의 본체시나 하나님과 동등 됨을 취할 것으로 여기지 아니하시고 오히려 자기를 비워 사람들과 같이 되셨고 사람의 모양으로 나타나사 자기를 낮추시고 죽기까지 복종하셨으니 곧 십자가의 죽으심이라(엡 2:5~8)

사랑이 풍성하신 주님!

세상의 유혹이 만연하고 더운 날씨로 인한 게으름이 주님 만나 뵙는 길을 가로 막았으나, 이것을 이기게 하심을 감사드립니다.

오늘도 저희는 구원의 잔을 들고 은혜의 하나님을, 귀한 이름인 여호와를 소리 높여 부르기 원합니다. 저희가 드리는 예배를 받아 주시옵소서.

자비하신 주님!

저희들은 오늘도 주님 앞에 나올 때, 허물과 죄악의 짐을 지고 주님 앞에 나왔습니다. 이 시간, 십자가의 은혜를 통하여 씻어 주시고 새롭게 변화시켜 주옵소서.

소망과 능력의 주님! 주님 안에서 믿음을 지키고 사명을 감당하느라 피곤하고 지친 성도들이 있습니다. 그들을 말씀으로 위로하시고, 그들의 심령 속에 새 소망과 새 능력을 더하여 주옵소서.

그리하여 다시 일어나게 하시고, 맡겨주신 사명을 끝까지 잘 감당하는 주님의 백성들이 되게 하옵소서.

주님이 택하신 백성들에게는 결코 절망이 있을 수 없음을 깨닫게 하셔서, 어렵고 힘들 때마다 십자가에 달리셨던 주님을 생각하며 끝까지 이겨나갈 수 있는 용기를 갖게 하옵소서.

은혜의 주님!

이 시간 육신의 무거운 짐을 지고 주님의 전을 찾은 성도들도 있습니다. 무거운 짐을 지고 힘들어하는 성도들에게 새 힘을 허락하여 주시고, 갈 길 몰라 방황하는 성도들에게는 길 되신 주님께서 가야할 길을 가르쳐 주옵소서.

사랑의 주님!

사랑을 잃어버린 성도들도 있습니다. 그들이 강퍅해지지 않도록 주님의 온유하신 사랑을 그들에게 심어 주시옵소서.

외로움을 겪는 성도들도 있습니다. 주님께서 친히 그들의 벗이 되어 주셔서, 혼자가 아니라 주님이 곁에 계심을 느낄 수 있게 하여 주옵소서.

말씀을 전하시는 목사님을 성령의 능력으로 붙드시옵소서. 주님의 마음을 담아내는 말씀을 전하심으로 듣는 이들이 새 힘을 얻게 하여 주옵소서. 예수 그리스도의 이름으로 기도합니다. 아멘

생활의 감사제

송영(Recitation)

오라, 우리가 여호와께 노래하며 우리 구원의 반석을 향하여 즐거이 부르자 우리가 감사함으로 그 앞에 나아가며 그를 향하여 즐거이 부르자(시 95:1,2)

은혜가 풍성하신 주님!
때를 따라 은혜의 단비를 내려주시고 보살펴 주시는 주님의 사랑을 찬양하며 감사드립니다.
특별히 오늘은 저희들에게 맥추기를 허락하셔서 맥추감사주일로 지킬 수 있도록 은혜를 베푸시니 감사드립니다.

주님은 해마다 풍성한 열매로 저희를 채우셔서 저희로 궁핍한데 처하지 않도록 이끌어주시니 얼마나 감사한지요.
하오나, 저희는 욕심에 눈이 어두워 자기중심적으로 살 때가 너무도 많았습니다. 철부지 어린아이와 같이 마음이 원하는 대로 산 저희를, 우리 주님께서 은혜와 사랑으로 덮고 계시기에, 오늘 저희들이 이 복된 자리에 있게 된 줄을 믿습니다.

이제는 철든 신앙인이 되어서 주님께 감사하며 자녀의 본분을 다하는 삶이 되게 하여 주옵소서.

주님!

오늘 저희가 맥추감사주일로 지키면서 형식적으로 물질만 드리지 않기를 원합니다. 지금까지 지내온 모든 것이 주님의 은혜와 사랑의 흔적임을 고백하며, 저희의 온 맘을 다 바쳐 주님을 기쁘시게 하는 시간이 되게 하여 주옵소서.

오늘 뿐만이 아니라, 매일의 삶 속에서 주님을 향한 진정한 감사가 묻어나올 수 있기를 원합니다. 저희의 심령을 복되게 하여 주셔서 생활의 감사제가 늘 주님께 드려질 수 있게 하옵소서.

자비로우신 주님!

맥추감사주일이지만 참된 평안을 얻기를 소원하는 교우가 있습니까? 이 시간 평안을 얻게 하여 주옵소서.

치유를 원하는 교우가 있습니까? 이 시간, 주님의 피 묻은 손으로 안수하여 주셔서 회복시키시는 주님의 은혜에 감사할 수 있게 하옵소서. 기쁨을 잃어버린 교우에게는 샘솟는 기쁨이 충만하게 채워지는 시간이 되게 하시고, 감사를 잃어버린 교우에게는 범사에 감사할 수 있는 은혜를 발견하는 시간이 되게 하옵소서.

오늘도 말씀을 전하시는 목사님을 한결같은 능력으로 붙드셔서 힘 있고 권세 있는 말씀을 증거 하실 수 있게 하여 주옵소서. 예배를 섬기는 손길들도 권능의 손으로 붙드셔서, 섬길수록 더 귀한 주님을 느끼게 하옵소서. 예수 그리스도의 이름으로 기도합니다. 아멘

소망이 넘치는 생활

송영(Recitation)

오호라 너희 모든 목마른 자들아 물로 나아오라 돈 없는 자도 오라 너희는 와서 사먹되 돈 없이, 값 없이 와서 포도주와 젖을 사라 너희는 귀를 기울이고 내게로 나아와 들으라 그리하면 너희의 영혼이 살리라 내가 너희를 위하여 영원한 언약을 맺으리니 곧 다윗에게 허락한 확실한 은혜이니라(사 55:1,3)

천지의 대 주재이신 하나님 아버지!
영광과 존귀를 홀로 받으시옵소서. 인생들을 창조하시고, 기르시고, 보호하시는 주님, 햇빛과 비와 바람을 주셔서 이 땅에 풍성한 첫 열매를 허락하심을 감사드립니다.

자비하신 하나님!
지난간 6개월을 회고하니 하나에서부터 열까지, 다 주님의 사랑과 자비의 결과임을 피부 깊숙이 느낍니다.
하지만 저희들은 주님의 말씀을 사랑하며, 주님의 뜻대로 살지 못하고, 주님의 마음을 아프게 해드린 경우가 너무나 많았음을 고백하지 않을 수 없습니다.
허물 많은 저희들을 용서하여 주시고, 오직 주님의 능력으로 사는 저희들이 되게 하여 주시며, 한 발치라도 주님의 말씀을 벗어나 살지 않도록 이끌어 주옵소서.

저희들에게 비뚤어진 마음과 미련한 생각들이 있다면 바로잡아 주시고, 항상 주님으로 말미암아 기뻐하고 즐거워하며, 주님이 걸어가신 길을 좇을 수 있는 순종의 삶이 될 수 있도록 이끌어 주옵소서.

사랑의 주님!

이제 여름을 맞이하여 교회부서마다 여름행사들을 계획하고 있습니다. 이 모든 행사와 계획들이 주님의 뜻을 담아낼 수 있는 일들이 되게 하시고, 주님의 사랑과 은혜를 전하고, 증거하며, 열매를 많이 맺어 주님께 큰 영광을 돌릴 수 있게 하옵소서.

은혜의 주님!

오늘 주님께 참 마음으로 예배드리기 원하면서도 세상의 온갖 염려와 근심으로 인하여 무거운 마음으로 예배드리는 성도들도 있는 줄 압니다.

예배드리는 동안에 그들의 답답한 마음들이 주님의 평안으로 채워지게 하시고, 주님의 말씀으로 위로받게 하시며, 신앙의 힘을 얻어서 소망이 넘치는 생활이 되게 하여 주옵소서.

주님의 계시된 말씀을 듣고 단 위에 서신 목사님을 기억하셔서 성령의 능력으로 붙들어 주옵소서.저희 모두가 말씀을 들을 때에 시냇가를 걷는 기쁨이 있게 하옵소서. 예배의 시종을 주님께 의탁하오며, 예수 그리스도의 이름으로 기도합니다. 아멘

알차고 은혜롭게

송영(Recitation)

내가 산을 향하여 눈을 들리라 나의 도움이 어디서 올까 나의 도움은 천지를 지으신 여호와에게서로다(시 121:1~2)

참 좋으신 주님!

무더운 날씨 속에서도 저희들이 해야 할 일들 을 할 수 있게 하시고, 이 시간 주님의 전을 찾아 예배할 수 있게 하시니 감사합니다.

이 더위에도 지쳐 쓰러지지 않는 힘을 더하여 주셔서 은혜의 자리를 찾을 수 있게 하여 주시니 얼마나 감사한지요.

하지만, 주님의 뜻을 좇아 살려고 몸부림쳤지만 어느새 죄가 저희 심령으로 파고들어와 죄에게 끌려갈 때가 많았습니다. 연약한 믿음을 고백하며 회개하오니 용서하여 주옵소서.

주님!

무덥고 뜨거운 여름이지만 뜨거운 신앙으로 주님을 섬길 수 있기를 원합니다. 저희들에게 여름의 계절을 허락하신 것은 주님을 향한 뜨거운 신앙을 잃지 말 것을 교훈하시기 위함임을 깨닫습니다. 피곤하고 지칠지라도 주님을 향한 뜨거움으로 아름다운 은혜의 열매를 맺어갈 수 있게 하옵소서.

그 은혜의 열매들이 혹은 백배, 혹은 육십 배, 혹은 삼십 배의 결실로 나타날 수 있게 하옵소서.

주님!
무더운 여름이지만 하절기를 맞이하여 교육부서에서 여름행사를 준비하며 진행하고 있습니다. 특별히 여름성경학교를 개강한 주일학교를 기억하셔서, 성경학교를 통하여 어린이들과 선생님들이 하나가 되며, 말씀을 통하여 예수 그리스도를 더 깊이 만나는 귀한 시간이 되게 하옵소서.

매년 하고 있는 여름 행사라고 하여, 틀에 박힌 행사가 되지 말게 하시고, 어린 심령들을 통하여 천국의 지경이 확장되어지는 축복의 행사가 되게 하옵소서.
여름행사를 위하여 도움의 손길을 주는 성도들도 있습니다. 어린 심령들은 사랑을 먹고 크는 존재들임을 기억하여서 아이들을 지극히 사랑하는 마음으로 봉사할 수 있게 하시고, 섬김과 봉사를 통하여 천국의 기쁨을 누릴 수 있게 하옵소서.

오늘도 말씀을 전하시는 목사님을 붙드시옵소서. 계절에 맞는 영의 양식이 되는 말씀을 증거 하시게 하옵소서. 이미 예배가 시작되었습니다. 주님만이 홀로 영광 받으실 것을 믿사옵고 예수 그리스도의 이름으로 기도합니다. 아멘

전천후 믿음

송영(Recitation)

그리스도께서 한번 죄를 위하여 죽으사 의인으로서 불의한 자를 대신 하셨으니 이는 우리를 하나님 앞으로 인도하려 하심이라 육체로는 죽임을 당하시고 영으로는 살리심을 받으셨으니(벧전 3:18)

영광을 받으시기에 합당하신 주님!
예수 그리스도께서는 불의한 죄인을 대속하시기 위해, 쓰리고 아픈 십자가에 달리셔서 양손과 양발에 못이 박히고 보배로운 피를 흘려주셨습니다.

이보다 더 큰 사랑이 세상에 어디 있고, 이 보다 더 큰 은총이 어디에 있겠습니까? 오늘 그 사랑과 그 은총을 받은 저희들이 주님의 전에 모였습니다. 주님을 찬양하며 예배하기를 원하오니 오직 주님만 영광을 받으시옵소서.

사랑의 주님!
받은 은총이 크면 사명도 큰 것임을 깨닫습니다. 저희 모두가 맡은 일에 충성을 다할 수 있게 하시고, 하나님 나라의 확장을 위해 아낌없이 쓰임 받을 수 있는 도구가 되게 하옵소서.

건강도, 지식도, 물질도, 주님의 것임을 고백하며, 헌신과 희생의 욕구를 충족시킬 수 있는 저희모두가 되게 하옵소서.

주님!
유혹의 물결이 여기 저기 넘실대며 춤을 추고 있는 계절입니다. 육신의 안일을 위하여 죄의 욕구를 충족시키는 계절이 되지 않게 하시고, 하나님의 자녀로서 마땅히 행할 바를 행하므로, 주님을 기쁘시게 할 수 있는 복된 계절을 보낼 수 있게 하옵소서.
더위가 모든 것을 지치게 하여도 언제나 주님의 말씀만큼은 놓치지 않을 수 있게 하시고, 계절을 타지 않는 전천후 믿음을 보여드릴 수 있는 저희의 생활이 되게 하옵소서.

여름행사가 계속되고 있습니다. 주님이 늘 동행하시고 인도하여 주심으로 안전하고 은혜로운 여름행사가 되게 하시고, 앞에서 인도하는 자나 참여하는 자 모두가 한결같은 주님의 사랑과 은혜를 다시금 경험하는 시간이 되게 하옵소서.

주님!
사회가 어려울수록 일자리를 갖지 못한 사람들이 많습니다.
그들에게 수고의 떡을 먹을 수 있는 은총을 내려주시고, 힘든 때일수록 사람이 떡으로만 사는 것이 아님을 깨닫게 되는 지혜를 얻게 하옵소서.
이 시간, 말씀을 전하시는 목사님을 크신 권능으로 함께 하실 것을 믿사오며, 예수 그리스도의 이름으로 기도합니다. 아멘

방황하는 영혼

송영(Recitation)

내가 여호와를 항상 송축함이여 내 입술로 항상 주를 찬양하리이다 내 영혼이 여호와를 자랑하리니 곤고한 자들이 이를 듣고 기뻐하리로다 나와 함께 여호와를 광대하시다 하며 함께 그의 이름을 높이세(시 34:1~3)

저희를 지극히 사랑하시는 주님!
죄 때문에 멸망 받아 마땅한 인간들을 이토록 사랑하셔서 독생자를 통한 대속의 은총을 베푸시고, 희망 없던 인간들이 그 은혜를 인하여 소망의 삶을 누리게 하시니, 감사함으로 찬양과 경배를 드립니다.

주님!
예배를 드리면서 지난 한 주간 동안, 하나님과 이웃들에게 무례하게 행하고 미워했던 것들을 회개합니다. 나 혼자만 선한 것으로 생각했고, 다른 사람을 악하고 어리석다고 여겨 왔던 잘못들을 고백하오니 용서하여 주옵소서.

위로와 소망이 되시는 주님!
주님의 택함 받은 자녀로서, 그 어떤 시련이 닥쳐온다 할지라도 언제나 주님의 크신 사랑과 능력을 신뢰하며 살아갈 수 있게 하옵소서. 저희와 함께하시는 그 능력의 손을 항상 붙드는 삶이 되게 하옵소서.

목자이신 주님!
지금도 이 세상에는 목자 없는 양같이 유리방황하는 영혼들이 많이 있습니다. 구원과 심판이 무엇인지도 모르고, 천국과 지옥이 무엇인지도 모른 채, 눈앞에 보이는 먹이만을 뜯기 위하여 몸부림치는 영혼들이 있습니다.
그들의 영혼을 불쌍히 여기셔서 주님을 알 수 있는 지혜를 허락하여 주옵소서. 이제껏 추구하며 살던 모든 것이 헛된 것임을 깨달아, 주님 앞으로 돌아올 수 있는 은혜가 있게 하옵소서.
주님을 믿고 따르는 것이 얼마나 복된 것인지를 피부 깊숙이 느낄 수 있도록 은총을 내려주옵소서.

주님!
아직도 여름행사가 진행 중에 있습니다. 수련회를 진행 중인 학생회 및 청년대학부를 기억하셔서, 가슴 벅찬 주님의 은혜를 경험할 수 있는 수련회가 되게 하옵소서.
이 시간, 생명의 말씀을 전하시는 목사님을 주님의 능력의 오른손으로 붙드셔서 피곤치 않게 하실 것을 믿습니다. 예배를 위하여 봉사하는 손길들에게도 동일한 은혜를 더하여 주옵소서.
예배의 시종을 주님께 의탁하오며, 예수 그리스도의 이름으로 기도합니다. 아멘

갓난아이처럼

송영(Recitation)

그러므로 이제 그리스도 예수 안에 있는 자에게는 결코 정죄함이 없나니 이는 그리스도 예수 안에 있는 생명의 성령의 법이 죄와 사망의 법에서 너를 해방하였음이라(롬 8:1~2)

사랑의 주님!

예수 안에 있는 생명의 성령의 법으로 죄와 사망의 법에서 해방시켜 주심을 감사드립니다. 이 시간, 주님께서 친히 값 주고 사신 백성들이 한 자리에 모여 예배하게 하시니 진실로 감사드립니다. 주님만이 영광을 받으시옵소서.

은혜의 주님!

저희들이 늘 주님의 뜻대로 산다고 다짐하면서도, 죄악 된 길에서 벗어나지 못하고 세상에 동화된 채 죄를 지으며 살았습니다. 주님의 긍휼하심을 바라보며 회개하오니 용서하여 주시고 저희 속에 정한 영을 새롭게 하여 주옵소서.

진리를 깨달아 알 수 있는 눈을 열어주시고, 그 말씀 앞에 겸손히 머리 숙이며, 진리의 길을 따라 살 수 있는 용기와 의지를 주옵소서.

저희 마음의 소원을 아시는 주님!

오늘도 저희들의 형편과 처지를 되돌아보며 안타까운 마음으로 간구합니다. 험난한 세상을 살면서 피할 수 없는 상처와 아픔을 많이 겪고 있습니다. 인생들의 죄 짐을 홀로 지시고 피 흘려 돌아가신 주님을 생각하면, 지금 겪고 있는 상처와 아픔이 엄살로밖에 보이지 않는 것 같아 너무나 부끄럽습니다.

주님!

어머니 품속에 있는 갓난아이처럼 주님을 의지합니다. 치료하시는 주님께서 상처 난 부분을 싸매 주시고, 뼛속 깊숙이 자리 잡은 아픔들을 성령의 불로 녹여 주셔서, 주님을 의뢰하는 인생이 얼마나 행복한지를 깨달을 수 있게 하옵소서.

주님!

이 사회가 여러 가지 문제로 어수선합니다. 어서 속히 안정을 찾을 수 있도록 도와주시옵소서. 특히, 위정자들을 붙들어 주셔서 국민을 생각하는 마음이 그들에게 넘쳐나게 하시고, 나라를 생각하는 마음이 그들에게 넘쳐나게 하여 주옵소서.

오늘도 주님의 계시된 말씀을 전하시는 목사님을 친히 붙드시고 그 입술을 주장하셔서, 듣는 자로 하여금 주님의 음성을 직접 듣는 것 같게 하시고, 영혼에 단비와 같은 말씀이 되게 하옵소서.

예배의 시종을 주님께 의탁하오며, 예수 그리스도의 이름으로 기도합니다. 아멘

신앙의 열매

송영(Recitation)

내가 여호와께 그의 의를 따라 감사함이여 지존하신 여호와의 이름을 찬양하리로
다(시 7:17)

새 힘을 주시는 주님!

자칫 지치기 쉬운 계절에 새 힘을 주셔서 주님의 전을 찾을 수 있도
록 이끄심을 감사드립니다. 저희가 주님의 전을 찾을 수 있게 된 것
은, 저희를 도우시는 성령님이 이끌어 주셨기 때문임을 믿습니다.
예배할 때에 성령의 단비를 내리셔서 메마른 영혼들이 생기를 얻
게 하옵소서.

주님!

한 주간의 삶을 돌이켜 보건대 빛의 자녀로서 살지 못했음을 고백
합니다. 불의 앞에서 비굴함을 보일 때도 있었고, 성령의 전인 심령
을 거짓으로 더럽힐 때도 있었습니다. 죄를 은근슬쩍 용납할 때도
있었습니다. 용서하여 주옵소서.

주님!

이제 오곡백과가 무르익는 계절이 다가오고 있습니다. 오곡백과가

탐스럽게 익어가는 자연 앞에서 신앙의 아무런 열매를 맺지 못한 부끄러운 모습이 되지 않기를 원합니다. 이제 무더운 계절로 말미암아 다소 느슨해졌던 신앙을 다시 추슬러서 열매 맺는 믿음의 길을 달려갈 수 있는 저희모두가 되게 하옵소서.

주님!
수확의 시기가 되어도 수확할 것이 없어 빈둥대기만 하는 저희 모습이 되지 않기를 원합니다. 주님이 허락하신 귀한 시간들을 허비하기만 한 인생이 되지 않기를 원합니다.
이유만 무성하고, 핑계만 무성한 게으른 신앙인이 되지 않기를 원합니다. 심지 않은데서 열매를 바랐던 악한 종이 되지 않기를 원합니다. 오곡백과가 탐스럽게 익어가는 것을 보면서 저희들도 주님 나라를 풍요롭게 하는 영적인 열매를 맺어갈 수 있는 주의 자녀들이 될 수 있게 하옵소서.

주님!
아직도 나라의 경제가 회복되지 않고 있습니다. 날로 빈부격차는 심해지고 있고, 최저의 생계비마저 보장 받지 못하여 아픔을 겪는 가정들이 늘어나고 있습니다. 이 나라를 불쌍히 여기시고 주의 크신 회복이 있게 하옵소서.
오늘도 생명의 말씀을 전하시는 목사님을 붙드시옵소서. 느슨해진 저희의 심령에 불을 붙이는 말씀이 되게 하옵소서. 예수 그리스도의 이름으로 기도합니다. 아멘

하나가 됨으로

송영(Recitation)

하나님이 나사렛 예수에게 성령과 능력을 기름 붓듯 하셨으매 그가 두루 다니시며 선한 일을 행하시고 마귀에게 눌린 모든 사람을 고치셨으니 이는 하나님이 함께 하셨음이라 그에 대하여 모든 선지자도 증언하되 그를 믿는 사람들이 다 그의 이름을 힘입어 죄 사함을 받는다 하였느니라(행 10:38,43)

언제나 새로운 역사로 저희와 함께 계시는 주님!

흑암의 세계에서 헤매던 저희들에게 정한 마음을 주시고, 정직한 성령을 허락하여 주시오니, 그 은혜를 감사드립니다.

저희의 심령을 날마다 새롭게 하셔서 주님의 영광을 대할 수 있는 맑은 마음이 되게 하옵소서.

또한, 만물을 새롭게 함같이 교만으로 굳어진 저희의 마음을 부드럽게 해주시고, 불평불만으로 무거운 마음을 가볍게 해주시며, 공적도, 아성도 무너지게 하옵소서.

주님!

이 시간 주님이 예비하신 은혜를 마음의 문을 열어놓고 기다리오니, 하늘 문을 여셔서 아낌없이 채워주시옵소서.

용서와 치료의 은총을 내려 주시옵소서. 그리하여 저희의 심령에 새로운 기쁨과 소망으로 채워지게 하셔서 영원한 천국을 바라보며 힘 있게 달음질할 수 있게 하여 주옵소서.

주님!
속박과 슬픔과 고통이 있는 땅에도 자유와 위로를 허락하시며 평화를 더하셔서, 인생들이 서로를 믿고 정답게 살도록 은총을 내려 주옵소서. 분단된 이 민족이 통일되게 하셔서 사상과 이념도 주의 말씀으로 하나 될 수 있게 하옵소서.
이 나라가 진실로 하나님을 섬기는 나라가 되어서, 주님의 나라와 그 의를 구하는 백성이 되게 하옵소서.

주님!
교회도 하나 되게 하옵소서. 높고 낮음이 없게 하시고, 빈부의 귀천이 없게 하시고, 시기와 다툼이 없게 하셔서, 모든 것이 평균케 되는 사랑의 공동체가 되게 하옵소서.

오늘도 말씀을 전하시는 목사님께 성령을 기름 붓듯 부으시옵소서. 은혜를 사모하는 모든 사람들이 생수의 강이 넘쳐흐르는 축복을 경험하게 하옵소서.

주님의 몸 된 교회를, 이름 없이 빛도 없이 섬기는 성도들을 기억하셔서, 항상 주님의 은혜에 대한 기쁨을 누리며 사는 삶이 되게 하옵소서. 믿음 안에서 늘 승리케 하시는 예수 그리스도의 이름으로 기도합니다. 아멘

밝은 빛을 비춤

송영(Recitation)

할렐루야 여호와의 종들아 찬양하라 여호와의 이름을 찬양하라 이제부터 영원까지 여호와의 이름을 찬송할지로다 해 돋는 데서부터 해 지는 데까지 여호와의 이름이 찬양을 받으시리로다(시 113:1~4)

사랑의 하나님!

질그릇처럼 값없는 인생들이지만, 저희들을 예수 그리스도의 피로 값 주고 사셨기에, 저희들은 보배로운 하나님의 자녀들임을 믿습니다(고후4:7).

주님의 크신 인애와 긍휼하심이 저희들을 집중하고 계시기에, 오늘 저희들이 예배의 자리로 담대히 나온 줄 믿습니다.

그러나 주님 앞에서 저희들의 삶을 돌이켜보면, 죄악 된 세상에서 방황했던 흔적들밖에 보이는 것이 없음을 고백합니다.

한 주간동안 지은 죄를 가볍게 여길 것이 아니라, 회개할 것은 바르게 회개하여 주님의 용서를 구할 수 있는 저희들이 되게 하옵소서.

그리하여 거룩하고 정결한 예배를 주님께 드릴 수 있게 하시고, 주님의 이름을 높일 수 있는 기쁨을 얻게 하옵소서.

복의 근원이 되시는 주님!

오늘 저희로 하여금 진정한 복은 하나님께로부터 옴을 다시 한 번 깨닫게 하시고, 언제나 신령한 복을 사모하며 구하는 자들이 되게 하옵소서. 진주의 가치를 알지 못하는 미련한 짐승처럼, 하늘의 신령한 복을 소홀이 여기는 어리석은 모습이 없게 하시고, 열심을 다하여 구하는 가운데 하나님이 채우시는 진정한 부요함을 경험하는 삶이 되게 하옵소서.

생명이 되시는 주님!

지금 이 사회는 잘못된 문화와, 잘못된 가치관들이 급속도로 번져 나가고 있습니다. 청소년들이 오염된 문화 속으로 겁 없이 뛰어들고 있고, 옳고 그릇됨의 분별력을 상실한 채, 감각에만 의존하는 방향으로 나아가고 있습니다.

주님! 빛을 잃어가는 이 사회를 불쌍히 여기시고 주님의 사랑과 긍휼하심으로 건져주시옵소서. 오늘의 교회와 성도들은 어둠속에 갇혀 있는 이 사회의 안타까움을 보며 더욱 강력한 영성을 갖춰야 한다는 열망을 품게 하옵소서. 이 사회에 밝은 빛을 비추기 위하여 빛의 자녀로 사는데 마음을 쏟을 수 있게 하옵소서(엡5:8).

말씀을 전하시는 목사님을 붙드시옵소서. 말씀을 전하실 때에 그 말씀이 저희들에게 빛으로 다가오게 하옵소서. 예배의 시종을 주님께 맡기오며, 예수 그리스도의 이름으로 기도합니다. 아멘

성장하는 구역(셀)

송영(Recitation)

하늘이 하나님의 영광을 선포하고 궁창이 그의 손으로 하신 일을 나타내는도다.

나의 반석이시요 나의 구속자이신 여호와여 내 입의 말과 마음의 묵상이 주님 앞

에 열납되기를 원하나이다(시 19: 1,14)

기쁨의 절기를 주신 하나님!

이 땅에 오곡백과가 영그는 계절을 주셔서 창조의 은총을 다시금

깨닫게 하심을 감사드립니다.

찬란하고 밝은 이 은혜의 계절에, 다시금 저희의 두 눈은 주님의 창

조의 솜씨를 바라보게 하시고, 저희의 입술은 지금도 살아계셔서

역사하고 계시는 주님의 진리의 말씀만을 말하게 하여 주옵소서.

의로우신 하나님!

저희의 죄는 사하여 주시고 허물을 가려주셔서 의롭게 여겨주심을

감사드립니다. 하지만, 저희는 항상 죄를 이기지 못하는 삶을 살고

있습니다.

오늘도 주님을 예배하면서 죄를 좇아 행했던 부끄러운 모습들을 돌

아보며 회개하오니 용서하여 주시옵소서.

자비하신 주님!

매주간 모여 예배하고 떡을 떼며, 교제에 힘쓰는 구역(셀)을 위하여 기도합니다. 모임을 가질 때마다 주님의 은혜와 사랑이 넘쳐나게 하시고, 주님의 몸 된 교회를 세우며 가정을 세우는 구역(셀)모임이 되게 하옵소서. 특별히 구역(셀)을 통하여, 불신자들이 주님 앞으로 나올 수 있도록, 주님의 사랑을 앞세워 복음증거에 힘쓰는 구역(셀)이 되게 하옵소서.

구역(셀)을 책임지고 있는 구역의 지도자들을 붙드셔서, 구역(셀)원들을 주님의 사랑으로 돕고 섬기며, 믿음으로 잘 이끌어 줄 수 있는 역할을 감당하게 하옵소서. 구역(셀)원들마다 성령의 능력과 은사를 충만하게 부으셔서 주님의 일에 적극적으로 봉사할 수 있는 일꾼들이 되게 하옵소서.

아픔을 당하고 있는 구역(셀)원들이 있다면, 그 아픔이 주님을 더욱 가까이 할 수 있는 동기가 되게 하시고, 더 성숙한 믿음의 사람으로 성장하는 기쁨을 누리게 하옵소서.

말씀을 들고 단위에 서시는 목사님을 기억하셔서, 모든 성도들이 평생에 잊지 못할 은혜로운 말씀을 전하실 수 있도록 도우실 것을 믿습니다.

예배를 위하여 섬기는 손길들에게도 항상 새 능력으로 함께하실 것을 믿사오며, 저희를 끝까지 사랑하시는 예수 그리스도의 이름으로 기도합니다. 아멘

아름다운 봉사자

송영(Recitation)

여호와 우리 주여 주의 이름이 온 땅에 어찌 그리 아름다운지요 주의 영광을 하늘 위에 두셨나이다(시 8:1)

할렐루야!

오늘도 저희를 세상에서 가장 아름다운 곳, 주님의 임재하심과 주님의 은혜가 넘치는 곳으로 인도하심을 감사드립니다.

자의적인 결단에 의하여 나온 것 같지만, 주님이 이끄신 것임을 믿습니다. 이 축복의 장소에 저희를 두었사오니, 세상의 그 무엇과도 비교될 수 없는 시간이 되게 하옵소서.

낮고 천한 자리를 찾아오신 주님!

주님은 겸손과 섬기는 삶의 본이 되셨음을 기억합니다. 하지만 저희는 스스로를 높이고 섬김을 받는 일을 더욱 좋아했습니다. 주님을 예배하면서 주님의 겸손하심을 다시금 온 몸으로 느낄 수 있게 하시고, 주님처럼 섬기는 자로서의 삶을 살아갈 수 있게 하옵소서.

주님!

저희로 그리스도의 몸 된 교회의 지체가 되게 하심을 감사드립니다. 주님의 몸인 교회를 세우기 위하여 마음을 쏟을 수 있게 하시고, 언제나 하나님의 선하시고 온전하신 뜻이 무엇인지 분별하여 지혜로운 봉사자로 주님을 높일 수 있게 하옵소서.

봉사자의 중요한 자세는 자기 직분에 따라 그 역할을 잘 감당해야 하는 것도 필요한 줄 압니다. 손은 손으로서, 발은 발로서, 머리는 머리로서 기능을 잘 감당하는 것이 중요한 줄 아오니, 주님이 각자에게 주신 은사대로, 맡은 직분을 잘 감당할 수 있게 하옵소서.
이 좋은 추수의 계절에, 저희들이 섬기는 주님의 교회를, 복되고 아름다운 열매로 가득하게 할 수 있는 일꾼들이 되게 하옵소서.

자비하신 주님!
주님께 기도드릴 때마다 마음에 부담으로 남는 것이 있습니다. 올해도 여전이 풀리지 않고 있는 경제 때문에 고달픈 삶을 살아가는 사람들이 많습니다. 그들을 긍휼히 여기셔서 그들의 궁핍함을 돌아보시옵소서. 특별히 영적으로 궁핍한 자들을 불쌍히 여기시고, 목자 없는 양처럼 유리하며 방황하지 않도록 사랑으로 감싸 안으시옵소서.

오늘도 말씀을 전하시는 목사님을 굳게 붙드시고, 특별히 예배를 위하여 섬기는 손길들에게 합당한 복을 더하실 것을 믿사옵고, 예수 그리스도의 이름으로 기도합니다. 아멘

복된 열매를 맺어감

송영(Recitation)

야곱의 하나님을 자기의 도움으로 삼으며 여호와 자기 하나님에게 자기의 소망을 두는 자는 복이 있도다(시 146: 5)

높은 곳에 계신 하나님!
그 크신 성덕을 찬양합니다. 지난 한 주간도 만물 위에 높이 계시며, 말씀과 질서를 통해 온 땅의 모든 사람들에게 나타내 주셨음을 믿사옵니다.

주님께서 저희의 무가치한 인생을 바꾸셔서, 천사도 흠모하는 주의 백성이 되게 하여 주심을 감사드립니다.
죄악으로 멍든 심령, 죄에 무감각해져 본질상 진노의 자녀였던 저희의 심령을 바꾸셔서, 주님을 섬기는 사람으로 삼아 주신 것을 감사드립니다.

주님!
하지만 저희 심령은 여전히 메말라 있음을 고백합니다. 말씀을 듣고, 말씀을 받을 때 그 순간뿐이고, 항상 돌덩이 같이 살아가는 저희들입니다. 회개하오니 용서하여 주옵소서.

이 시간, 순종의 기쁨으로 회개하고, 마음을 적시는 눈물을 흘릴 수 있는 시간이 되게 하옵소서. 좋으신 우리 주님과 더 깊은 교제 속에서 살아갈 수 있도록 은총을 내려주옵소서.

주님!
이제 올해도 반년을 훌쩍 넘겼습니다. 오곡백과가 무르익는 계절을 지나고 있는데, 저희들은 언제나 제자리를 맴돌고 있는 것 같아 마음이 무겁습니다. 연약한 저희들을 긍휼히 여기셔서 주님이 바라시는 복된 열매를 맺는 삶이 되도록 이끌어 주옵소서.

또한, 항상 믿음과 소망과 사랑이 넘치는 생활이 되게 하여 주옵소서. 좀 더 교회를 위하여 충성하는 일꾼들이 되게 하시고, 말씀에 순종하는 삶이 넘쳐날 수 있게 하옵소서. 이웃을 돌아보는 삶을 살게 하시며, 상처 속에서 고통을 안고 사는 사람들에게 친한 벗이 될 수 있는 주의 백성이 되게 하옵소서.

이 시간, 기록된 말씀을 강론하시는 목사님을 성령의 권능으로 붙드시옵소서. 잠자는 영혼을 깨우는 말씀을 전하심으로 저희 모두가 은혜의 단비를 체험하는 시간이 되게 하옵소서.

예배를 위하여 수종드는 손길들을 기억하셔서, 특별한 충성에 특별한 은혜가 있게 하옵소서. 예배하는 자를 기뻐하시는 예수 그리스도의 이름으로 기도합니다. 아멘

기쁘고 보람된 군복무

송영(Recitation)

이는 남의 규범으로 이루어 놓은 것으로 자랑하지 아니하고 너희 지역을 넘어 복음을 전하려 함이라 자랑하는 자는 주 안에서 자랑할지니라(고후 10:16~17)

거룩하신 하나님!

저희에게 하나님을 아는 지혜를 주셔서 영과 진리로 예배할 수 있게 하심을 감사합니다.

이 시간, 다 함께 마음을 모아 예수 그리스도께서 베푸신 구원의 잔치 자리에 나아가는 예배자들이 되게 하옵소서. 성삼위께서 저희의 예배를 받으실 것을 믿습니다.

긍휼이 많으신 하나님!

주님 앞에 간구할 때, 저희의 의를 의지하지 않고 주님의 크신 긍휼을 의지하게 하옵소서. 저희가 기도한다고 할 때에는 인간 중심의 기도로만 일관할 때가 많았습니다.

저희가 자신의 불순종과 배반 때문에 고통을 당하면서도, 그것을 합리화시키려고 온갖 핑계와 변명으로 일관했었습니다. 회개하며 주님의 긍휼하심과 자비하심을 바라보오니 용서하여 주옵소서.

힘과 능력이 되시는 전능하신 하나님!

지난 주간에는 이 나라에 국군이 창설된 것을 기념하는 국군의 날 행사가 있었습니다. 이 나라에 젊고 씩씩한 젊은이들을 주셔서 이 땅에 안보를 지켜나갈 수 있게 하시니 감사합니다.

그들로 하여금, 젊을 때에 나라를 위하여 봉사하는 것이 축복임을 기억하게 하셔서, 기쁨과 보람을 갖고 군복무에 임할 수 있게 하옵소서. 복무기간동안 병영생활도 즐겁게 하셔서, 사회에서는 습득할 수 없었던 유익한 것들을 많이 배우고 익힐 수 있는 기회가 되게 하옵소서.

생명과 직결된 위험한 무기를 다루고 있습니다. 젊은 혈기로 인하여 충동적인 행동에 사로잡히지 않도록 생각과 감정을 잘 다스려 나갈 수 있게 하옵소서.

주님의 교회도 인생의 황금기를 나라에 바치는 젊은이들을 위하여 항상 기도할 수 있게 하옵소서. 특히 하나님을 모르는 젊은이들이, 군 복무 기간 동안 주님을 만날 수 있도록 군 복음화를 위해서 기도할 수 있는 교회가 되게 하옵소서.

군에 입대한 자녀를 둔 부모님들도 자녀에 대한 지나친 염려와 걱정보다, 군 생활에 잘 적응하여 훌륭한 군인으로 쓰임 받을 수 있도록 기도할 수 있게 하옵소서.

오늘도 목사님이 말씀을 전하십니다. 성령의 역사가 일어나는 은혜로운 시간이 되게 하옵소서. 예수 그리스도의 이름으로 기도합니다. 아멘

국민을 헤아림으로

송영(Recitation)

우리는 하나님의 동역자들이요 너희는 하나님의 밭이요 하나님의 집이니라 내게 주신 하나님의 은혜를 따라 내가 지혜로운 건축자와 같이 터를 닦아 두매 다른 이가 그 위에 세우나 그러나 각각 어떻게 그 위에 세울까를 조심할지니라 이 닦아 둔 것 외에 능히 다른 터를 닦아 둘 자가 없으니 이 터는 곧 예수 그리스도라"(고전 3:9~11)

소망의 주님!
그 이름만을 믿고 바라보며 이곳에 왔습니다. 저희의 답답한 마음이 열리고 신령한 눈이 뜨여서, 예수 그리스도의 소망을 보게 하옵소서. 이 소망을 가리는 모든 악한 것들을 청산할 수 있도록 선한 싸움을 싸우게 하옵소서. 낙심하는 심령에는 우리 주님이 거하실 자리가 없음을 알게 하셔서, 한숨과 자포자기로 뒤섞였던 옛사람의 자취를 벗게 하여 주옵소서.

주님!
재산과 명예를 얻고 병들지 않으며, 잘 먹고 잘 사는 것이 복이라고 생각하는 사람들의 행렬은 지금도 멈출 줄 모르고 계속되고 있습니다.

그러나 주님의 백성들에게는 그것의 미련함을 깨우쳐 주셔서, 주님을 떠나 있던 죄를 사함 받는 것이 가장 큰 복임을 깨닫게 하시니 얼마나 감사한지요. 언제나 주님을 가까이 함이 진정한 복임을 잊지 않는 삶이 되게 하옵소서.

역사의 주관자가 되시는 주님!
위기에 처한 이 민족을 불쌍히 여기시고 지켜 주시기 원합니다. 주의 백성들이 주님의 뜻대로 살지 못한 죄를 회개하고, 하나님 앞으로 돌아올 수 있게 하옵소서.
특히, 남북의 위정자들이 하나님을 두려워하게 하옵소서. 예레미야와 같은 주의 종들이 많이 나와 부르짖음으로, 하나님의 영광이 나타나게 하옵소서. 당리당략과 이권 다툼에 눈이 어두운 위정자들을 불쌍히 여기시고, 상처의 골이 깊어지는 국민의 마음을 헤아릴 수 있게 하옵소서.

주님!
주님의 교회도, 죽어가는 영혼들을 위하여 기도할 수 있는 교회가 되게 하시고, 영적인 강력한 빛을 발할 수 있는 교회가 되게 하옵소서. 세상에 비웃음을 받고 조롱당하는 교회가 되지 않도록 교회로서의 정체성을 회복할 수 있게 하옵소서.
오늘도 목사님을 주님의 오른팔로 붙들어 주셔서 능력 있는 주의 말씀을 전하게 하옵소서. 모든 성도들이 선포되는 말씀의 능력을 경험하게 하옵소서. 예배의 시종을 주님께 의탁하오며, 예수 그리스도의 이름으로 기도합니다. 아멘

오직 믿음으로

송영(Recitation)

내가 전심으로 주를 찾았사오니 주의 계명에서 떠나지 말게 하소서. 내 눈을 열어 주의 기이한 것을 보게 하소서(시 119:10,18)

무에서 유를 창조하시고 만유를 주재하시는 하나님 아버지께 영광을 돌려드립니다. 또한 예수 그리스도를 통하여 하나님의 완전한 사랑을 보여주시고, 저희를 그 지체로 삼아주신 은혜를 진심으로 감사드립니다.

오늘 주님의 전을 찾아, 한없으신 그 사랑을 되뇌며 예배하기를 원하는 저희들 가운데 강림하시옵소서.

자비로우신 주님!
한 주간도 육신의 욕망을 위해서만 살았던 저희의 죄악을 주님 앞에 내려놓기를 원합니다. 저희의 연약한 심령을 불쌍히 여기시고 죄과를 도말하여 주옵소서. 주님의 은혜를 깨달아 알수록, 죄성에 사로잡혀 사는 인생이 아니라, 주님의 은혜에 사로잡혀 사는 인생이 되게 하옵소서.

주님!

특별히 오늘은 썩고 부패한 낡은 종교의 굴레를 용감하게 벗어던져 버리고, 기독교의 참 뜻과 참 모습을 새로 찾은, 변화와 개혁을 기념하는 종교개혁주일로 지킵니다.

'오직은총, 오직믿음, 오직성령으로' 라는 진리의 가치를 높이 들었던 개혁자들의 신앙을 되새기며, 저희의 옳지 못한 신앙의 변화를 위하여 마음을 쏟을 수 있는 시간이 되게 하옵소서.

점점 더 말씀에 대한 감동이 없고, 예배에 대한 감격이 식어져가는 저희의 마음에, 오늘을 기점으로 신앙의 부흥이 일어나게 하옵소서. 살아 있는 믿음으로 주님을 기쁘시게 할 수 있게 하옵소서.

주님!

주님의 교회도 날마다 새로워지기를 원합니다. 갈수록 세속의 문화가 침투하여 교회의 정체성이 흐려지고 있습니다. 영혼을 구원하고 천국의 지경을 확장하는 교회의 본질도 힘을 잃고 있습니다.

주님!

주님께서 처음 세우신 그대로 진리의 말씀위에 바로 서갈 수 있는 교회가 되게 하옵소서. 경건의 능력을 잃지 않는 교회가 되게 하시며, 영혼을 구원하는 일에 생명을 거는 교회가 되게 하옵소서.

오늘도 말씀을 전하시는 목사님을 기억하옵소서. 저희의 굳어진 마음을 기경하는 능력의 말씀이 되게 하옵소서. 예배의 시종을 주님께 의탁하오며, 예수 그리스도의 이름으로 기도합니다. 아멘

다시금 열심을 품고

송영(Recitation)

온 땅이여 여호와께 즐거운 찬송을 부를지어다 기쁨으로 여호와를 섬기며 노래하면서 그의 앞에 나아갈지어다 여호와가 우리 하나님이신 줄 너희는 알지어다 그는 우리를 지으신 이요 우리는 그의 것이니 그의 백성이요 그의 기르시는 양이로다(시 100:1~3)

언제나 새롭게 해주시는 주님!
오늘도 변함없이 주님께 예배드릴 수 있게 하시니 감사합니다. 이 시간 사탄이 기뻐하는 것을 따라가지 않고, 성령의 인도하심을 따라 주님의 전에 거할 수 있게 하시니 얼마나 감사한지요.
육신에 매여서 항상 얄팍한 핑계로 주님의 은혜의 낯을 피하는 자가 되기보다, 신령한 것을 좇아 은혜의 자리로 달려 나올 수 있는 저희 모두가 되게 하옵소서.

사랑의 주님!
시간이 흐를수록 교회의 모임이 사라지고 있습니다. 교회 부흥도 뒷걸음치고 있는 상태라는 말을 들었습니다. 교회마다 주일학교가 사라지고 있고, 청소년들이 교회를 떠나며, 장년신자가 감소되고 있다고 합니다.

한국교회는 물론 우리교회도 자다가 깰 때인 줄 믿습니다. 서구라 파교회처럼 교회가 문을 닫는 일이 없도록 저희 모두가 모이기에 힘쓰게 하시고 예배를 사랑할 수 있게 하옵소서.

갈수록 형식화되어져가는 신앙을 벗어버리고, 열심을 품고 주님을 섬길 수 있게 하옵소서. 이 강산 이 강토에 부흥의 불길을 다시 지필 수 있는 불씨가 되게 하옵소서.

언제라도 도적같이 오실 주님을 기억하며, 기름준비 잘 할 수 있는 저희 모두가 되게 하옵소서.

주님의 심판대 앞에 섰을 때, 악하고 게으른 종이 아닌, 착하고 충성된 종으로 주님의 칭찬을 들을 수 있는 저희 모두가 되게 하옵소서.

주님!

당회로부터 제직회, 기타 여러 기관들이 항상 깨어있게 하시고, 사람의 경험이나 생각보다 언제나 기도를 앞세워서 교회를 세워나가는 영성이 있게 하옵소서. 목사님과 모든 교역자 분들께 용기와 힘과 건강을 주시고, 목자의 사명을 다하실 수 있도록 능력의 오른손으로 붙드시옵소서.

오늘도 단위에서 말씀을 전하시는 목사님을 성령의 능력으로 붙드시옵소서. 새롭게 하시는 성령의 역사가 나타나는 말씀이 되게 하옵소서. 예배의 시종을 주님께 의탁하오며, 예수 그리스도의 이름으로 기도합니다. 아멘

믿음의 사람답게

송영(Recitation)

아버지께 참되게 예배하는 자들은 영과 진리로 예배할 때가 오나니 곧 이 때라 아
버지께서는 자기에게 이렇게 예배하는 자들을 찾으시느니라 하나님은 영이시니
예배하는 자가 영과 진리로 예배할지니라(요 4:23~24)

높고 크신 주님!
오늘도 주의 성호를 감사하며, 주의 영예를 찬양케 하시니 감사합
니다. 이곳에서 주님의 부르심을 듣기 원하여 머리 숙였습니다.
저희 속에 심겨진 믿음이, 이미 저희의 심령 속에 뿌려진 주님의 생
명이, 예수 그리스도의 장성한 분량에까지 자랄 수 있도록 도우시
옵소서.

사랑의 주님!
돌이켜보건대, 가장 귀한 것은 쓰레기처럼 던져 버리고, 허탄한 것
들을 보물처럼 섬기며 살아온 지난 시간이었습니다. 저희의 믿음
없음을 용서하옵소서. 피폐된 저희영혼을 보면서 슬퍼하며 엎드리
오니 눈을 들어 주님을 바라보게 하시옵소서.
주님의 이름을 부르는 나약한 저희들이, 새 힘을 주시는 주님을 앙
망합니다. 은혜의 손길로 함께 하시옵소서.

능력의 주님!

이 어지럽고 힘든 삶이지만 주님이 주시는 평안이 가득하게 하옵소서. 언제나 주님을 찬미하는 삶이 되게 하시고, 감사와 기쁨이 넘치며, 확신가운데 소망이 넘치는 삶이 되게 하옵소서.

이번 주간에는 추석명절이 있습니다. 고향을 향해 떠나는 발걸음들이 상하지 않도록 인도하시고 지켜주옵소서. 특별히 창조주 하나님이 아닌 우상을 섬김으로써 주님의 영광을 가리는 일이 없게 하시며, 주님을 찬양하는 일로 가득 차게 하옵소서.

어떤 일을 하든지 신앙의 본분을 잘 지키게 하시고, 믿음의 사람답게 행동함으로 성령님을 근심시키는 일이 없게 하옵소서.

오늘 이 시간, 명절의 들뜬 분위기에 휩싸이지 않고, 마음을 정하여 주님을 가까이한 저희들에게 주님의 크신 위로와 은혜로 충만하게 하옵소서. 항상 저희 삶의 우선순위가 예배가 되게 하옵소서.

오늘도 들려주시는 복된 말씀에 감사드립니다. 말씀을 전하시기 위하여 단위에 서시는 목사님께 갑절의 능력을 더하셔서 피곤치 않게 하옵소서.

예배의 시종을 주님께 의탁하오며, 예수 그리스도의 이름으로 기도합니다. 아멘

주님의 군사 되어

송영(Recitation)

여호와의 인자하심과 인생에게 행하신 기적으로 말미암아 그를 찬송할지로다 그가 사모하는 영혼에게 만족을 주시며 주린 영혼에게 좋은 것으로 채워주심이로다 (시 107:8~9)

섭리하시는 하나님!
맑은 햇빛과 공기를 주시고, 마른 땅을 적시는 비와 신선한 바람을 주셔서 추수하게 하심을 감사드립니다.
사람이 씨앗을 뿌리고 가꿀지라도, 거두게 하시는 이는 하나님이심을 믿습니다. 풍성한 가을의 들녘이 된 것은 오직 주님의 은총임을 깨닫습니다.

결실의 하나님!
저희들도 이처럼 자라서, 그리스도의 장성한 분량까지 자라기를 원합니다. 주님 앞에 나와 예배드리는 저희들에게 성령의 단비를 내리셔서 풍성히 거두는 삶을 살아갈 수 있게 하옵소서.
온 땅이 주님의 것이요, 거기에 자라는 갖가지 것들도 주님의 것임을 고백합니다. 저희 자신이 그것들의 주인이라는 생각을 갖고 교만하게 살아왔다면 용서하여 주시옵소서.

은혜의 주님!

하나님의 백성으로 선택된 저희들은 주님의 군사 되어 영적인 선한 싸움을 싸우기를 원합니다. 연약한 저희들이지만, 만군의 하나님은 권능의 하나님이시오니, 저희에게 큰 능력으로 함께하시옵소서. 그리하여 마귀가 우리를 삼키려고 우는 사자같이 덤벼들어도 능히 물리치게 하시고, 그 어떤 어려움이 닥쳐와도 능히 이겨 나갈 수 있는 주님의 군사로 살아갈 수 있게 하옵소서.

사도바울처럼 믿음의 선한 싸움을 싸우고 달려갈 길을 마치고, 승리의 면류관을 받는 축복을 누리게 하옵소서.

주님의 교회도 성령의 사람이 넘쳐남으로, 이 시대에 교회에게 주어진 사명을 잘 감당할 수 있는 능력 있는 교회가 되게 하옵소서. 구원과 생명이 되는 능력의 복음을 힘 있게 전할 수 있는 교회가 되게 하옵소서.

오늘도 말씀을 전하시기 위하여 단위에 서신 목사님을 성령의 능력으로 붙드시옵소서. 저희 모두가 말씀의 신령한 꼴을 먹기에 조금도 부족함이 없게 하옵소서.

예배를 위하여 섬기고 수고하는 손길들을 기억하셔서 그들의 마음에 주님의 위로가 넘치게 하옵소서. 예배의 시종을 주님께 의탁하오며, 예수 그리스도의 이름으로 기도합니다. 아멘

상하고 찢긴 자를 위하여

송영(Recitation)

수고하고 무거운 짐 진 자들아 다 내게로 오라 내가 너희를 쉬게 하리라 나는 마음이 온유하고 겸손하니 나의 멍에를 메고 내게 배우라 그리하면 너희 마음이 쉼을 얻으리니 이는 내 멍에는 쉽고 내 짐은 가벼움이라 하시니라(마 11:28~30)

아버지 하나님!
잎은 마르고 꽃은 떨어지는 조락의 가을, 계절의 변화와는 아랑곳 없이 여전히 저희에게 사랑과 자비를 베풀어 주시니 감사를 드립니다.
주님! 저희가 드리는 예배를 통하여 영광을 받으시며, 이 자리를 은혜와 진리로 가득 채우시옵소서.

잘되는 것을 원하시는 하나님! 저희들은 아버지께 온갖 복이 다 있음을 믿습니다. 그러함에도 저희는 아버지를 싫어하고 아버지 곁을 떠나며, 아버지의 마음을 아프게 하는 미련한 자들입니다.
지금, 저희에게 지혜의 마음을 주셔서 아버지를 멀리함이 온갖 복을 멀리함인 줄 깨달아 알게 하옵소서.

은혜와 긍휼이 풍성하신 하나님!

추수하는 계절 가을을 맞이하여, 저희들이 육의 양식만 거두어들이기에 마음을 쏟을 것이 아니라, 영적인 풍성함을 귀중한 재산으로 삼기 위하여 마음을 쏟을 수 있게 하옵소서.

주님의 몸 된 교회도 병든 이 세상을 치유함으로 영적인 수확물을 가득 채울 수 있는 교회가 되기를 원합니다.

우정을 다지거나 성 쌓는 일에만 몰두하는 교회가 되지 말게 하시고, 세상살이에 상하고 찢겨진 영혼들을 진정으로 싸매주고 소망을 주는 교회가 되게 하옵소서.

사랑의 하나님!

지금 이 나라가 정치도 매우 어지럽고, 경제도 매우 힘든 상황에 놓여있습니다. 하루빨리 이 나라에 모든 어려움과 질고가 물러가고 주님의 공의와 화평만이 이 민족 가운데 넘쳐나게 하옵소서.

청와대를 비롯하여 위정자들이나 공직자들에게도 하나님을 두려워하는 마음을 주셔서, 이 나라 백성들을 정직과 진실함으로 섬기는 자들이 되게 하옵소서.

특히 가난한 자들을 평강케 하시고, 외로운 자을 위로해 주시며, 교회를 위해 자신의 모든 것을 깨뜨려 수고하는 자들을 축복하여 주옵소서. 말씀을 사모하는 저희 모두가 주님의 음성을 듣는 복된 시간이 되게 하옵소서. 예수 그리스도의 이름으로 기도합니다. 아멘

귀한 정성을 주님께

송영(Recitation)

온 땅이여 여호와께 즐거운 찬송을 부를지어다 기쁨으로 여호와를 섬기며 노래하면서 그의 앞에 나아갈지어다 여호와가 우리 하나님이신 줄 너희는 알지어다 그는 우리를 지으신 이요 우리는 그의 것이니 그의 백성이요 그의 기르시는 양이로다(시 100:1~3)

사랑의 주님!

헤아릴 수 없는 주님의 도우심으로 이처럼 풍요로운 한해의 결실을 안고 주님을 생각하게 하시니 감사합니다. 천지에 흐르는 주님의 호흡과, 산천을 적시는 주님의 손길이, 그 어느 곳에도 닿지 않은 곳이 없음을 깨닫습니다.

선하심과 인자하심이 홀로 주님께 영원히 있음을 고백하며 감사와 찬송과 영광을 주님께 돌립니다.

교회의 머리되신 주님!

사도들의 신앙고백과 말씀위에 교회를 세워주시고, 주님의 백성으로서 경건과 믿음생활에 힘쓰게 하심을 감사합니다.

이제 저희들의 감사하는 마음을 모아 이 풍성한 결실의 계절에 주님을 예배하오니, 저희들이 마음을 모아 정성껏 드리는 이 감사의 예배를 받아주시옵소서.

복주시기를 원하시는 주님! 오늘 감사의 예물을 드린 모든 손길들 위에 크신 복을 더하여 주시고, 더욱 감사의 조건과 열매가 늘어가는 귀한 믿음이 되게 하여 주옵소서.

하오나, 주님 앞에 드리고 싶어도 생활이 어려운 성도들을 기억하셔서, 안타까운 마음만 더해 가는 생활고에 때를 따라 채워주시는 주님의 크신 은혜를 더하여 주옵소서.
무엇보다 이 시간에, 감사의 예물은 드리지 못할지라도, 마음의 정성만은 주님께 드릴 수 있도록 상한 마음을 어루만져주시옵소서.

오늘도 추수감사주일을 맞이하여 축복의 말씀을 들고 단위에 서시는 목사님을 기억하옵소서. 피곤치 않도록 성령의 능력으로 붙드시고, 말씀을 듣는 저희 모두가 넘치는 감사로 회복되는 시간이 되게 하옵소서.

오늘도 감사하는 마음을 앞세워 예배를 수종드는 손길들이 있습니다. 언제나 그들의 마음을 통하여 하나님의 은혜의 흔적들이 표현될 수 있게 하옵소서.
이미 예배가 시작되었습니다. 성령님이 이 예배가운데 운행하실 것을 믿사오며, 예수 그리스도의 이름으로 기도합니다. 아멘

주님의 뜻만이

송영(Recitation)

여호와여 주의 장막에 머무를 자 누구오며 주의 성산에 사는 자 누구오니이까 정직하게 행하며 공의를 실천하며 그의 마음에 진실을 말하며(시 15:1~2)

영원하신 왕이요, 통치자이신 하나님!

예수 그리스도를 통하여 저희를 구원하시고, 늘 보호하여 주시며, 은혜의 길로 인도하여 주심을 감사드립니다. 이제 영원한 나라를 바라보며 믿음으로 나아가는 저희를 굳세게 붙드셔서, 좌로나 우로나 치우치지 않게 하여 주옵소서.

이 시간, 주님께 예배하는 저희를 돌아보시고, 소망과 평안과 위로 속에 거할 수 있도록 은혜를 더하여 주옵소서.

주님!

올해도 벌써 마지막 한 달을 코앞에 두고 있습니다. 새날을 기다리는 것처럼 다시금 떨리는 마음으로 주님이 약속하신 새 하늘과 새 땅을 바라봅니다.

믿음의 눈은 그 나라가 매우 가까이 다가왔음을 깨닫게 됩니다.

오직 믿음으로, 오직 하나님을 위하여 남은 날을 살아가겠습니다.

세세토록 왕으로 저희를 통치하시고, 성령의 능력으로 역사하시옵소서.

공의로우신 하나님!
이제 교회의 각 기관마다 새 일꾼을 선출하는 총회를 앞두고 있습니다. 사람이 제비를 뽑으나 그 생각과 마음을 주장하시는 분은 주님이심을 믿습니다. 인간의 생각이나 판단에 사로잡힘이 없이, 마음과 생각을 주장하시는 주님의 뜻이 나타나는 총회가 될 수 있게 하옵소서.

한해를 마무리 하고 있는 임원들에게 위로와 평안을 더하여 주시고, 새롭게 선출될 임원들도 주님께 더욱 충성하고 헌신하고자 하는 각오와 다짐이 있게 하옵소서.

오늘도 주님의 계시된 말씀을 들고 단 위에 서시는 목사님을 성령의 능력으로 붙드셔서, 말씀을 힘 있게 선포하실 수 있게 하옵소서. 말씀을 듣는 저희들이 큰 은혜를 경험하는 축복의 시간이 되게 하옵소서.

예배의 시종을 주님께 의탁합니다. 예배를 위하여 말없이 충성하는 손길들을 기억하시고, 그 수고에 기쁨만이 가득 묻어나게 하옵소서. 성령께서 각 사람의 마음을 주장하시며, 이 예배를 주장하실 것을 믿사옵고, 예수 그리스도의 이름으로 기도합니다. 아멘

순금보다 더 사모하는 말씀

송영(Recitation)

하나님의 말씀이 점점 왕성하여 예루살렘에 있는 제자의 수가 더 심히 많아지고 허다한 제사장의 무리도 이 도에 복종하니라(행 6:7)

언제나 함께하시는 주님!

택한 백성을 풀무불 속에서도 함께 하시고 사자굴 속에서도 지켜 주시는 하나님께서, 오늘도 저희를 환난과 핍박 가운데서 지켜주셔서, 믿음으로 달려갈 수 있게 하시니 감사드립니다.

그러나 아직도 저희들은 연약하고 부족하여 부지불식간에 마귀의 꼬임에 빠짐으로, 성령을 근심스럽게 할 때가 얼마나 많은지 모릅니다.

저희로 하여금 죄의 길을 깨닫게 하시려고 이 전으로 부르셨사오니, 참회하는 마음마다 용서의 은혜를 베풀어 주옵소서.

사랑의 주님!

오늘은 특별히 이 날을 성서주일로 지키고 있습니다. 저희의 인생에 가장 중요한 것이 하나님의 말씀이기에, 시편기자는 그 말씀을 밤낮으로 묵상하는 자가 복이 있다고 고백한 줄 믿습니다(시1:2).

또한, 금 곧 많은 순금보다 더 사모할 것(시 19:10)이라고 고백한 줄 믿습니다. 오늘 저희들도 주님의 말씀을 밤낮으로 묵상하는 삶이 되게 하옵소서. 더 나아가 순금보다 더 사모하는 말씀이 되게 하시고, 말씀의 지배와 말씀의 인도를 받을 수 있는 삶이 되게 하옵소서.

주님!
이스라엘 백성들은 바벨론 포로로 끌려가서야 사람이 떡으로만 사는 것이 아니라, 하나님의 입에서 나오는 말씀으로 사는 것인 줄을 깨달았습니다.
저희들도 인생에 궁핍이 이르기 전에, 사람이 물질로만 사는 것이 아님을 깨달아 알게 하셔서, 주님의 말씀을 늘 마음 판에 새길 수 있는 삶이 되게 하옵소서.

주님!
주님의 몸 된 교회도 말씀 위에 든든히 서가는 교회가 되기를 원합니다. 다른 무엇이 말씀보다 앞서가는 것이 없게 하시며, 그 무엇으로도 말씀의 자리를 대치하는 일이 없게 하옵소서.
교회의 생명은 말씀에 있음을 기억하여 언제나 말씀중심의 교회를 세워 가는데 마음을 쏟을 수 있게 하옵소서.

오늘도 단위에 서시는 목사님을 기억하셔서, 송이 꿀보다 더 단 말씀을 전하시도록 도우실 것을 믿습니다. 예배의 시종을 주님께 의탁하오며, 예수 그리스도의 이름으로 기도합니다. 아멘

모든 것이 낮아짐으로

송영(Recitation)

일어나라 빛을 발하라 이는 네 빛이 이르렀고 여호와의 영광이 네 위에 임하였음이니라 네 눈을 들어 사방을 보라 무리가 다 모여 네게로 오느니라 네 아들들은 먼 곳에서 오겠고 네 딸들은 안기어 올 것이라"(사 60:1, 4)

은혜의 주님!
영적인 타락과 도덕적 부패가 쌓이고 쌓여 위태로운 이 시대에, 저희를 부르셔서 구원의 소식을 들려주시니 감사합니다.
마땅히 심판받을 수밖에 없는 사람들에게 베푸신 이 은혜는, 가장 고귀한 기쁨이며 감격임을 깨닫고 거룩하신 주님께 예배드립니다.
홀로 영광 받으시옵소서.

자비하신 주님!
완악한 마음의 태도를 그대로 안고, 아무런 준비 없이 서둘러 주님 앞에 나온 저희들입니다.
주님 오심을 준비하기 위하여 달라져야 할 것이 너무 많지만, 아무것도 변한 것 없이 무조건 용서받기만을 바라는 저희를 꾸짖어 주시고 꾸짖어주옵소서.

겸손한 자에게 은혜를 더하시는 주님!

예수 그리스도 앞에는 모든 것이 낮아져야 될 줄로 압니다. 주님의 오심을 맞이하기 위하여 저희 모두가 겸손의 띠를 동일 수 있도록 모든 교만한 마음의 생각과 행동들을 제거시켜 주옵소서. 오만과 편견이 아닌, 상하고 통회하는 마음으로 주님을 온전히 영접할 수 있는 저희 모두가 되게 하옵소서.

이제 금년도 얼마 남지 않았습니다. 단순히 한 해가 지나간다고 하는 감회에 젖기보다는, 또한 아무것도 한 것이 없다고 자책하기보다는, 잘못된 일에 대해서 회개하고 다시는 잘못됨을 되풀이 하지 않겠다는 각오와 결단이 있게 하옵소서.

주님!

겨울이 되면서 더욱 추위를 느끼는 사람들이 있습니다. 따뜻한 겨울을 보낼 수 있도록 사랑과 온정의 손길들이 많아지게 하옵소서.

주일학교 학생들이 성탄축하행사를 준비하고 있습니다.

주님을 사랑하는 마음으로 준비를 잘하여 기쁜 소식을 전할 수 있는 성탄축하 행사가 되게 하옵소서.

말씀을 전하시기 위하여 단위에 서시는 목사님을 기억하옵소서. 목사님의 입술을 통하여 증거 되는 말씀이 저희의 영혼을 새롭게 하는 말씀이 되게 하옵소서. 우리의 구주가 되시는 예수 그리스도의 이름으로 기도합니다. 아멘

다시 오심을 기다리며

송영(Recitation)

보라 내가 속히 오리니 내가 줄 상이 있어 각 사람에게 그가 행한 대로 갚아 주리라 나는 알파와 오메가요 처음과 마지막이요 시작과 마침이라(계시록 22:12~13)

평탄케 하시는 주님!

구부러지고 험난한 저희 인생길을 곧게 하여 주시는 사랑으로 인하여 감사를 드립니다.

다시 오실 주님을 맞이하기 위한 준비의 날들을 보내는 무리들이, 이곳에 모여 거룩하신 하나님의 이름을 찬양하오니, 저희 심령에 임하시옵소서. 이기심과 교만으로 더러워진 마음을 씻어 주시고, 불의로 굽어진 마음을 평탄하게 하옵소서.

주님!

저희들은 주님을 기다린다고 하면서도 주님의 강림을 확신하지 못했던 자들이었습니다. 입으로는 어서 오시라고 외치면서도, 한편으로는 주님의 강림이 늦어지기를, 은근히 바라고 있었던 위선자들이었습니다.

주님을 사랑한다고 하면서도, 스스로 주님의 종으로 여기면서도, 세상을 더 사랑하고 세상의 종이 되었던 저희들을 용서하여 주옵소서.

저희의 추한 마음을 깨끗하게 하셔서 대강절 기간동안 정결한 마음으로 새날을 맞이하게 하옵소서.

주님!

이제 한 달 밖에 남지 않았지만 올해에 맡겨진 소임과 사명을 끝까지 잘 감당할 수 있도록 도와주시기 원합니다. 이제껏 주님이 맡겨주신 귀한 청지기직을 힘써서 감당해 보려고 했지만, 자신이 관제로 드려지기를 간절히 소원하며, 죽도록 충성한 사도 바울처럼, 저희들은 진지하고 성실하지 못했음을 고백합니다.

믿음의 역사를 일으키는 복음 전파 사역도 제대로 감당하지 못했고, 생활을 핑계 삼아 사랑의 수고를 더하는데도 인색했습니다.
또한 하나님의 부름의 상을 바라보면서 소망으로 인내하는 것도 부족했습니다. 그동안 성실하지 못했던 모습들을 돌이켜보며, 주님께 책망 받지 않는 한해로 마무리 지을 수 있도록 최선을 다하게 하옵소서.

오늘도 말씀을 전하시는 목사님을 기억하셔서 피곤치 않도록 도우시옵소서. 언제나 승리하실 수 있도록 주님의 능력으로 함께하시옵소서.

예배의 시종을 주님께 맡깁니다. 은혜로 충만하게 하실 것을 믿사오며, 예수 그리스도의 이름으로 기도합니다. 아멘

이 땅의 회복을 갈망하며

송영(Recitation)

하나님의 사랑이 우리에게 이렇게 나타난바 되었으니 하나님이 자기의 독생자를 세상에 보내심은 그로 말미암아 우리를 살리려 하심이라"(요일 4:9)

사랑의 하나님 아버지!
하나님께서 감추고 계시던 구속의 비밀을 밝히 보이셨으니 기쁘고 감사할 따름입니다.

주님!
말로 다할 수 없는 주님의 은혜가 넘침을 깨닫습니다. 이 은혜를 받고자 주님께 더 가까이 나아가기를 원하지만, 저희의 죄가 너무 크고 중함을 깨닫습니다. 엎드려 회개하오니 주님이 오신 이 주간에 성령으로 새롭게 되는 체험을 할 수 있게 하옵소서.

시온을 회복하시겠다고 약속하신 주님!
저희들이 몸담고 있는 이 조국도 회복시켜 주시기 원합니다. 혼돈과 어지러움의 날들이 계속되고 있는 것 같습니다.
저마다 희망을 노래하기보다 절망을 노래하고 있습니다. 생활이 힘들어짐으로 범죄 또한 급증하고 있습니다.

오! 주님, 이 땅을 고치시고 회복시켜 주시기를 원합니다. 이 백성에게 미칠 큰 기쁨의 좋은 소식을 알려 주시옵소서.

주님이 이 땅에 구원자로서 오심을 믿습니다. 가난과, 질병과, 고통에서 자유를 주시기 위해서 오신 줄 믿습니다. 죄의 어두움과 실패와 좌절의 어두움을 이기는 빛으로 오신 줄 믿습니다. 복을 주시고 더욱 풍성하게 하시기 위해 오신 줄 믿습니다.
구원의 손길을 애타게 기다리는 이 민족에게 함께 하셔서 온전한 평화를 찾을 수 있도록 인도하시옵소서.

주님!
지금 저희들이 때 묻고 죄에 휩싸인 자신을 돌아보지 아니하고, 주님의 은총만 갈급해하고 있는 것은 아닌지요?
회개의 영을 부어주셔서 철저히 회개할 수 있게 하시고, 회개에 합당한 열매를 맺는 저희들이 되게 하옵소서.

은혜의 주님!
오늘도 주님이 택하여 단위에 세우신 목사님을 통하여 저희 모두가 주님의 은혜를 충만하게 받아 누릴 수 있기를 원합니다. 이 예배를 성령님께서 주관하여 주옵소서. 예수 그리스도의 이름으로 기도합니다. 아멘

평화의 왕으로 오심

송영(Recitation)

그러므로 주께서 친히 징조를 너희에게 주실 것이라 보라 처녀가 잉태하여 아들을 낳을 것이요 그의 이름을 임마누엘이라 하리라"(사 7:14)

찬송 받으실 주님!

천군천사의 찬미를 받으시옵소서. 그날 그렇게 누추한 자리에 누우시고 머리 둘 곳도 없이 사셨지만, 이 땅에 평화를 주시고 완전한 속죄를 이루었사오니 감사합니다.

은혜롭고 고귀한 일들이 시작된 오늘, 저희의 삶에도 기쁨과 평화가 있게 하시고, 이제 후로 주님의 영광을 위하여 일하는 사람들로 삼아 주옵소서.

주님!

지난날을 돌이켜보건대, 주님께서 낮고 천한 구유에서 태어나신 그 섬김의 자세를 본받으려 하기 보다는 형제끼리도 서로 섬김을 받겠다고 아귀다툼하는 불쌍한 죄인이었음을 고백합니다.

주여! 이 불쌍하고 죄 많은 저희들을 용서하여 주시고, 정성을 다하여 주님을 섬길 수 있는 믿음을 허락하여 주옵소서.

어두움에서 벗어나 빛이 되는 이날!

이제 이 민족이 하나님이 베풀어 주신 은혜를 기억하고, 사신(死神)과 우상을 숭배하는 못된 버릇을 버리게 하시며, 만유의 주재이신 주님께 소망을 두게 하옵소서.

또한, 주님을 의지하지 않는 번영과 평화는 진정한 번영과 평화가 아님을 깨닫게 하시며, 주님이 허락하신 진정한 번영과 부요를 누릴 수 있는 이 민족이 되게 하시며, 평화의 왕이신 주님만을 의지할 수 있게 하시옵소서.

주님!

오늘 이 땅에 세워주신 주님의 몸 된 교회가, 이 땅에 평화를 주시기 위하여 오신 주님을 전파하는 교회가 되기를 원합니다.

주님께서 오신 것을 저희만 기뻐하고, 저희만의 축제로 삼는 것이 아니라, 아직도 죄에 매여 고통 받는 내 가족, 내 동포들에게 기쁨의 소식을 전하며, 함께 구원의 감격을 누릴 수 있게 하옵소서.

특별히 이 시간 말씀을 증거 하실 목사님께 은총을 내리셔서, 우리 주님의 탄생의 비밀을 저희들에게 깨우쳐 줄 수 있도록 그 입술을 주장하여 주시옵소서.

성가대와 예배위원들에게도 함께하실 것을 믿사옵고, 임마누엘이신 예수 그리스도의 이름으로 기도합니다. 아멘

하나님을 기쁘시게

송영(Recitation)

그런즉 너희가 먹든지 마시든지 무엇을 하든지 다 하나님의 영광을 위하여 하라

(고전 1:31)

인류의 모든 역사를 주관하시는 주님!

죄 많고 부족한 저희들을 한 해 동안 순풍으로 인도하여 주신 은혜를 감사드립니다. 새해를 맞이하면서 새로운 계획과 다짐의 기도를 드렸던 것이 엊그제 같은데, 벌써 한해를 마무리해야만 하는 원년의 마지막 주일이 되었습니다.

오늘 저희들이, 이 해의 마지막주일예배를 드리면서, 후회도 없고 부끄러울 것도 없는 만족한 연말을 맞이하였다면 정말 좋았을 거라고 생각해봅니다. '좀 더 열심히 해볼 걸' 하는 아쉬움과 죄책감이 마음을 더욱 무겁게 만듭니다.

새해의 계획을 세운지 삼일도 못되어, 혹은 한 달 만에, 혹은 3개월, 혹은 6개월 만에 무너질 수밖에 없었던 저희들의 나약함과 연약함을 생각할 때, 주님의 은혜를 잊고 산 것 같아 한없이 부끄럽고 죄스럽기만 합니다.

그럼에도 불구하고 우리 주님께서는 저희들의 어리석음을 용서해 주시고 또한 일으켜주시고, 용기를 부어주시며, 능력을 주신 것을 생각할 때 감사와 영광을 돌리지 않을 수가 없사옵니다.

주님!
"너희가 그리스도의 날에 자랑할 것이 있는 자가 되라"(빌2:16)는 사도바울의 권면대로, 이제라도 얼마 남지 않은 금년을 부끄럽지 않고 떳떳하게 보낼 수 있도록 도우시옵소서.
또한, 한 해 동안 교회에서 다스리는 자로, 봉사하는 자로, 섬기는 자로, 권하는 자로 책임과 충성을 다하려고 땀 흘렸던 모든 권속들에게 우리 주님의 크신 격려와 위로가 있기를 원합니다.

이제 돌아오는 새해에도 우리 주님의 인도하심을 따라, 무슨 일을 하든지 항상 기도로 준비하며, 하나님을 기쁘시게 하는 삶을 살게 하시고, 범사에 감사하게 하시며, 악은 어떤 모양이라도 버릴 수 있게 하옵소서.

오늘도 주님의 귀한 말씀을 증거 하실 목사님을 기억하옵소서. 한 해 동안 저희들에게 생명의 꿀을 먹이기 위하여 애쓰신 그 마음을, 우리 주님께서 위로하시고 크신 상급으로 갚아주실 것을 믿습니다. 교회를 위하여 섬김의 사역을 감당한 모든 권속들에게도 동일한 은혜로 함께하실 것을 믿습니다.
예배의 시종을 주님께 의탁하오며, 영광의 주님이신 예수 그리스도의 이름으로 기도합니다. 아멘

순종

사랑의 주님,

넓은 마음을 제게 주소서.

주님의 위엄에 합당한 섬김을 가르치소서.

제 것을 드릴 때 값을 계산하지 않게 하시고

싸우되 다치는 것을 두려워하지 않게 하시고

일하되 쉬기를 구하지 않게 하시며

섬기되 보상을 기대하지 않게 하소서.

오직 주님의 뜻을 이루는 데에만

전념하게 하소서.

- 로욜라의 이그나시우스(Ignatius of Loyola) 1491-1556

제2부

대표기도문

하늘보좌를 움직이는 기도

영화로우시고 거룩하신 하나님 아버지!
온 땅에 생명이 움트는 따사로운 봄날을 주심을 감사드립니다.
모든 사람에게 봄이 오는 것이 아님을 생각할 때, 저희에게 새봄의
기운을 느낄 수 있도록 베풀어 주신 은혜를 진심으로 감사드립니
다.

이 따사로운 봄날에 주님께서 창조하신 이 아름다운 세상을 보며,
더욱 감사하는 삶의 고백이 넘치는 저희들 되게 하여 주시옵소서.
만물을 풍요롭게 하시고 새롭게 하시는 주님의 은혜를 보며, 풍성
함을 필요로 하는 모든 자들이 넘치도록 채워주시는 주님의 은혜
를 경험하게 하옵소서.

주님!
돌이켜보건대, 순간순간 저희 심령을 파고들어오는 죄와 악의 유혹
을 뿌리치지 못하고 생활하는 저희 자신을 발견합니다.
만물이 소생하고 생기가 넘치는 이 봄에, 항상 죄를 이기지 못하고
있는 연약함을 주님께 아뢰오니, 크신 긍휼을 베푸셔서 용서하여
주옵소서. 새로운 각오로 주님께 헌신할 수 있도록 크신 은혜를 내
려 주옵소서.

사랑이 많으신 주님!

이 시간 저희들이 수요예배로 모였습니다.

주님께서 쓰시는 사람은 하나님과 많이 대면하는 기도의 사람임을 생각할 때, 저희들이 이 시간 주님께 드리는 기도가 주님의 보좌를 움직일 수 있는 기도가 되기를 원합니다.

기도에 깊이 빠져들수록 저희에게 향하신 주님의 뜻이 무엇인지를 뼛속 깊숙이 깨닫는 시간이 되게 하여 주옵소서.

더 많은 기도와 더 깊은 기도를 드리기 위해서 몸을 깨뜨릴 수 있는 저희 모두가 되게 하시고, 기도를 통해서 주님의 무한한 능력과 신비를 체험할 수 있는 저희들이 되게 하여 주옵소서.

내 집은 만민이 기도하는 집이라고 하였사오니, 주님의 교회도 기도가 흘러넘치는 교회가 되게 하셔서, 기도의 능력과 응답을 강하게 나타낼 수 있는 교회가 되게 하옵소서.

주님!

기도로 주님의 말씀을 준비하여 단위에 서시는 목사님을 붙드시옵소서. 영혼을 깨우는 주님의 말씀을 증거 하실 수 있도록 입술을 지켜 주옵소서.

예배의 시종을 주님께 의탁하오며, 저희를 죄에서 구원하여 주신 예수 그리스도의 이름으로 기도합니다. 아멘

은혜의 단비

사랑과 은혜로 품어주시는 주님!
오늘 이 시간, 주님의 은혜가 있는 곳으로 저희를 이끄심을 감사합니다. 주님의 은혜를 사모하는 자마다 합당한 은혜로 충만하게 하옵소서.

생명의 주님!
참으로 모든 생명 있는 것들이 향기를 발하며, 성숙을 위하여 발돋움하는 계절입니다. 이 축복된 계절에 저희들도 더욱 힘 있게 발돋움할 수 있게 하옵소서.
저희의 삶의 미래도 꿈과 비전의 날개를 활짝 펼 수 있는 희망과 확신으로 가득 찰 수 있게 하옵소서.

긍휼이 풍성하신 주님!
저희 자신을 돌아볼 때, 눈에 보이지는 않지만 온갖 죄로 얼룩져 있음을 발견합니다. 죄의 무서움을 모르고, 죄를 경계하지 않았던 저희들을 긍휼히 여기시옵소서.
십자가의 사랑으로 용서하여 주시고 주님의 보혈로 깨끗하게 씻어 주시옵소서.

기쁨의 근원이 되시는 주님!

지금은 주님의 긍휼히 여기심과 은혜의 단비가 절실히 요구되는 때입니다.

상처입고 괴로워하는 영혼들이 너무나 많고, 미래에 대한 소망이 끊겨진 채, 어두운 그늘 밑에서 삶에 지친 영혼들이 너무나 많습니다. 참 기쁨의 근원이 되시는 우리 주님께서, 이 아픔의 현실을 돌아보셔서, 더 이상 설움만 계속되는 참혹한 삶이 되지 않도록 치유의 은총을 내려 주옵소서.

주님!

주님을 모르는 자들은 점점 더 심령이 강퍅해져서 악의 노예가 되어가고 있습니다. 그들의 심령에 주님의 밝은 빛을 비추셔서, 완악한 심령이 변화되게 하시고, 안식과 평안을 주시는 주님을 모시고 살 수 있는 삶이 되게 하옵소서.

오늘도 주님의 몸 된 교회에 나와서, 주님의 도우심을 간절히 바라는 저희들에게 성령의 은혜를 충만하게 하옵소서.

상한 심령을 싸매어 주시고, 생수의 강이 배에서 흘러내리는 참 기쁨과 즐거움이 넘치는 시간이 되게 하옵소서.

오늘도 생명의 말씀을 증거 하시기 위해서 목사님이 단위에 서십니다. 성령께서 그 입술을 지켜 주시고 그 몸에 피곤이 없도록 붙들어 주시옵소서. 예배의 시종을 주님께 의탁하오며, 거룩하신 예수 그리스도의 이름으로 기도합니다. 아멘

언제나 감사하며

전능하신 주님!

오늘도 저희를 주님을 만나는 예배의 자리로 부르심을 감사합니다.
준비되지 못한 어설픈 마음일지라도, 어눌한 몸짓일지라도, 어설픈
찬양일지라도, 주님을 향한 소박한 마음을 받아주옵소서.

주님!

삼일간의 짧은 삶이었지만, 죄악을 몸에 담는 일이 많았음을 고백
합니다. 생활 속에서 부딪치는 일들을 통하여, 알게 모르게 육신과
마음으로 지은 죄를 고백하오니, 올곧은 믿음으로 살지 못했던 저
희를 긍휼히 여기시고 용서하여 주옵소서.

주님!

항상 받은 은혜에 감사하며 사는 저희 모두가 되기를 원합니다. 저
희들의 삶을 곰곰이 살펴보면 감사하는 삶보다 원망과 불평을 늘
어놓으며 살 때가 너무나 많음을 고백합니다.
신들 중에 뛰어난 하나님께 감사하라(시136:2)고 하신 주님의 말씀
을 기억하여, 언제나 감사의 삶으로 주님을 높일 수 있는 저희 모두
가 되게 하옵소서.
그리고 주님께 감사해야 할 일이 무엇인지를 항상 깨달아 알 수 있

게 하시며, 감사할 수 없는 상황 속에서도 주님의 섭리하심과 예정하심을 찬양할 수 있는 저희의 믿음이 되게 하옵소서.

악인의 특징은 감사할 줄을 모르는 것임을 깨닫습니다.
하나님을 알되 하나님을 영화롭게도 아니하며 감사하지도 아니한다고 하였는데(롬1:21), 저희가 그 중 한사람이 되지 않게 하시며, 이제껏 주님께서 베푸신 은혜와 복을 헤아려 보며 감사의 고백을 드릴 수 있게 하옵소서. 감사하는 자에게 언제나 우리 주 예수 그리스도로 말미암아 승리케 하실 것을 믿습니다.

주님!
새싹들이 빠끔히 고개를 쳐든 봄입니다. 여기저기서 생명을 노래하고 있습니다. 저희들도 영혼을 구원하고 생명을 건지는 일에 열심을 품을 수 있게 하옵소서.
만족과 기쁨을 줄 것 같지만, 이내 실망을 안겨주는 세상일에 너무 집착하지 말게 하시고, 합력하여 선을 이루시는 주님의 섭리를 바라보며, 주님의 제자임을 세상에 알릴 수 있는 삶이 되게 하옵소서.

이 저녁에도 사랑하는 목사님이 저희들을 위하여 말씀을 준비하였습니다. 놀라운 은혜로 함께 하실 것을 믿습니다. 예수 그리스도의 이름으로 기도합니다. 아멘

믿음의 본분

자비하신 주님!

어둠 속에 있던 저희들에게 진리의 빛을 밝히심으로 바른 길로 가도록 인도하시니 감사합니다. 주님만이 찬양을 받으시고 영광 받으시옵소서.

지난 삼일간도 저희들이 살아온 모든 것이 주님의 은혜요, 사랑과 자비의 결과임을 깨닫습니다. 그러나 주님의 백성으로서 밝히 드러날 수 있는 모습을 찾아보기 어려울 만치, 방만한 삶의 태도가 저희들에게 있었습니다.

저희들의 이 못난 모습을 회개하오니 용서하여 주옵소서. 저희들에게 과연 주님이 보시기에 겨자씨만한 믿음이라도 있는지 매우 부끄럽지만, 오직 주님께서 원하시는 믿음만 갖게 되기를 소망합니다.

아무리 힘들고 괴로운 일이 있을지라도 믿는 사람으로서 본분을 다하며 살아갈 수 있는 저희 모두가 되게 하옵소서.

이 시간도 주님 앞에 겸손히 머리 숙여 기도하오니, 저희를 긍휼히 여기시고 육신에 필요한 모든 것뿐만 아니라, 경건생활에 있어야 할 것도 충만하게 채워주옵소서.

저희들은 주님이 기르시는 양이오니, 주 안에서 평강을 얻기를 원합니다. 주님의 평안으로 안위하여 주시고, 주님의 날개 아래서 안식을 누리게 하옵소서.

은혜의 주님!
이제 올해의 여름도 시작되었습니다. 무더위를 핑계 삼아 흐트러진 신앙생활을 보이는 일이 없기를 원합니다. 주님이 기뻐하시는 뜻을 변함없이 좇을 수 있는 계절이 되게 하옵소서.
여름을 맞이하여 교회에도 다양한 행사를 계획하며 준비하고 있습니다. 주님의 영광을 나타낼 수 있는 계획들이 되게 하시고, 주님이 기뻐하시는 열매를 풍성히 맺을 수 있게 하여 주옵소서.

주님!
주님의 몸 된 교회가 고통당하는 이웃을 위하여 더욱 기도하게 하시고, 주님만이 길이요, 진리요, 생명 되심을 증거 할 수 있게 하옵소서. 또한, 말씀과 진리 안에서 날마다 성장하게 하시며, 사랑의 수고와 인내로써 소망을 이루어가는 교회가 되게 하옵소서.

이 시간 말씀을 전하시는 목사님을 성령의 능력으로 붙드시옵소서. 이 자리를 찾은 저희 모두가 말씀의 능력을 경험하게 하옵소서. 오늘의 예배도 주님이 받으시는 복된 예배가 되게 하실 것을 믿사옵고, 예수 그리스도의 이름으로 기도합니다. 아멘

주께로 더 가까이

나의 힘이 되신 여호와 하나님!
저희 모두가 주님을 사랑합니다. 오늘도 어김없이 저희 발걸음을
주님의 교회로 인도하여 주심을 감사드립니다.

사랑의 주님!
죄 많고 속된 세상에서, 마음과 영혼이 시달리며 더러움에 눌려서
가슴이 터질 것만 같았습니다.
그러나 지치고 상한 영혼을 그대로 버려두지 않으시고, 주님의 사
랑으로 고이 안으시고 품어 주실 것을 생각하니, 고향의 푸른 잔디
처럼 주님의 동산이 참 평안과 안식이 됩니다.

저희의 온전치 못한 모습을 은혜로 감싸시고, 용서하여 주시며, 위
로하여 주셔서, 더욱 든든한 믿음으로 무장될 수 있도록 하여 주옵
소서.

주님!
갈수록 수요예배에 참석하는 성도들이 눈에 띄게 줄어들고 있습니
다. 이생의 안목을 위해서는 밤잠을 자지 않을 정도로 기쁨에 들뜬
생활을 하면서도, 주님을 대면하는 이 짧은 시간을 위해서는 궁색

한 변명만 늘어놓는 저희가 아니었는지 반성해봅니다.
간구하오니, 현실에서 부딪히는 잡다한 일들을 핑계로 정해진 예배를 멀리하려는 게으름이 없게 하옵소서.

오늘도 내면 안에서 끓어오르는 세속의 욕망들을 배설물로 여기며, 예배당을 찾은 저희들에게 세상이 알지 못하는 신령한 은혜로 채워 주옵소서.
이렇게 주님을 가까이하는 자들로 말미암아 주님의 교회가 든든히 서가며, 주님의 역사를 이끌어가는 도구로 활용되게 하옵소서.

주님!
특별히 현실의 벽에 부딪혀서 고통을 겪으며 실의에 빠진 성도들을 기억하옵소서. 고통 속에 담긴 하나님의 뜻이 무엇인지 깨닫게 하셔서 더욱 주님을 바라보고 의지할 수 있는 강력한 믿음을 가진 자들이 되게 하옵소서.

오늘도 말씀을 전하시는 목사님을 크신 능력으로 함께하시옵소서. 준비하신 말씀을 전하실 때에, 삶에 지친 저희들에게 큰 소망이 되는 말씀이 되게 하옵소서.

이미 예배가 시작되었습니다. 사탄이 일절 틈타지 못하도록 성령께서 주장하여 주옵소서. 거룩하신 예수 그리스도의 이름으로 기도합니다. 아멘

소망을 주는 교회

소망이 되시는 주님!

오늘도 주님을 예배하며, 주님의 귀한 말씀을 듣도록 축복하신 은혜에 감사와 찬송과 영광을 돌립니다.

성령의 인도하심을 따라 예배하기에 힘쓰며, 주님의 자녀 된 본분을 다할 수 있는 저희 모두가 되게 하옵소서.

주님!

짧은 기간이었지만 지난 시간을 돌이켜봅니다.

마음과 뜻과 정성을 다하여 주님을 사랑하지 못하였고, 주님이 저희를 사랑하신 것같이 서로 사랑하지 못했음을 겸손히 고백합니다.

회개하는 심령을 주님의 사랑으로 품어 주시옵소서.

주님!

몹시도 무더운 여름입니다. 마음을 잘 다스릴 수 있도록 도와주시고, 변함없이 주님께 충성할 수 있도록 인도하여 주옵소서. 작렬하는 뜨거운 태양처럼 언제나 주님을 뜨겁게 사모할 수 있게 하시며, 맡은 직분에 충성을 다할 수 있는 저희 모두가 되게 하옵소서.

더위 속에 쏟아지는 한줄기 소나기처럼, 주님의 마음을 시원케 해 드릴 수 있는 삶이 되게 하시며, 누구나 쉽게 열매 맺기 어려운 때에 주님이 기뻐하시는 귀한 열매를 맺어갈 수 있는 저희 모두가 되게 하옵소서.

주님!
이곳에 주님의 크신 뜻과 계획이 계셔서 교회를 세우신 줄 믿습니다. 이 교회를 통하여 이 지역이 복음화 되게 하시고, 주님의 뜨거운 사랑을 나타낼 수 있는 교회가 되게 하여 주옵소서.

삶의 소망을 잃은 자는 이 교회를 통하여 삶의 소망이 넘쳐나게 하시고, 인생의 평안이 없는 자는 이 교회를 통하여 주님이 채우시는 참된 평안을 얻게 하시며, 고달픈 삶을 살아가는 자는 이 교회를 통하여 참 안식의 은총을 얻을 수 있게 하옵소서.
병든 자와 상처받은 자는 이 교회를 통하여 그 병이 치료 되고, 그 상처의 싸맴을 받으며, 새로운 힘을 얻을 수 있도록 역사하여 주옵소서.

교육 부서에서 여름행사를 진행 중에 있습니다. 여름성경학교와 수련회에 함께하여 주셔서 귀한 열매를 맺고 주님께 큰 영광 돌리는 여름행사가 될 수 있게 하옵소서.

오늘도 말씀을 전하시는 목사님을 기억하셔서 능력의 말씀을 전하실 수 있도록 붙드실 것을 믿사옵고, 예수 그리스도의 이름으로 기도합니다. 아멘

형식적인 신앙 벗어버리고

수확의 절기를 주신 하나님 아버지!
무르익어 가는 가을들판을 바라보며, 이 땅을 주관하시는 하나님의
섭리하심을 생각합니다. 오늘도 저희를 죄악의 들판에 버려두지 않
으시고, 축복받고 열매 맺는 구원의 자녀로 살게 하시려고 불러주
신 은혜를 감사드립니다.

날이 갈수록 주님의 은혜와 사랑을 더 깊이 깨닫게 하시며 믿음을
더하여 주셔서, 주님이 기뻐하시는 영적인 열매를 더욱 알차게 맺
을 수 있는 저희 모두가 되게 하옵소서.

사랑의 주님!
누가 하나님 나라에 합당한 삶을 살고 있는지 분간하기 힘들 정도
로, 어둡고 혼탁한 시대에 살고 있습니다. 저희들이 주님의 전에 나
와서 기도할 때마다 '이렇게 해서 하나님 나라의 상속자가 될 수 있
을까?' 하는 의구심을 지워버릴 수 없나이다.

오! 주님, 시대가 이렇다고 해서 적당주의로, 형식주의로 신앙 생활
하는 저희들이 되지 말게 하시고, 이런 때일수록 저희의 원색적인
신앙이 빛을 발할 수 있게 하옵소서.

불신자의 입에서 불평불만이 나오는 것은 당연한 것이라고 할 수 있겠지만, 주님의 의를 덧입은 거룩한 백성들의 입에서도 신앙양심에 관계없이 불평 섞인 말들을 너무 자주 내뱉고 있습니다.

오! 주님, 주님께 괴로움을 안겨드리는 주의 백성들이 되지 말게 하시고, 주님의 자녀라는 본분을 망각하지 않고, 주님 나라에 합당한 삶을 살 수 있게 하옵소서.

불신자들 앞에서나 신앙인들 사이에서나 말로써 주님의 은혜를 끼치며, 말로써 주님의 영광을 나타내는 삶이 될 수 있도록 이끌어 주시옵소서. 이 땅을 살아가는 동안 망령된 행실이 나타나지 않도록, 주의 백성들의 일거수일투족을 주님이 주장하여 주옵소서.

주님!
오늘도 목사님이 말씀을 전하십니다. 준비된 말씀을 전하실 때에 말씀을 잘 받는 저희 모두가 되게 하옵소서. 목사님의 건강도 붙드셔서 양떼들을 목양하시는데 어려움이 없게 하옵소서.

이미 예배가 시작되었습니다. 참석하지 못한 자들도 동일한 주님의 은혜가 있게 하옵소서. 예배의 시종을 주님께 의탁하오며 예수님의 이름으로 기도합니다. 아멘

더욱 사랑함으로

풍성한 결실의 계절인 가을을 허락하신 주님!
지금까지 지내온 모든 것이 주님의 크신 은혜였음을 믿고 고백합니다. 앞으로 나아갈 길도 주께서 지키실 줄 확신하오니, 저희의 믿음의 발걸음을 쉬지 않게 하옵소서.
베푸실 천국 잔치에 참여하는 그날까지 늘 기쁨의 발걸음이 멈추지 않을 수 있게 하옵소서.

사랑의 주님!
이 가을에 사랑의 열매를 더욱 많이 맺을 수 있게 하옵소서. 저희를 잠잠히 사랑하시고, 조건 없이 사랑하시며, 끝이 없는 사랑으로 대하시는 주님의 그 깊은 사랑을 생각하며, 주님께서 관심 가지신 모든 것을 사랑할 수 있는 저희들이 되게 하옵소서.

구원의 주님!
한 영혼을 천하보다 더욱 사랑하시는 주님의 사랑을 생각하며, 영혼 사랑의 열매를 맺는 가을이 되게 하옵소서.
저희가 있음으로 인하여 이웃과 가정, 사회와 직장이 사랑으로 바뀌어져 가는 놀라운 역사가 있게 하옵소서.

주님!

주님을 사랑하는 마음으로 주님이 친히 세우신 교회도 진정으로 사랑으로 하나 되는 공동체가 되기를 원합니다. 교회가 그 무엇보다 사랑의 공동체라는 것을 생각할 때, 입술로만 사랑을 고백하는 지체들이 되지 말게 하시고, 교회를 사랑하고, 사랑을 위한 수고를 아끼지 않는 지체들이 되게 하옵소서.

오늘도 저희들이 주님께 예배드리기 위하여 예배당을 찾았지만, 사랑이 결여된 상태에서 예배드리는 일이 없게 하시고, 사랑의 욕구를 충족시키기 위한 간절한 사모함이 예배 속에 스며있게 하옵소서.

주님!

오늘도 단에서 말씀을 전하시는 목사님을 붙들어 주옵소서. 권세 있는 주의 말씀을 선포하실 수 있도록 성령의 능력으로 함께하시고, 내조하시는 사모님께도 동일한 은혜로 함께하시옵소서. 예배의 시종을 주님께 의탁합니다.

이 예배에 참석하고 싶어도 나오지 못한 자들의 마음을 헤아리셔서 동일한 은혜로 함께 하시옵소서.

예배를 수종드는 손길들을 기억하시고, 그들의 아름다운 수고가 주님의 능력이 깃드는 통로가 되게 하옵소서. 사랑이 많으신 예수 그리스도의 이름으로 기도합니다. 아멘

작고 큰일이나

사랑의 주님!

지금까지 변치 않는 사랑을 베풀어주신 주님의 은혜를 감사드립니다. 항상 부족하여 주님의 뜻을 만족하게 이루어드리지 못하고 연약한 가운데 있는 저희들이지만, 주님이 도우시고 축복하셔서 이 복된 자리로 이끄심을 감사드립니다.

이 땅을 살아가는 동안 영원한 진리의 원천이신 주님께 소망을 두고 영원한 주님의 나라를 소망하며 살아갈 수 있는 저희의 삶이 되게 하옵소서.

주님,

주님 보시기에 저희의 모습이 참으로 추하지요? 저희의 몸과 마음 곳곳에 죄로 얼룩져 있는 모습이 너무나 많지요? 주님의 자녀로 믿음생활을 온전하게 하지 못한 저희들임을 깨닫습니다. 염치없는 저희들이오나 더럽고 추한 죄를 주님께 내어놓사오니 꾸짖지 마시고 용서하여 주옵소서.

주님!

저희들에게 주님을 섬길 수 있는 은혜와 기회를 주셨사오니, 힘을 다하여 충성을 다할 수 있게 하옵소서. 작은 일이든 큰일이든, 주님께서 맡겨 주신 일이라면 최선을 다하여 섬길 수 있게 하시며, 모든 결과는 합력하여 선을 이루시는 주님께 맡길 수 있게 하옵소서.

주님!
이제 올해도 서서히 기울어가고 있음을 느낍니다. 신앙의 결산을 지금부터 준비해야 함을 깨닫습니다.
합당한 열매를 주님께 드리기 위하여 끝까지 마음을 쏟을 수 있는 신앙의 삶이 되게 하옵소서. 열매가 없음으로 주님께 악하고 게으른 종이라는 책망을 듣는 일이 없게 하옵소서.
앉고 일어서며, 걷고 뛰고 움직이는 모든 활동 속에서 주님께서 기뻐하실 일에 초점을 맞추어 생활해 나갈 수 있게 하시고, 주님을 위한 소망이 더욱 넘치는 생활이 되게 하여 주옵소서.

주님!
오늘도 예배의 자리를 찾지 못한 성도들을 긍휼히 여기시옵소서. 형편이 어떠한지는 우리 주님이 아시오니, 그들의 행위대로 갚으시고 은총을 내려주옵소서.

오늘도 목사님이 주님의 말씀을 전하십니다. 예배에 모인 숫자가 적음으로 인하여 용기를 잃지 않도록 주의 크신 능력으로 붙드시옵소서. 이미 예배가 시작되었습니다. 저희가 드리는 예배를 기쁘게 받아주시기를 원하오며, 예수 그리스도의 이름으로 기도합니다. 아멘

예배의 승리를 위하여

말씀을 듣고, 지켜 행하는 자에게 축복하시며, 세계 모든 민족 위에 뛰어나게 하시는 하나님 아버지!
찬양과 영광을 돌립니다. 하나님의 자녀에게 복을 주시되, 성읍에서도 복을 받게 하시고, 들에서도 복을 받게 하시고, 들어가고 나갈 때에 신령한 꼴을 얻게 하시는 하나님이심을 믿습니다.

축복의 근원이 되시는 하나님 아버지!
저희들을 불러주심으로 하나님의 자녀가 되었고, 믿음을 주셨기에 복의 자녀가 되게 하심을 감사드립니다.
새해에는 더 큰 믿음을 준비함으로 주시는 은혜의 분량대로 복을 받게 하옵소서.
일 년 동안 수요예배에 승리하게 하신 하나님의 은혜를 감사드립니다. 돌아오는 새해에는 새벽예배에도 도전할 수 있게 하시고 금요기도회에도 승리하도록 도와주시옵소서.

한 해 동안 많은 하나님의 말씀으로 듣게 하셨고, 깨닫게 하심을 감사드립니다. 주신 은혜를 잊어버리지 말게 하시고, 예수 그리스도의 장성한 분량에까지 성장하게 하여 주옵소서.

오늘 예배 중에 성도들을 위로하시고, 새 힘을 공급하여 주시기를 간구합니다. 용기를 얻게 하시며, 담대함을 허락받게 하옵소서.

죄악이 관영한 시대임을 고백합니다. 인생의 힘과 능력으로만 되지 않음을 고백하오니, 하나님의 능력으로 덧입혀 주시고, 성령 충만한 은혜를 허락하여 주옵소서.

주님!
연말을 부추기는 세상 분위기의 유혹에 빠지지 않게 하옵소서.
올해를 감사로 마무리하게 하시고, 새해를 기도로 시작하게 하옵소서.
이 세대를 본받지 않고, 하나님의 기뻐하시고 온전하신 뜻이 무엇인지를 분별하여 신앙생활을 위한 결단이 있게 하시고, 하나님의 영광을 위한 결심이 있게 하여 주옵소서.

오늘도 단위에 서신 목사님을 기억하시고 주의 말씀을 증거 하실 때에 삶의 지표가 되게 하여 주옵소서.
예배를 섬기는 모든 일꾼들을 축복하옵소서. 그들의 손으로 하는 모든 일들에 언제나 형통이 있게 하옵소서. 저희를 끝까지 사랑하시는 예수 그리스도의 이름으로 기도합니다. 아멘

새롭게, 강하게, 뜨겁게

이 땅에 생명의 복음을 주신 주님!
주님의 은혜가 이 세상에 가득함을 찬양합니다. 지난 시간동안도
주님의 사랑과 은혜와 보호 속에 살게 하신 것을 감사합니다.
그러나 이 시간, 주님의 뜻대로 살지 못한 지나간 허물들을 고백합
니다. 겸손히 머리 숙여 잘못을 뉘우치며 회개하오니, 주님의 한없
으신 자비와 사랑으로 용서하여 주옵소서.
저희들의 죄를 깨끗하게 씻어주시고, 정죄함이 없으신 긍휼과 자비
로 반겨 주시옵소서.
또한, 저희 속에 성령 충만으로 채워주셔서, 기쁜 마음으로 주님을
섬기고 복종하며 살 수 있는 믿음이 되게 하옵소서.

주님!
아직도 이 땅에는 주님의 인자하신 은총을 깨닫지 못한 채, 유혹과
다툼과 슬픔 속에 하루하루를 보내고 있는 영혼들이 많습니다.
경제적인 압박으로 어려움 중에 있는 사람들도 많습니다. 그들이
삶의 기적을 일으키시는 주님을 만날 수 있기를 기도합니다. 곤고
하고 지칠 때마다 위로와 안식을 주시는 주님의 은혜를 간구할 수
있는 영혼들이 되게 하옵소서.

은혜로우신 주님!

주님의 몸 된 교회를 위하여 기도합니다. 날마다 말씀으로 새롭게 되는 교회가 되게 하옵소서.

날마다 성령으로 뜨겁게 되는 교회가 되게 하시고, 날마다 기도로 강하게 되는 교회가 되게 하옵소서. 죄에 눌린 영혼들에게 구원의 주님을 만나게 할 수 있는 교회가 되게 하옵소서.

주님!

성도들의 가정을 위해서도 기도합니다. 저들의 가정마다 그리스도의 능력으로 충만하게 하셔서, 주님의 영광을 드러낼 수 있는 복된 가정이 되게 하옵소서.

이생의 안목만을 추구하는 가정들이 되지 말게 하시고, 영적인 복을 갈구할 수 있는 가정들이 되게 하옵소서. 또한 주님이 주신 자녀들마다 진리 안에서 성장할 수 있도록 이끌어주시고, 세상 지식에만 정신을 쏟지 않도록 붙들어 주옵소서.

이 시간, 주님이 귀히 쓰이는 목사님을 성령의 능력으로 붙드셔서, 권세 있는 말씀을 전하실 수 있게 하옵소서. 듣는 자들마다 마음에 큰 울림이 되는 말씀이 되게 하옵소서. 예배의 시종을 주님께 의탁하오며, 예수 그리스도의 이름으로 기도합니다. 아멘

영적인 하나님의 사람으로

풍성한 은혜로 함께하시는 주님!
주님의 한없으신 사랑으로 인하여 새로운 한해를 선물로 받고, 믿음으로 달려갈 수 있게 하시니 감사합니다. 어디에 있든지, 무엇을 하든지 믿음의 사람으로 그 본분을 잊지 않으며, 믿음을 견고하게 세워가는 주의 사람이 되게 하옵소서.

이제는 주님을 믿는다고 아무나 나올 수 없는 이 자리에 저희를 불러주심을 감사합니다. 항상 이 복된 자리를 사단에게 내어주지 않고 주님의 은혜를 좇아 사는 저희의 삶이 되게 하옵소서.

주님!
주님의 강권하심으로 육신의 일을 잠시 놓고 이 자리에 왔지만, 여전히 허물투성이인 저희의 모습을 주님께 그대로 드릴 수 없음을 깨닫습니다. 알고 지은 죄, 모르고 지은 죄 주님께서 다 아시오니 너른 가슴으로 품어주시고 용서의 은총을 베풀어 주옵소서.

주님!
지금 교회에서는 겨울 행사가 진행 중에 있습니다. 쌀쌀한 겨울입니다. 겨울 행사에 참여한 어린 학생들과 젊은 청년들이 건강에 적신호가 없도록 붙들어 주시고, 진행을 책임 맡은 교역자님과 교사 분들도 피곤치 않도록 도와주옵소서.

개학과 개강을 하기 전에 이번 기회를 통하여 말씀으로 재충전할 수 있게 하시며, 영적인 하나님의 사람으로 새롭게 변화되는 계기가 되게 하옵소서. 어지러운 세상문화 앞에서 동화되어 가는 것이 아니라, 세상 문화 속에 하나님의 뜻을 심어갈 수 있는 학생들과 청년들이 되게 하옵소서.
청년의 때에 저들의 삶이 항상 창조주 하나님을 기억하는 것으로 지배받을 수 있게 하옵소서.

주님!
시대가 어두울수록 주님의 은혜를 더욱 사모하는 저희 모두가 되기를 원합니다. 은혜의 자리를 가볍게 여기는 것이 습관이 되지 않게 하시고, 힘써서 하나님을 찾을 수 있는 저희 모두가 되게 하여 주옵소서.
은혜 없는 강퍅한 심령으로는 주님의 뜻을 담아낼 수 없사오니, 언제나 주님을 가까이할 수 있는 신앙의 삶이 되게 하옵소서.

오늘도 단위에 세우신 목사님을 붙드셔서, 생명의 말씀과 진리의 말씀을 전하시기에 조금도 부족함이 없게 하실 것을 믿습니다.
지금도 예배를 사랑하는 자들과 함께하시는 예수 그리스도의 이름으로 기도합니다. 아멘

제3부

구역(셀, 속회) 모임

대표기도문

주님이 바라시는 열매를 많이 맺게 하소서

희망찬 새해를 허락하신 자비로우신 하나님! 금년 한 해를 다시 시작할 수 있는 은총을 베푸시니 감사를 드립니다. 새해를 맞이하여 믿음의 지체들이 한자리에 모였습니다. 참된 찬양과 경배를 드리기를 원하오니 영광을 받으시옵소서. 새해를 시작하면서 갖게 되는 첫 구역(셀,속회)모임입니다. 저희모두가 이 모임을 사랑하는 마음이 변치 않게 하여 주시고, 끝까지 이 모임을 은혜롭게 이끌어 나갈 수 있도록 도와주시옵소서.

무엇보다도 금년 한 해는 저희 모두가 주님이 바라시는 열매를 많이 맺기를 원합니다. 풍성하게 맺기를 원합니다. 허물 많고 연약한 저희를 주님의 강하신 팔로 붙들어 주셔서 참으로 하나님의 영광을 위하여 열매를 풍성하게 맺는 한 해가 되게 하여 주옵소서. 오직 주의 이름의 영광을 위하여 살아드리는 한해가 되게 하여 주옵소서.

매일 매일의 삶 속에서 하나님을 더 잘 알며, 하나님을 더욱 찬양하며, 더욱 사랑할 수 있게 하시고, 지식과 지혜와 총명과 넓은 마음을 주셔서 주님을 위한 활동의 영역도 더욱 넓힐 수 있게 하옵소서. 주님이 기뻐하시는 모든 사람의 구원을 위하여 저희의 삶을 드릴 수 있게 하시고, 평안한 가운데 교회가 든든히 서갈 수 있도록 저희의 몸과 마음을 깨뜨릴 수 있게 하옵소서.
이 시간 이 모임을 인도하는 인도자를 성령의 능력으로 강하게 붙들어 주시기를 원합니다. 여러 가지로 마음써가며 수고하는 그 손길에 우리 주님이 크신 복을 더하실 것을 믿습니다.
사랑의 주님이 이 모임 가운데 늘 함께하실 것을 믿사옵고 예수 그리스도의 이름으로 기도합니다. 아멘

선한 청지기의 본분을 다하게 하소서

저희의 소망이 되시고 빛이 되시는 하나님 아버지! 저희들에게 새로운 해를 주셔서 기쁨 가운데 희망을 갖고 시작하게 하시니 감사드립니다. 주님이 저희들에게 또 다시 복된 새해를 선물로 주셨사오니 주님의 영광을 위하여 저희의 삶을 드릴 수 있는 한해가 되게 하여 주옵소서.
이 자리에 모인 저희 지체들이 올해에 받은 직분과 직책들이 있습니다. 부족한 저희들에게 주님의 영광을 위하여 봉사하고 섬길 수 있는 기회를 주셨사오니, 감사함으로 잘 감당할 수 있게 하시고, 선한 청지기로서의 본분을 잃지 않게 하여 주옵소서.

주님을 위해서라면 가리는 것이 없게 하여 주시고, 힘을 다하여 충성할 수 있는 저희 모두가 되게 하여 주옵소서. 그리하여 주님이 보시기에 착하고 충성된 종들의 모습이 되게 하시고, 더 많은 것을 맡기시는 주님의 축복을 누리는 저희들이 되게 하여 주옵소서.

이 모임도 우리 주님이 함께하시는 은혜로운 모임이 되게 하기 위하여 저희 모두가 한 마음 한 뜻을 품게 하시고, 힘을 다하여 참석할 수 있도록 저희의 생각과 마음을 주장하여 주옵소서. 횟수가 더해질수록 영적인 풍요가 넘치는 모임이 되게 하시고, 영적인 기쁨이 충만해지는 모임이 되게 하여 주옵소서.
새해에도 구역(셀,속회)모임을 위하여 더 많이 수고하는 손길을 기억하시고, 그 수고와 애씀이 귀한 열매로 맺어질 수 있도록 축복하실 것을 믿습니다. 저희 한 사람 한사람마다 주님의 은혜가 끊임없이 공급되는 축복의 새해가 되게 하실 것을 믿사옵고 예수 그리스도의 이름으로 기도합니다. 아멘

믿음의 경주를 잘하게 하소서

능력과 사랑의 하나님 아버지! 저희들에게 믿음을 주셔서 믿음의 주요 온전케 하시는 이인 예수님을 바라보며 살아갈 수 있게 하시니 감사드립니다. 오늘도 믿음을 가진 자들이 한 자리에 모였습니다. 믿음으로 살고자하는 저희들을 축복하실 것을 믿습니다.

주님! 저희들이 이 땅을 살아가는 동안 믿음의 경주를 잘할 수 있도록 도와주옵소서. 저희들 앞서 믿음으로 살아간 선진들이 달려갈 길을 다 달려가서, 지금은 경주를 마치고 구름떼 같이 둘러서서, 아직도 이 땅에서 신앙의 경주를 하고 있는 모든 신자들의 경주의 모습을 구경하며 지켜보고 있음을 기억하게 하옵소서. 푯대를 바라보고 상을 얻기 위하여 달릴 수 있게 하옵소서.

오랜 훗날 저희들도 사도바울의 고백처럼 선한 싸움을 싸우고 달려갈 길을 마치고 믿음을 지켰노라고 환희와 감사에 찬 승전가를 부를 수 있게 하옵소서. 그 옛날 광야의 이스라엘 못지않게 오늘날도 믿음으로 사는 자에게 기이한 일을 수 없이 베푸시며, 측량할 수 없는 큰일을 베푸시는 하나님이심을 믿습니다.

오늘도 이 구역(셀,속회)모임에 참석하지 못한 발걸음이 있습니다. 저들의 믿음도 붙들어주셔서 이 땅을 살아가는 동안 믿음의 경주를 잘할 수 있게 하여 주옵소서. 이 시간, 이 구역(셀,속회)모임을 인도하는 자에게도 크신 능력을 더하여 주시며 크신 상으로 갚아주실 것을 믿습니다. 장소를 제공한 손길에게도 동일한 은혜를 더하실 것을 믿사옵고 예수 그리스도의 이름으로 기도합니다. 아멘

충성스러운 일꾼이 되게 하소서

언제나 새로운 역사로 저희와 함께하시는 하나님! 오늘도 저희의 마음을 새롭게 하셔서 믿음의 권속들이 한 자리에 모일 수 있게 하시니 감사드립니다.

만물을 새롭게 함같이 항상 저희의 마음을 새롭게 하셔서 주님께 믿음으로 하나 되는 모습을 보일 수 있게 하여 주옵소서. 이 시간도 저희 모두가 마음 문을 활짝 열어놓기를 원합니다. 그리하여 주님의 예비하신 은혜를 받아 누릴 수 있는 마음들이 되게 하여 주옵소서.

주님! 저희 모두가 신실하고 충성스러운 일꾼들이 되게 하여 주옵소서. 교회의 일꾼, 부끄러움이 없는 일꾼, 그리스도의 신실한 일꾼 들이 되게 하여 주옵소서. 특히 큰 것 보다 작은 것에 충성할 수 있게 하옵소서. 보이는 것 보다 보이지 않는 것에 충성할 수 있게 하옵소서. 알아주는 것보다 알아주지 않는 것에 충성할 수 있게 하옵소서. 그리하여 인간의 판단을 받으려 하기보다 하나님의 판단을 잘 받을 수 있는 저희들이 되게 하여 주옵소서.

주님! 저희들이 믿음의 경주도 잘할 수 있기를 원합니다. 믿음으로 달려가다가 실족하여 넘어지는 일이 없게 하시고, 상 주실 주님을 바라보며 힘 있게 달려 갈 수 있는 저희들이 되게 하여 주옵소서.

특별히 이 구역(셀,속회)모임을 위하여 더 많이 수고하는 지체들을 기억하옵소서. 기쁨으로 감당할 수 있도록 성령 충만을 허락하여 주시고, 주님께 향기가 되게 하옵소서.

저희들이 이 모임을 가지면서 주의 말씀으로 하나 되어 언제나 주님의 나라와 그 의를 구하는 모습이 되게 하옵소서. 예수 그리스도의 이름으로 기도합니다. 아멘

삶의 모든 문제들을 권고하여 주소서

만복의 근원이 되시는 하나님 아버지! 허물과 죄로 죽었던 저희들에게 예수 그리스도로 말미암아 영원한 생명을 얻게 하시고 앞서간 성도들과 함께 하늘의 기업을 누리게 하심을 감사드립니다.
은혜로 저희에게 주어진 이 구원과 죄 사함과 의롭다하심과 하나님의 자녀 됨과 천국의 영원한 기업을 인하여 다시 한 번 감사하오며 찬송합니다. 홀로 영광을 받으시옵소서.

이 시간도 진리의 영으로 저희를 감화하시고 도와주시옵소서. 하나님의 말씀을 읽고, 듣고 생각나게 하셔서 그 진리의 말씀으로 저희 자신을 굳게 세워나갈 수 있게 하옵소서.

저희의 짐을 친히 담당하신 주님! 이 자리에 모인 저희들 가운데 생업의 문제로, 질병으로, 가족의 문제로, 부모의 문제 등 여러 가지 일로 마음 아파하며 괴로워하는 지체들이 있습니다. 이 시간 저희의 모든 일들, 모든 문제들을 주님께서 권고해 주심으로 아름답고, 형통하고, 유익하도록 이끌어 주옵소서. 저희의 모든 것이 하나님께 영광이 되도록 도와주시옵소서. 또한 언제든지 실족하거나 낙망치 않는 생활이 되게 하시고, 언제든지 하나님 제일주의로 살아가는 삶이 되게 하여 주옵소서.

이 시간 저희들이 믿음의 교제를 나누며, 기도할 때에 성령의 크신 능력으로 함께 하여 주셔서 때 묻은 불신앙들의 요소들이 물러가고 변함없이 함께하시는 주님의 사랑을 느낄 수 있게 하옵소서. 예수 그리스도의 이름으로 기도합니다. 아멘

강하고 담대한 믿음이게 하소서

사랑의 하나님 아버지! 오늘날까지 끊임없이 연약한 저희들에게 베푸신 은혜를 감사합니다. 오늘도 저희 모두가 받은 은혜를 감사하며 구역(속회, 셀)모임에 참석했습니다. 주님께 큰 영광 돌리며 기쁨으로 믿음의 교제를 나눌 수 있는 자리가 되게 하여 주옵소서.

주님! 저희의 부족한 믿음을 아시오니, 항상 풍성한 은혜로 저희의 믿음을 채워 주시기를 원합니다. 그리하여 주님께 늘 믿음의 고백을 드리며 마음을 다하여 주님을 섬길 수 있게 하시고, 맡겨진 일에 충성을 다할 수 있게 하여 주옵소서. 또한 세상 속에서는 믿음의 용기를 가지고 강하고 담대하게 살아가게 하옵소서. 무슨 일을 만나든지 믿음으로 이겨나갈 수 있게 하시고, 믿음으로 승리할 수 있는 삶이 되게 하여 주옵소서.

또한 믿음의 역사를 세상 앞에 보여줄 수 있는 삶이 되게 하시고, 많은 이들에게 믿음을 갖게 하는데 쓰임 받는 삶이 되게 하옵소서.
오늘도 주님이 사랑하시는 경건한 구역(속회, 셀)모임이 되기를 원합니다. 뜨겁게 교제하는 모임이 되기를 원합니다. 뜨겁게 기도하는 모임이 되기를 원합니다. 이 구역(속회, 셀)모임이 세속적으로 기울어지지 않도록 주의 성령께서 역사하여 주옵소서.

저희의 모임을 항상 복되게 하셔서 믿음의 풍성함이 더하여지는 모임이 되게 하여 주옵소서. 저희들과 함께하시는 예수 그리스도의 이름으로 기도합니다. 아멘

일꾼을 세워갈 수 있게 하소서

사랑의 하나님 아버지! 오늘 이 모임을 사랑하는 자들이 한 자리에 모였습니다. 주님이 기뻐 받으시는 거룩한 공동체를 세우기 위하여 마음을 쏟고 있는 저희 모두에게 성령의 위로하심과 큰 은혜를 더하실 것을 믿습니다. 세상의 풍속을 좇지 아니하고 이 땅위에 주님의 나라가 온전히 이루어지기를 소원하며 이 구역(속회, 셀)모임을 갖습니다. 주의 신실한 종들을 통하여 주님의 역사를 이루시옵소서.

이 구역(속회, 셀)모임이 작은 모임이지만 주님의 몸 된 교회에 봉사자를 세우는 모임이 되기를 원합니다. 충성자를 세우는 모임이 되기를 원합니다. 헌신자를 세우는 모임이 되기를 원합니다. 주님의 몸 된 교회를 위하여 꼭 필요한 모임이 되게 하여 주옵소서.
또한 이 구역(셀,속회)모임이 사랑의 공동체가 되기를 원합니다. 치유의 공동체가 되기를 원합니다. 회복의 공동체가 되기를 원합니다. 성령의 능력으로 함께하여 주옵소서.

이 자리에 모인 저희 모두는 이 모임을 가벼이 여기는 일이 없기를 원합니다. 주님이 기뻐하시는 건강한 믿음을 세워가기 위하여 꼭 필요한 모임임을 잊지 않게 하옵소서. 언제나 힘써서 모일 수 있게 하시고, 이 모임을 위하여 늘 기도할 수 있는 지체들이 되게 하옵소서.

오늘 보이지 않는 지체들이 있습니다. 저들의 형편을 주님께서 아시리라 믿습니다. 긍휼히 여겨 주옵소서. 이 구역 모임을 위하여 세운 리더를 기억하시고, 어렵고 힘들지라도 은혜로 잘 감당할 수 있게 하옵소서. 모든 것을 다 아시는 예수 그리스도의 이름으로 기도합니다. 아멘

주님의 섭리하심을 체험케 하소서

영광을 받으시기에 합당하신 하나님 아버지! 오늘도 이곳에 임재 하셔서 저희들의 구역(속회, 셀)모임을 주관하시고 영광을 받으실 것을 믿습니다. 이 모임에 참석한 저희 모두에게 성령님의 위로하심과 넘치는 기쁨이 있게 하실 것을 믿습니다. 이 시간, 여기에 모인 지체들이 성경을 묵상하고 상고할 때에 저희들을 향하신 하나님의 사랑을 피부 깊숙이 경험하는 시간이 되게 하시고, 하나님의 사랑과 능력이 얼마나 놀랍고 위대한지를 다시 한 번 경험하는 시간이 되게 하여 주옵소서.

저희들이 믿음의 교제를 나눌 때에 하나님의 섭리하심과 인도하심을 온 몸으로 느낄 수 있는 시간이 되게 하시고, 필요한 기도 제목을 놓고 간구할 때에 뜨거움을 주시고 응답하시는 주님의 능력의 손길을 체험할 수 있게 하옵소서. 땅으로부터 주어지는 기쁨보다 위로부터 주어지는 기쁨이 훨씬 더 좋고, 그 무엇과도 바꿀 수 없음을 모두가 시인할 수 있는 시간이 되게 하옵소서.

우리 주님께서 저희들에게 이 구역(셀,속회)모임을 허락하신 것을 늘 기뻐하며 감사할 수 있게 하시고, 영적으로 더욱 건강한 모임을 만들기 위하여 마음을 다할 수 있는 저희 모두가 되게 하여 주옵소서. 오늘의 이 모임에 인간의 그 어떤 간계와 궤계도, 사탄의 그 어떤 역사도 용납지 않으시고 성령의 화염검으로 지키실 것을 믿습니다.

이 구역(셀,속회)모임을 위하여 수고하는 인도자와 돕는 손길들에게 크신 위로와 축복을 더하실 것을 믿사옵고 예수 그리스도의 이름으로 기도합니다. 아멘

맛보고 느껴지는 모임이게 하소서

저희에게 주신 지극한 은혜를 인하여, 말할 수 없는 주의 은사를 인하여 하나님께 감사합니다. 이 시간이 있기까지 저희의 삶을 만져주시고 축복해 주신 하나님, 오늘도 저희의 허물과 죄를 용서해 주시고 찬송과 영광을 받으시옵소서.

주님을 의지하는 자, 영혼이 잘되며 범사의 잘되고 강건함으로 이끄실 것을 믿습니다. 이 시간도 주님을 더욱 사랑하고 믿음의 교제를 힘써서 나누기를 원하는 저희 모두에게 한량없으신 주의 은혜를 경험하게 하실 것을 믿습니다. 주의 말씀을 상고할 때에 꿀같이 달다고 고백한 시편의 어느 시인과 같이 저희에게 주어진 말씀이 꿀 송이와 같이 달게 하여 주실 것을 믿습니다.

찬송을 부를 때에도 입술의 찬송이 아닌 영혼 깊은 곳에서 울려 퍼지는 찬송이 되게 하셔서 저희 모두가 천상의 기쁨과 즐거움을 맛보게 하실 것을 믿습니다. 한 마디의 기도를 하더라도 주님의 기도를 닮게 하셔서 서로를 위해서 기도할 때마다 지금도 우리를 위하여 중보기도를 하고 계신 주님의 뜨거운 사랑이 마음으로 느껴지게 하옵소서.

환난을 당한 자 있습니까? 땅 위에서 받는 고난이 잠시인 것을 알아 소망 중에 믿음의 생활을 기쁨으로 해나갈 수 있게 하옵소서. 주님의 몸 된 교회와 주의 사랑하는 가정과 이 자리에 모인 지체들을 기억하셔서 부흥과 성장이 있게 하시고, 안식과 평안이 있게 하여 주옵소서.

이 구역(셀,속회)모임을 통하여 주님의 뜻을 더욱 밝히 드러내며, 주님의 제자로 쓰임받기에 합당한 그릇으로 빚으실 것을 믿습니다. 예수 그리스도의 이름으로 기도합니다. 아멘

사랑의 마음이 깊어지게 하소서

영원하신 하나님 아버지! 저희가 인생길을 걷는 가운데 수많은 만남이 이루어지지만 이 시간, 주를 고백하고 섬기는 자들이 복되고 아름다운 만남을 가질 수 있게 하시니 감사드립니다.
오늘도 저희들이 주님께 영광 돌리며 믿음의 교제를 나눌 때에 새벽이슬 같은 주의 은혜를 경험할 수 있게 하옵소서.
주님의 사랑을 입은 저희들입니다. 모임을 가질 때마다 그 사랑을 잊지 않게 하여 주시고, 사랑에 기초하여 세워지는 아름다운 모임이 되게 하여 주옵소서.

주님! 저희들의 구역(셀,속회)모임이 횟수가 더해질수록 서로에 대한 사랑의 마음도 깊어지게 하시고, 그 사랑이 교회와 이웃을 위한 사랑으로 나타날 수 있게 하옵소서. 사랑으로 주님의 몸 된 교회를 섬기며 봉사할 수 있게 하시고, 사랑으로 이웃에게 주님의 아름다운 덕을 선전할 수 있는 저희 모두가 되게 하여 주옵소서. 저희가 이 구역(셀,속회)모임을 가질수록 사랑의 주님을 닮아가는 모습이 나타나게 하시고, 사랑으로 주님의 형상을 보여줄 수 있는 삶이 되게 하여 주옵소서.

이 시간, 서로 간에 부끄러운 대화가 오고가지 않도록 저희의 입술에 성령의 능력을 인치시기를 원합니다. 서로 간에 영적인 성숙함이 느껴질 수 있는 자리가 되게 하시고, 서로에 대한 신앙을 인정받으며 존경할 수 있는 자리가 되게 하여 주옵소서.
부득불 참석치 못한 지체들을 기억하시고, 그 안타까운 마음을 위로하여 주옵소서. 저희를 너무도 사랑하시는 예수 그리스도의 이름으로 기도합니다. 아멘

기도의 좋은 습관이 만들어지게 하소서

전능하신 하나님 아버지! 저희에게 모일 수 있는 시간을 허락하시고, 힘써서 모일 수 있게 하시니 감사합니다. 저희들이 이 땅에 있는 동안 하나님의 은혜를 헛되이 받는 일이 없게 하여 주옵소서. 받은 은사를 따라 착한 양심을 가지고 주의 일에 힘쓰게 하시고, 언제나 주님을 높이는 삶이 되게 하여 주옵소서.

주님! 저희들이 구역(셀,속회)모임을 가지면서 육욕을 채우기 위한 수단으로 기울어지는 일이 없기를 원합니다. 언제나 주의 성령께서 저희의 마음을 붙들어주셔서 주님의 나라와 그 의를 구할 수 있는 모임이 되게 하여 주옵소서. 이 모임을 통하여 주님이 각자에게 주신 은사를 늘 발견할 수 있게 하시고, 잘 활용할 수 있는 방법도 배울 수 있게 하여 주옵소서. 주님의 말씀을 상고할 때나, 떡을 떼며 교제할 때나 주님께 합당한 모습이 되게 하여 주옵소서.

주님! 저희 각자에게는 함께 나눌 기도의 제목들이 많습니다. 이 땅에서 주님의 자녀로 사는 동안 주님의 도우심을 바랄 수밖에 없는 내용들이오니 우리 주님께서 저희의 기도를 들으시고 합당한 은혜로 채우실 것을 믿습니다. 저희가 서로를 위하여 기도할 때에 중언부언 하는 일이 없게 하시고, 마음을 담아 정성껏 기도할 수 있는 모습이 되게 하여 주옵소서. 혹여 주님이 보시기에 합당치 못한 기도의 내용들이 있을지라도 성령의 채로 걸러내 주실 것을 믿습니다. 이 시간을 서로를 위한 중보기도가 즐거워지게 하시고, 기도하는 좋은 습관이 만들어지게 하옵소서. 이 구역(셀,속회)모임의 인도자를 기억하셔서 언제나 성령님께서 위로를 더하여 주옵소서. 저희를 늘 새롭게 하시는 예수 그리스도의 이름으로 기도합니다. 아멘

하나님의 나라를 구하게 하소서

우주를 통치하시고 다스리시는 하나님 아버지! 저희로 하여금 예수 그리스도를 믿게 하시고 하나님 나라의 비밀을 알게 하심을 감사드립니다. 오늘도 땅에 속한 자들이 아닌 하나님 나라에 속한 자들이 한 자리에 모였습니다. 개개인의 이(利)를 구하기 위하여 모인 것이 아니라 하나님 나라의 의(義)를 구하기 위하여 모인 자리입니다. 우리 주님께서 저희들 가운데 함께하시고 이 자리를 친히 주장하시옵소서.

주님! 저희들의 현재의 삶 가운데 하나님의 나라를 경험하기를 원합니다. 그러나 종말의 마지막 때에 이루어질 하나님 나라 또한 간절히 구하며 소망하는 자녀들이 되게 하여 주옵소서.
자칫 현재의 삶 속에 안주하며 미래에 도래할 영광스런 하나님 나라에 대한 소망을 잊어버리지 않도록 도와주시옵소서. 현실에 발을 디디고 서 있으되, 미래에 하나님께서 이루실 완성된 하나님 나라를 늘 잊지 않고 깨어 기도함으로 준비하는 자녀들이 되게 하여 주옵소서.
저희들의 구역(셀,속회)모임도 하나님께서 이루실 완성된 하나님 나라를 소망하며 준비하는 모임이 되기를 원합니다. 단지 땅의 것을 해결하기 위한 방법이나 처세술을 나누고자 이 모임을 갖는 것이 아니라, 하나님 나라의 백성으로서 천국을 어떻게 준비하며 살아야 하는지를 나눌 수 있는 자리가 되게 하여 주옵소서. 하나님의 나라를 소망하는 자들에게 더욱 크신 은총으로 함께하실 것을 믿습니다.

오늘도 구역모임을 위해 장소를 제공한 손길을 기억하시옵소서. 손 대접하기를 즐거워하다가 천사를 대접한 아브라함의 축복이 이 가정 위에 있게 하여 주옵소서. 예수 그리스도의 이름으로 기도합니다. 아멘

쓰임 받는 믿음이 되게 하소서

믿음의 주요 온전케 하시는 주님! 저희들이 달콤한 세상 유혹을 뿌리치고 믿음의 자리로 달려올 수 있게 하심을 감사드립니다. 저희를 강권하셔서 이 자리로 인도하신 이는 성령님이심을 믿습니다. 언제나 성령님의 감동하심과 인도하심을 떠나지 않는 저희의 삶이 되게 하여 주옵소서.

주님! 이 자리에 있는 저희 모두가 주님께 쓰임 받는 믿음의 사람이 되게 하옵소서. 성경에 기록된 수많은 믿음의 사람들처럼 주님께 믿음을 보여 줄 수 있는 사람이 되게 하시고, 이 시대에 주님을 위하여 쓰임 받는 믿음의 사람이 되게 하옵소서. 그리하여 과거나 지금이나 주님께서는 믿음의 사람을 통하여 역사하고 계심을 보여줄 수 있는 저희 모두가 되게 하옵소서. 저희의 믿음이 식어지거나 흔들리지 않기 위하여 늘 말씀을 가까이 할 수 있게 하시고, 기도생활을 게을리 하지 않게 하여 주옵소서. 주님을 향한 믿음을 보여 줄 수 있는 일이라면 그 어떤 대가도 기꺼이 감수 할 수 있게 하시고, 주님께 영광이 되는 일이라면 가장 선봉에 설 수 있는 저희의 믿음이 되게 하여 주옵소서.

주님! 저희가 판단할 일은 아니지만 지체들 중에 믿음이 연약한 자들이 있습니다. 그들을 긍휼히 여겨주셔서 세상의 방법대로 사는 것보다 믿음으로 사는 것이 훨씬 더 유익하고 가치 있는 삶임을 깨닫게 하여 주옵소서. 이 모임을 위해 마음을 다하는 손길이 있습니다. 주님이 그 정성을 받으시고 크신 복으로 함께하실 것을 믿습니다. 특별히 인도자를 기억해 주셔서 이 모임을 인도할 때마다 새 힘이 넘치게 하옵소서. 저희의 믿음을 세우시는 예수 그리스도의 이름으로 기도합니다. 아멘

나눔과 교제가 기쁨이 되게 하소서

참으로 좋으신 하나님 아버지! 무용지물인 인생을 버려두지 아니하시고 주님의 백성으로 불러주셔서 빛과 진리 가운데로 인도하여 주시니 감사합니다. 오늘도 주의 은총을 입은 자녀들이 한 자리에 모였습니다. 저희들의 구역(속회, 셀)모임이 단지 모이는 것에 목적을 두는 것이 아니라, 왜 모임을 갖는지를 분명히 깨닫게 하셔서 믿음의 덕을 세우는 저희 모두가 되게 하여 주옵소서.

주님! 저희들 서로 간에 생명의 교제가 있기를 원합니다. 하늘에 속한 언어가 있기를 원합니다. 마음을 다한 나눔이 있기를 원합니다. 이 시간만큼이라도 서로 간에 속화된 모습이 보여지지 않게 하시고, 성령님의 지배를 받을 수 있도록 함께하여 주옵소서.

주님! 서로 간에 나누는 것이 기쁨이 되기를 원합니다. 주님의 은혜를 고백하려다 자기 자랑으로 기울어지지 않게 하시고, 자신의 허물을 고백하려다 다른 사람의 상처를 건드리는 일이 없게 하여 주옵소서. 서로 간에 나누는 대화 속에서 성령님의 위로를 느끼게 하시고, 용기와 희망을 주시는 주님의 음성을 들을 수 있게 하옵소서.

오늘도 이 자리에 보이지 않는 지체들이 있습니다. 그들이 육신의 일만 도모하는 것이 아니라 신령한 것을 좇아 행할 수 있도록 은총을 더하여 주옵소서. 이 구역 모임을 위하여 앞장선 자들을 기억하셔서, 주님의 은혜를 앞세워 받은 사명을 잘 감당할 수 있도록 붙들어 주옵소서. 저희 모두에게도 맡겨진 사명이 있사오니 각자 받은 대로 최선을 다할 수 있게 하옵소서. 예수 그리스도의 이름으로 기도합니다. 아멘

모임의 필요성을 깨닫게 하소서

전능하신 하나님 아버지! 저희로 하여금 주님을 따를 수 있는 기회를 주시고, 주님을 섬길 수 있는 날을 주심을 감사드립니다. 또한 믿음의 무리들이 한 자리에 모여 주님을 향한 신앙고백을 든든히 세워갈 수 있게 하시니 감사드립니다. 언제나 저희와 함께 하시옵소서.

주님! 저희들의 구역(셀,속회)모임을 축복해 주옵소서. 모일 때마다 신앙의 모임이 우리의 삶에 왜 필요한지를 강하게 느낄 수 있게 하시고, 신앙생활은 혼자 잘한다고 해서 결코 잘 할 수 있는 것이 아님을 깨닫게 하옵소서.
이 모임을 가질 때마다, 우리 주님이 왜 자신을 머리로 하여 저희들을 그 몸의 지체로 엮어주셨는지를 온몸으로 느껴갈 수 있게 하옵소서. 우리 자신의 건강한 믿음을 세워 가는 데는 반드시 다른 지체들의 도움이 필요하다는 것을 잊지 않게 하옵소서.

주님! 저희가 저희 자신의 신앙을 위해서도 이 모임을 건강하게 세워갈 수 있게 하옵소서. 말씀의 공동체, 교제의 공동체, 기도의 공동체, 나눔의 공동체로 세워갈 수 있도록 은혜를 더하여 주옵소서. 또한 서로의 믿음을 세워주기 위하여 기꺼이 수고할 수 있는 기쁨을 누리게 하옵소서. 서로가 함께하면 함께 할수록 더 큰 보람을 느낄 수 있게 하시고, 서로를 위하면 위할수록 더 큰 행복을 느낄 수 있게 하옵소서.
이 구역(셀,속회)모임을 이끄는 인도자를 기억하여 주옵소서. 엎드려 기도할 때마다 응답하시고, 새 힘과 큰 능력을 더하여 주실 것을 믿습니다. 이 모임을 저희에게 허락하심을 다시 한 번 감사하오며 예수 그리스도의 이름으로 기도합니다. 아멘

성령 충만하게 하소서

성령 충만을 주시는 주님! 저희들을 성령님이 도우시기에 저희들이 구역(속회, 셀)모임에 참석하게 된 줄 믿습니다. 항상 성령님의 인도를 받는 저희의 삶이 되게 하여 주시고, 성령님을 근심케 하는 삶이 되지 않기 위하여 성령 충만을 구할 수 있게 하옵소서.

주님! 저희가 성령 충만하지 않고는 악이 들끓는 세상에서 믿음을 지키며 살아갈 수 없음을 깨닫습니다. 성령 충만하지 않고는 주님의 일을 기쁨으로 감당할 수 없음도 깨닫습니다. 날마다 저희들에게 성령 충만을 허락하여 주옵소서. 성령 충만함으로 세상을 이기고 육욕을 이겨갈 수 있게 하시고, 성령 충만함으로 성령의 권능을 세상에 쏟아 놓는 주의 일꾼으로 쓰임 받게 하옵소서.

주님! 주님의 몸 된 교회도 늘 성령 충만한 가운데서 섬길 수 있게 하옵소서. 봉사와 섬김을 기쁨으로 감당할 수 있게 하시고, 충성과 희생을 기쁨과 즐거움으로 감당할 수 있게 하옵소서.
저희들이 갖는 이 구역(셀,속회)모임도 성령 충만한 모임이 되게 하시고, 언제나 성령 충만을 사모할 수 있는 모임이 되게 하옵소서. 성령 충만한 가운데서 이 구역(셀,속회)모임이 날로 새로워지게 하시고, 주님이 기뻐하시는 일들이 넘쳐나는 모임이 되게 하옵소서.
이 구역(셀,속회)모임을 주관하시는 이는 성령님이심을 믿습니다. 이 모임의 인도자에게도 함께하시는 이는 성령님이심을 믿습니다. 저희들의 마음을 주장하시는 이도 성령님이심을 믿습니다. 성령님의 역사가 이 자리에 있게 하여 주옵소서. 예수 그리스도의 이름으로 기도합니다. 아멘

각 기관과 부서가 든든히 서가게 하소서

은혜로우신 하나님 아버지! 오늘도 저희들이 이 시간을 잊지 않고 힘써서 모일 수 있게 하시니 감사드립니다. 저마다 바쁜 일들이 있겠지만, 그럼에도 불구하고 이 시간을 주님께 드리며 믿음의 교제를 나누고자 모였습니다. 주님께서 영광을 받으시고 저희들에게 합당한 은혜를 내려 주실 것을 믿습니다.

주님! 교회의 각 기관과 교육 부서를 위하여 기도하기를 원합니다. 주님의 몸인 교회에 각 기관과 교육 부서를 세우셔서 든든히 서갈 수 있도록 인도하심을 감사드립니다. 더욱 더 든든히 서가는 각 기관과 교육부서가 되게 하여 주옵소서.
교회마다 교육부서에 숫자가 점점 줄고 있는 추세입니다. 출산율의 저하 때문이기도 하겠지만, 부흥을 위하여 열심을 내지 않은 까닭도 무시할 수 없음을 깨닫습니다. 교육 부서를 맡고 있는 부서장을 비롯하여 교사들이 더욱 열심을 낼 수 있도록 뜨거움을 주시옵소서.

남, 여 전도회도 주님의 영광을 위하여 선한 청지기의 삶을 살 수 있도록 인도하여 주시고, 주님의 몸 된 교회를 위하여 최선을 다할 수 있는 회원들이 되게 하여 주옵소서. 특별히 교회의 본질은 전도에 있음을 잊지 말게 하셔서 때를 얻든지 못 얻든지 복음을 전하는 일에 헌신을 드릴 수 있게 하옵소서.
구역(셀,속회)모임도 부흥하는 모임이 되기를 원합니다. 날마다 영적으로 부흥하게 하시고, 믿음의 식구들이 많아지게 하옵소서. 또한 구역을 인도하는 자에게 영적인 능력을 더하여 주실 것을 믿습니다. 예수 그리스도의 이름으로 기도합니다. 아멘

복음의 전진기지가 되게 하소서

자비로우신 하나님 아버지! 오늘도 저희들이 은혜 중에 모여서 믿음의 교제를 나누며 주님께 영광 돌릴 수 있게 하시니 감사드립니다. 저희가 이 땅을 살아가는 동안 믿음이 약하여지지 아니하고, 기쁜 마음으로 주님을 좇을 수 있게 하옵소서. 여전히 저희들에게 허물이 많이 있습니다. 긍휼히 여겨주시고, 주님의 보혈로 정하게 해 주옵소서.

저희의 소망이신 주님! 간구합니다. 저희 중심에 하나님을 사랑함과, 경외함과 감격이 있게 하옵소서. 때로는 저희가 낙심이 되고 피곤을 느낄 때가 있습니다. 그럴 때마다 능력으로 함께하여 주시고, 위로의 손길로 저희를 강하게 하여 주옵소서. 주의 도우심을 힘입어 늘 승리하는 삶을 살게 하여 주옵소서. 주님의 몸 된 교회, 사랑하는 어린이들과 중고등부, 그리고 청, 장년들을 더욱 사랑해 주시고, 권고해 주셔서 늘 주님 안에 굳게 서게 하시고, 강건하게 하여 주옵소서.

이 구역(셀,속회)모임이 생명을 구원하는 구명선의 역할을 감당하기 원합니다. 복음의 전진기지가 되기를 원합니다. 단지 모여서 예배드리고 교제하는 것으로만 끝나지 말게 하시고, 모이면 모일수록 영혼을 사랑하는 마음과 구원코자 하는 뜨거운 열정이 쉼 없이 일어나게 하여 주옵소서.
이 시간 구역(셀,속회)모임을 이끄는 인도자를 기억하셔서 피곤치 않도록 주의 능력으로 붙들어 주옵소서. 장소를 제공한 손길에게도 함께 하셔서 주님의 큰 칭찬을 받는 믿음의 손길이 되게 하실 것을 믿습니다. 저희에게 믿음의 눈을 밝혀주실 것을 믿사옵고 예수 그리스도의 이름으로 기도합니다. 아멘

마귀를 능히 대적하게 하소서

그리스도의 좋은 군사가 되기를 원하시는 하나님! 저희들이 그리스도의 은혜를 힘입어 담대한 믿음으로 살아갈 수 있도록 이끄심을 감사드립니다. 오늘도 세상 가운데서 그리스도의 좋은 군사로 살게 하여 주시다가 주의 이름으로 모이는 이 복된 자리에 참여할 수 있게 하시니 감사합니다. 찬양과 영광을 주님께 돌리오니 홀로 받으시옵소서.

주님! 지금도 사단마귀는 우는 사자 같이 두루 다니며 삼킬 자를 찾고 있다는 것을 깨닫습니다. 이러한 마귀를 능히 대적하기 위하여 저희 모두가 하나님의 전신갑주를 입을 수 있게 하여 주옵소서. 저희를 삼키려고 하는 마귀를 절대로 우습게보거나 가볍게 보는 일이 없게 하시고, 마귀에게 틈을 보이지 않기 위하여 철저하게 말씀으로 무장하게 하여 주옵소서. 쉬지 않고 기도할 수 있는 끈기를 더하여 주시고, 항상 겸손으로 허리를 동이게 하여 주옵소서.
또한 마귀가 좋아 하는 것이라면 저희들이 눈을 가리고 귀를 막게 하시고, 마귀가 싫어하는 것이라면 마귀의 사기를 땅에 떨어뜨리기 위하여 힘을 다하여 열심을 낼 수 있게 하옵소서. 저희 모두가 마귀에게 철퇴를 가하고, 마귀의 진을 파하는 강력한 주의 사람으로 살게 하옵소서.

오늘 이 자리에도 사단마귀가 일절 틈타지 못하도록 성령의 화염검으로 막아주시고, 저희의 심령마다 성령의 역사하심을 고백하는 은혜의 자리가 되게 하여 주옵소서. 장소를 제공한 이 가정도 항상 성령이 주장하여 주시고, 인도자에게도 항상 성령의 능력을 더하실 것을 믿사옵고 예수 그리스도의 이름으로 기도합니다. 아멘

이 나라에 통일을 주소서

살아계신 하나님 아버지! 인생에게 행하신 주의 기이하고도 놀라우신 일을 인하여 찬송과 영광을 돌립니다. 사모하는 자를 만족케 하시고 주린 영혼에게 좋은 것으로 채워주시는 주님의 크신 은혜와 사랑을 생각할 때 감사와 감격할 뿐이옵니다. 주님의 일방적인 은총 속에 사는 저희들, 언제나 주님을 경외하고 높이는 삶이 되게 하여 주옵소서.

주님! 오늘 저희들이 구역(셀,속회)모임을 가지면서 이 나라와 민족을 위하여 기도하기를 원합니다. 이 민족은 아직도 분단이라는 아픔을 안고 있습니다. 저희들이 이 나라의 통일을 위하여 기도하고 있지만 반세기가 훨씬 넘도록 이루어지지 않고 있습니다. 오히려 남과 북이 서로가 더 강력하게 대치하는 냉전국면으로 흐르고 있습니다. 살벌한 남과 북의 대치로 인하여 절대로 있어서는 안 될 아픔들이 이 나라에 일어나고 있습니다.

주님! 이제껏 이 나라의 통일을 위하여 눈물 뿌려 기도한 종들의 울부짖음을 기억하시고, 어서 속히 이 민족의 통일을 앞당겨 주옵소서. 이 강산 이 강토에 더 이상 아벨과 같은 억울한 피가 쏟아지지 않도록 막아주옵소서. 영원한 평화가 아침 이슬같이 내려지는 민족이 되게 하옵소서.

주님! 오늘 이 구역 모임에 도저히 참석할 수 없는 상황 속에서도 참석한 지체가 있습니다. 주님이 그 믿음을 더욱 붙들어 주시고, 주님이 넘치도록 부어주시는 위로를 경험하게 하옵소서. 이 복된 모임을 위하여 장소를 제공한 손길도 기억하셔서, 고넬료와 같이 주님의 칭찬받는 가정이 되게 하옵소서. 예수 그리스도의 이름으로 기도합니다. 아멘

복된 교회생활이 있게 하소서

전능하신 사랑의 하나님! 예수 그리스도를 통하여 저희들에게 주신 영원한 생명을 인하여 감사합니다. 영원한 생명을 주신 주님께 마음을 다하여 순종하며 섬길 수 있는 저희 모두가 되게 하옵소서.
오늘도 저희들이 구역(셀,속회)모임을 갖게 하심을 감사드립니다. 변함없이 모이기에 힘쓰는 저희 모두가 되게 하옵소서.

주님! 저희들에게 복된 교회생활이 있기를 원합니다. 생활에 얽매이지 아니하고 주일성수를 잘할 수 있게 하시고, 다른 예배에도 힘써서 참석할 수 있게 하옵소서. 주님께 드리는 물질도 마음을 담아 정성껏 헌금할 수 있게 하시고, 특히 십의 일조는 주님의 것이오니 생활을 핑계 삼아 손대는 일이 없게 하옵소서.

교회에서 갖는 모임에는 어떤 모임이든지 적극적으로 참석할 수 있게 하시고, 봉사하고 섬기는 일에는 이것저것 가리지 않고 열심을 다할 수 있게 하옵소서. 특히 영혼을 구원하는 전도에는 이유를 불문하고 항상 앞장설 수 있게 하시고, 어려운 이웃을 구제하는 일에도 주님의 손길을 대신 할 수 있는 섬김이 있게 하옵소서. 기도생활도 쉬지 않기를 원합니다. 교회와 목사님을 위하여, 교우를 위하여, 이웃을 위하여 쉬지 않고 항상 기도할 수 있게 하옵소서.

저희들의 복된 교회생활이 저희들의 삶으로 이어지는 축복의 통로가 되게 하실 것을 믿습니다. 이 구역(셀,속회)모임도 저희들이 복된 모임으로 세워갈 수 있게 하옵소서. 예수 그리스도의 이름으로 기도합니다. 아멘

날마다 부흥하는 모임이 되게 하소서

생명의 주인이 되시는 하나님 아버지! 위험 많은 세상에서 항상 저희들의 생명을 지켜주시고 보호하여 주시는 은혜를 감사드립니다. 저희들이 언제나 불꽃같은 눈동자로 살피시고 계시는 주님의 보호를 받고 있음을 잊지 않게 하여 주옵소서.

오늘도 저희들이 가정교회라고 할 수 있는 구역(셀,속회)모임에 힘써서 참석할 수 있게 하시니 감사합니다. 저희들이 믿음으로 살고자하는 마음을 주님이 심어주셨기에 오늘 저희들이 믿음의 덕을 세울 수 있는 이 자리에 있게 된 줄 믿습니다. 언제나 주님께 받은 은택을 인하여 감사하며 영광 돌리는 삶이 되게 하여 주옵소서.
주님! 이 구역(셀,속회)모임에 새 식구들이 불어나게 하시고, 구원받는 자가 날로 더하여지게 하여 주옵소서. 하나님을 경외하는 신실한 일꾼들이 이 모임에도 많아지기를 원합니다. 구역(셀,속회)이 부흥하여 또 다른 구역을 확장할 수 있게 하시고, 승법번식이 계속 일어나는 구역이 되게 하옵소서.

초대교회가 날마다 마음을 같이하여 모이기에 힘쓰고 순전한 마음으로 떡을 떼며 하나님을 찬미할 때 구원받는 숫자를 날마다 더하셨듯이, 저희 구역(속회, 셀)도 초대교회와 같은 모임을 가질 때 구원 받는 숫자를 날로 더하여 주실 것을 믿습니다. 또한 저희들에게 영혼이 잘 됨같이 범사가 잘되고 강건함의 복을 더하여 주옵소서. 그리하여 하늘나라의 일꾼으로 사용되기에 부족함이 없게 하옵소서. 이 구역(셀,속회)모임을 더욱 부흥케 하실 것을 믿사옵고 예수 그리스도의 이름으로 기도합니다. 아멘

저희의 약점을 보완해 주소서

전능하신 하나님 아버지! 모든 영광을 하나님께 돌립니다. 참으로 보잘 것 없는 저희들이지만 놀라우신 구속의 은혜를 누리게 하여 주시고, 생명길을 가게 하심을 감사드립니다. 저희들도 이 땅을 살아가는 동안 주님의 선하신 뜻을 이루어 드리는 복 된 삶이 되게 하옵소서. 저희들 개인은 물론 가정과 일터를 통해서 주님이 영광 받으시는 일들이 나타나게 하옵소서.

주님! 저희들은 자신들의 약점을 잘 알고 있습니다. 그것이 믿음으로 살아가는데 올무가 되지 않도록 붙들어 주옵소서. 저희들의 약점을 보완해 주셔서 주님을 위하여 뜻있는 일을 감당해 낼 수 있는 저희의 삶이 되게 하옵소서.

주님! 저희들의 삶 가운데 온갖 슬픔과 고통스러운 일들이 끊이질 않고 있습니다. 주님의 말씀이 저희 속에 풍성히 거하게 하여 주셔서, 주님의 섭리하심을 생각하며 인내와 소망 속에서 살 수 있게 하옵소서. 주님! 아직도 저희의 마음속에는 불건전한 생각과 불순한 욕망들이 꿈틀거리고 있습니다. 이 모든 것들을 성령의 채로 걸러내어 주셔서 새롭고 온전함으로 주님을 닮아갈 수 있게 하옵소서.

오늘 이 구역 모임 속에도 말씀을 묵상하며 믿음의 교제를 나누는 가운데, 저희의 약점을 강점으로 바꿔 주시는 주님의 은혜를 경험하게 하실 것을 믿습니다. 또한 이 구역 모임의 인도자를 기억하시고 자신의 약점을 보지 말게 하시며, 항상 붙들어 주시는 능력의 주님을 의지할 수 있게 하옵소서. 이 모임을 받으시는 예수 그리스도의 이름으로 기도합니다. 아멘

제4부

가정 애경사(哀慶事)

대표기도문

믿음으로 품게 하소서

생명의 하나님 아버지! 이 가정을 축복하여 주셔서 새 생명을 잉태하게 하심을 감사드립니다.

하나님께서 이 가정에 이 좋은 기쁨을 주셨사오니 새 생명을 허락하신 하나님께 감사할 수 있게 하시고, 주님께 나아갈 때도 기쁨으로 나아갈 수 있게 하여 주옵소서. 이제 열 달 동안 품고 있을 때에 태아에게 하나님의 말씀을 많이 들려줄 수 있게 하여 주시고, 찬송과 기도도 많이 들려줄 수 있게 하여 주옵소서.

주님! 믿음도 유전 된다는 것을 기억하여서 태아 때부터 신앙의 교육을 놓치지 않게 하여 주시고, 아이를 믿음으로 품을 수 있게 하여 주옵소서. 특별히 태아를 품고 있는 000성도님에게 건강을 허락하여 주셔서 품고 있는 새 생명이 건강하게 자랄 수 있게 하여 주옵소서.

태아를 위하여 말하는 것이나 행동하는 것이나 조심할 수 있게 하여 주시고, 태아를 출산하기까지 주님의 은혜와 사랑만 품을 수 있게 하여 주옵소서. 남편과 가족들에게도 함께하여 주셔서 태아를 품은 산모를 위하여 기도할 수 있게 하여 주시고, 태아에게 안 좋은 영향이 미치는 것을 하지 않도록 도와주시옵소서.

새 생명을 출산하기까지 주의 성령께서 함께하셔서서 산모와 태아를 지키실 것을 믿사옵고 예수 그리스도의 이름으로 기도합니다. 아멘

신앙으로 태교할 수 있게 하소서

하나님 아버지! 참으로 하나님의 은혜를 감사합니다. 이 가정에 그토록 기다려 왔던 태의 열매를 주셔서 얼마나 감사한지요. 그동안 산모가 마음고생을 했던 것을 생각하면 눈물 밖에 나지 않을 것입니다.

참으로 오랫동안 아이가 잉태되지 않아 죄인 아닌 죄인이 되어 하루하루를 숨죽이며 살아왔는데 연약한 여인의 서글픈 기도를 외면치 아니하시고 웃음과 기쁨을 주시니 감사합니다. 이 넘치는 마음의 기쁨을 무엇으로 표현할 수 있겠습니까? 그저 눈물만 하염없이 흐를 뿐입니다. 주님! 이제 아픔이 변하여 기쁨이 되게 하셨사오니 앞으로 이 가정에 모든 시름을 잊을 수 있는 기쁨의 일들만 넘치게 하옵소서. 웃게 하신 하나님, 계속 웃음이 떠나지 않는 가정에 되게 하실 것을 믿습니다.

오랜 기다림 끝에 얻게 된 새 생명이오니, 태중의 아이를 감사함으로 품을 수 있게 하시고, 신앙적으로 태교를 잘 할 수 있도록 지혜를 더하여 주옵소서. 태중의 아이도 부모의 말을 듣고 있다는 것을 기억하여 거친 언어나 불필요한 말을 삼가게 하시고, 주님의 말씀을 태반에 심을 수 있게 하여 주옵소서. 아이를 출산하기까지 산모의 건강을 지켜 주시기를 원합니다. 걱정 근심이 없게 하여 주시기를 원합니다. 평안한 길로 이끄셔서 탄생의 신비를 경험할 수 있게 하여 주시고 주님께 넘치는 감사를 드릴 수 있게 하여 주옵소서.
이제 이 태아뿐만 아니라 이 가정에 태의 복을 더 허락하실 것을 믿습니다. 한나에게 허락하셨던 태의 복을 이 가정에도 허락하여 주셔서 주의 기업을 잇는 가정이 되게 하여 주옵소서. 오늘 축복의 말씀을 전하시는 목사님을 기억하시고, 큰 위로와 용기가 되는 말씀이 되게 하여 주옵소서. 예수 그리스도의 이름으로 기도합니다. 아멘

출산

사랑스러움이 더하여지게 하소서

생명의 창조자이신 하나님 아버지! 주께서 세우신 OOO성도님의 가정에 새 생명을 선물로 주심을 감사드립니다. 새 생명의 탄생을 어찌 천하의 모든 것과 비교할 수 있겠사오리까? 주님이 주신 귀한 생명으로 인하여 저희에게 기쁨이 넘치게 하시니 감사합니다. 새 생명의 축복을 허락하신 하나님께 다시 한 번 감사와 영광을 돌립니다.

주님, 해산의 고통을 겪은 산모를 기억하셔서 빠른 회복을 주시기를 원합니다. 아기가 먹고 싶은 때에 언제나 젖을 물릴 수 있도록 젖샘이 풍부하게 하여 주옵소서. 또한 산모를 항상 건강으로 지켜주셔서 어린 생명을 키우는데 조금도 어려움이 없게 하여 주옵소서.

산모의 태중에 있을 때에도 건강으로 지켜주신 하나님, 이 어린 생명 위에 건강의 복을 내려주시옵소서. 잘 먹고 잘 자고, 잘 자라게 하여 주시고, 질병 없이 무럭무럭 성장할 수 있도록 늘 지켜 주옵소서. 그 키가 자라감에 따라 사랑스러움이 더하여지게 하시고, 지혜와 명철도 더하여 주옵소서.

주님, 탄생의 신비와 생명의 신비스러움을 통하여 창조주 하나님을 찬양하는 가정이 되게 하여 주옵소서. 이 어린 심령이 부모의 신앙으로 인하여 날 때부터 주님께 맡긴바 되었사오니, 주님께서 이 아이의 평생 동안 동행하여 주시고 그의 삶을 인도하여 주옵소서.
성실한 부모의 믿음 안에서 신앙교육으로 잘 양육 받을 수 있게 하시고 주님이 쓰시는 귀한 아이로 성장할 수 있게 하옵소서.
기업을 잇게 하신 예수 그리스도의 이름으로 기도합니다. 아멘

건강하게 자라게 하소서

사랑과 자비가 풍성하신 하나님 아버지! 오늘 이 가정에 선물로 주신 새 생명이 주님의 은총 안에서 무럭무럭 자라게 하심을 감사합니다. 어린 생명의 생일을 맞이하여 감사하는 마음을 모아 주님께 예배하오니 계신 곳 하늘에서 기쁘게 받아주시옵소서.

이 가정에 기업을 잇게 하신 귀한 생 생명, 주님의 사랑과 은총 속에서 건강하게 자라게 하시고, 선한 인격과 아름다운 마음을 가지게 하옵소서. 장성해서도 늘 주님의 마음을 좇는 삶을 살게 하시고, 주님의 뜻을 높이는 일을 하게 하시고, 하나님의 영광을 생의 최고 가치로 여기며 살 수 있는 삶이 되게 하옵소서. 이 가정에 이 아이를 위하여 여러 가지 미래의 계획을 세우고 있는 줄 압니다.

무엇보다도 하나님을 경외하는 신실한 자녀로 양육하기에 정성을 쏟을 수 있게 하시고, 주님의 몸 된 교회를 가까이 하면서 자랄 수 있도록 양육하게 하옵소서. 주님께 찬양을 잊지 않는 아이, 기도를 잊지 않는 아이, 주님께 영광 돌리는 것을 잊지 않는 아이로 성장할 수 있게 하여 주옵소서. 장성하여서도 주님을 떠나는 일이 없게 하여 주시고, 주의 교양과 훈계를 멀리하지 않는 아이가 되게 하여 주옵소서. 우리 주님이 보시기에 내 마음에 합한 자로 인정되게 하옵소서.

아이는 부모의 말보다는 부모의 뒷모습을 보고 닮아간다고 하였사오니 아이에게 아이의 인성과 신앙을 헤치거나 독이 되는 행동을 보이지 않는 부모가 되게 하여 주옵소서. 어린 자녀 앞에서 부부싸움을 하는 일이 없게 하시고, 남을 비방하는 일이 없게 하옵소서. 오늘 첫 생일을 맞은 아이와 가정에 축복의 말씀을 들려주실 목사님을 기억하시고, 아이와 이 가정에 꼭 필요한 말씀을 증거 하실 수 있게 하여 주옵소서. 첫 생일을 맞은 아이를 다시 한 번 축하하오며 예수 그리스도의 이름으로 기도합니다. 아멘

지혜가 되어주시고 보호자가 되어주소서

참 진리이시며 지혜의 샘이 되시는 하나님 아버지!
사랑하는 000성도님의 아이가 주님의 축복하심으로 초등학교에 입학하게 되었습니다. 그동안 아이를 건강하게 키워주시고, 지혜를 더하여 주신 하나님께 감사와 영광을 돌립니다. 아이가 학교에 입학을 하게 되면 부모는 마음이 들뜨고 설레는 감정을 지울 수 없습니다. 한편으론 어린자식인지라 불안한 마음도 떨쳐버리지 못합니다. 그러나 아이와 함께하시는 주님이 계시기에 학교생활에 첫발을 내딛는 아이의 앞길을 친히 인도하시고 이끄실 것을 굳게 믿습니다. 주님이 친히 아이의 지혜자가 되어주시고 보호자가 되어주실 것을 믿습니다.

사랑의 주님! 간구하옵기는 새로운 세계를 접하는 아이를 위하여 늘 기도를 쉬지 않는 000성도님이 되게 하여 주시고, 믿음으로 양육 하는 일에도 마음을 쏟을 수 있게 하여 주옵소서. 너무나 거칠고 험한 세상입니다. 믿음이 없이는 살아갈 수 없는 세상입니다. 아이가 학교교육을 통하여 다듬는 인성과 지성 위에 주님의 말씀을 덮어 주셔서 믿음의 사람으로 성장하는데 부족함이 없게 하여 주옵소서.

어릴 때의 습관이 평생을 간다고 합니다. 자녀에게 말씀을 가까이 하는 훈련을 잘 시킬 수 있는 000성도님이 되게 하여 주시고, 교회를 가까이 하고 주님을 사랑하는 법을 세워줄 수 있는 000성도님이 되게 하여 주옵소서. 또한 아이가 어릴 때부터 부모의 뒷모습을 보고 영적세계관을 바로 세워갈 수 있도록 믿음의 본을 잘 보이는 부모가 되게 하여 주옵소서.

아이가 학교에 입학하게 된 것을 다시 한 번 주님께 감사와 영광을 돌리오며 예수 그리스도의 이름으로 기도합니다. 아멘

졸업(대학)

좌로나 우로나 치우치지 말게 하소서

진리와 지혜의 근원이신 하나님 아버지! 000성도님의 자녀 00군(양)이 학업을 잘 마칠 수 있도록 인도하심을 감사드립니다. 아이가 학업을 잘 마치게 된 것은 전적으로 주님의 은혜임을 믿습니다. 또한 부모가 음으로 양으로 최선을 다하여 뒷바라지를 했기 때문에 가능할 수 있었음을 믿습니다.

이제 모든 과정을 다 마치고 사회에 첫발을 내딛게 되었사오니 배운 학문과 실력을 신뢰하기에 앞서 언제나 주님의 지혜를 먼저 구할 수 있는 자녀가 되게 하여 주시고, 주님을 의지하며 주님의 말씀과 뜻을 먼저 깨닫는 자녀가 되게 하여 주옵소서.

주님! 00군(양)이 사회생활을 하면서 출세지향적인 가치관에 빠지지 않기를 원합니다. 먼저 올바른 인간, 올바른 그리스도인이 되어야 한다는 생각을 갖게 하여 주시고, 주님께 쓰임 받는 것을 최우선에 둘 수 있는 자녀가 되게 하여 주옵소서. 뜻을 세운대로 되지 않는다고 하여 낙심하는 일이 없게 하시고, 주님을 멀리하거나 교회를 등지는 일이 없게 하여 주옵소서. 또한, 그리스도인으로서 빛과 소금의 역할을 잘 감당할 수 있는 00군(양)이 되기를 원합니다. 올바른 판단력을 주서서 그리스도인으로서 해야 할 것과 하지 말아야 할 것을 잘 구분할 수 있게 하여 주시고, 가야할 곳과 가지 말아야 할 곳을 잘 구분할 수 있게 하여 주옵소서.

세상풍조에 좌로나 우로나 치우치지 않도록 그 생각과 마음을 주시고, 모든 사람들에게 유익함을 주며, 신앙의 능력을 보여줄 수 있는 자녀가 되게 하여 주시옵소서. 길 되신 예수 그리스도의 이름으로 기도합니다. 아멘

복으로 충만한 가정이 되게 하소서

참으로 좋으신 하나님 아버지! 000성도님의 사랑하는 자녀 00군(양)이 장성하여 부모 곁을 떠나 한 가정을 이루게 하심을 감사드립니다. 믿음의 반려자를 만나 새로운 인생을 시작하였사오니 평강과 형통의 길로 인도하여 주옵소서. 한 가정을 이루게 하신 주님의 크신 뜻을 먼저 깨달아 인간의 욕심과 정욕대로 살지 않게 하시고, 하나님을 경외하고 섬기는 믿음의 가정이 되게 하여 주옵소서.

서로 다른 가정환경 속에서 성장하였으므로 성격도 다르고 기호도 다르겠지만, 가정은 일치를 이루는 곳임을 깨닫게 하셔서 모든 차이를 극복하고 하나님이 주신 아름다운 가정을 가꿀 수 있게 하옵소서.

주님의 뜻하심 가운데서 한 가정을 이루었사오니 일평생 주님의 은혜를 떠나지 아니하고 주님께 쓰임 받을 수 있는 신실한 믿음의 가정이 되게 하옵소서. 더 많은 이해, 더 많은 양보, 더 많은 자기희생이 있게 하시고, 상대방을 충분히 배려할 줄 아는 아름다움이 있게 하여 주옵소서. 또한 주님이 주신 복으로 충만한 가정이 되게 하시고, 주님의 선하신 뜻을 이루는 가정이 되게 하여 주옵소서.

이제 태의 열매도 주셔서 주님이 허락하신 산업과 기업을 이을 수 있게 하시고, 생명의 주인이신 주님을 찬양할 수 있는 가정이 되게 하여 주옵소서. 주님의 몸 된 교회를 위해서도 귀하게 쓰임 받는 부부가 되게 하시고, 사랑과 봉사와 헌신과 충성을 보일 수 있는 일꾼이 되게 하옵소서.
더 많은 은혜와 사랑을 쏟아 부어 주시기를 원하시는 예수 그리스도의 이름으로 기도합니다. 아멘

능력 있는 일꾼으로 인정받게 하소서

구하는 자에게 항상 좋은 것을 허락하여 주시는 하나님 아버지! 오늘 이 가정에 주님께서 귀히 쓰시는 000성도님이 일자리를 구하여 새롭게 직장 생활을 할 수 있도록 인도하심을 감사드립니다.

주님! 아시지요? 그동안 취직을 하지 못하여 마음고생을 얼마나 많이 하였는지 모릅니다. 남모르게 운적도 있었을 것이고, 무능력하게 느껴지는 자신을 바라보며 자괴감을 느낀 적도 있었을 것입니다.

또한 주님께 원망 섞인 기도를 드린 적도 있었을 것입니다. 그러나 이렇게 오랜 기다림과 갈급함 끝에 일할 수 있는 좋은 직장을 주셔서 얼마나 감사한지요. 오랜 가뭄 끝에 단비를 맛보는 기쁨입니다. 꽉 막혔던 것이 뻥 뚫리는 시원함을 맛봅니다. 모든 것이 주님의 은혜와 은총임을 깨닫습니다.

주님! 이제 이 직장이 주님이 사랑하는 000성도님에게 예비하시고 맡겨 주신 직장임을 확실히 믿고 감사하는 마음으로 직장생활에 충실할 수 있도록 이끌어 주옵소서. 능력 있는 일꾼으로 인정받을 수 있게 하시고, 직장 동료들과도 화목을 잘 이루어 회사에 꼭 필요한 사람으로 쓰임 받게 하옵소서.

주님을 사모하며 따르는 일에도 더욱 열심을 낼 수 있게 하시고 그가 있는 그곳에서 많은 사람들에게 그리스도의 복음을 증거하며 그리스도의 향기를 드러낼 수 있는 선교의 현장이 되게 하옵소서. 자칫 빠지기 쉬운 세상의 부귀영화나 세상 것에 물들지 않게 하시며 주님의 편에 서서 생활하는 굳센 믿음이 되게 하옵소서. 이 가정을 평안의 길로 인도하시는 예수 그리스도의 이름으로 기도합니다. 아멘

승진

지혜와 능력을 더하여 주소서

인간을 높이시기도 하시고 낮추시기도 하시는 하나님 아버지! 금번에 이 가정에 진급(승진)의 복을 허락하시니 감사합니다. 000성도님이 승진하여 이를 자신의 능력으로 돌리지 않고 겸손히 하나님의 은총으로 돌리며 영광 돌리게 하시니 얼마나 감사한지요. 겸손한 그의 믿음을 귀하게 보셔서 주님이 000성도님이 높이신 것임을 믿습니다.

사랑의 주님! 이번 승진을 통하여 하나님의 뜻을 더욱 이루어 드릴 수 있는 000성도님이 되게 하여 주옵소서. 승진하기까지 영육 간에 최선을 다하였듯이 승진 이후에도 그 태도와 마음가짐이 전혀 흐트러지지 않게 하여 주옵소서.
이제 그가 맡은 업무와 책임도 더욱 큰 줄 압니다. 지혜와 능력을 물 붓듯이 부어주셔서 직책을 감당하는데 전혀 부족함이 없게 하여 주옵소서. 벼는 익을수록 고개를 숙이는 법이오니 위에 있을 때 밑에 있는 자들을 주님을 섬기는 마음으로 잘 섬길 수 있게 하옵소서.

주님! 사람에게 실력과 능력을 인정받는 것도 중요하지만 그 전에 먼저 하나님께 믿음의 사람으로 인정받기를 힘쓸 수 있는 000성도님이 되게 하여 주옵소서. 혹여나 높아졌다고 하여 교만하지 않게 하여 주시고, 남을 얕보거나 무시하는 태도가 없게 하여 주옵소서.
윗사람을 섬길 때 주님께 하듯 하고 아랫사람을 거느릴 때 사랑으로 대할 수 있게 하옵소서. 앞으로 더 높은 자리에 오르더라도 전적인 주님의 은총임을 잊지 않게 하여 주시고, 주님께 영광 돌릴 수 있도록 축복하신 것임을 잊지 않게 하여 주옵소서.
이 가정의 믿음을 기쁘게 받으시고 넘치는 축복으로 채워주시는 예수 그리스도의 이름으로 기도합니다. 아멘

하나님께도 귀한 상을 받게 하소서

은혜가 풍성하신 하나님 아버지! 사랑하는 000성도님이 귀한 상을 받게 하심을 감사합니다. 이 모든 것이 주님의 은혜와 은총임을 믿습니다. 000 성도님이 귀한 상을 받게 된 것은 자신과 가족들뿐만 아니라 한 뜻 안에서 한 교회를 섬기고 있는 저희들에게도 기쁨이 됨을 깨닫습니다.

주님! 이제 그의 어깨가 한층 더 무거워짐을 깨닫습니다. 이제껏 이 귀한 영광의 자리에 있기까지 맡은 일에 성실과 정직을 심으며 최선을 다하였 듯이, 앞으로도 그 길을 잘 걸어갈 수 있도록 그 생각을 지도하시고 그 걸 음을 이끌어주옵소서. "선줄로 생각하는 자는 넘어질까 조심하라"고 하였 사오니 초심을 잃지 않도록 도와주시고, 처음처럼 그 겸손함과 성실함으 로 주님을 높일 수 있는 삶이 되게 하여 주옵소서.

주님! 사람에게 뿐만 아니라 하나님께도 귀한 상급을 받는 일꾼이 되기를 원합니다. 사람을 통하여 받는 영광도 한없이 좋고 기쁘기 그지없는데 주 님께로부터 받는 칭찬과 상급 또한 얼마나 귀하고 영광되겠습니까?

주님께로부터 받는 상급과 영광은 감히 사람을 통하여 얻는 영광과 족히 비교될 수 없음을 깨닫습니다. 그 부름의 상을 바라보고 푯대를 향하여 힘 차게 달려갈 수 있는 000성도님이 되게 하여 주시고, 영적인 가치를 최우 선에 둘 수 있는 000성도님이 되게 하여 주옵소서.

000성도님을 통하여 좋은 일들이 많이 일어나기를 원합니다. 축복된 일 들이 많이 일어나기를 원합니다. 소망이 넘치는 일들이 많이 일어나기를 원합니다. 예수 그리스도의 이름으로 기도합니다. 아멘

하나님의 영광을 위하여 살게 하소서

인생을 주관하시는 하나님 아버지! 오늘 000성도(직분)님의 생일을 맞이하여 지금까지 지켜주신 하나님의 은혜를 찬양하면서, 예배드리게 된 것을 감사합니다. 하루 동안에도 무슨 일이 일어날지 모르는 현실 속에서 지나간 00년의 세월을 불꽃과 같은 눈동자로 지켜주신 것을 생각할 때 하나님께 감사를 드립니다.

앞으로의 남은 여생도 "여호와께서 내게 주신 은혜를 무엇으로 보답할꼬."(시116:12)라고 했던 시편기자와도 같이 그 동안 하나님께서 주신 은혜와 복을 생각하면서 항상 감사와 찬양의 생활이 넘치는 000성도가 되게 하여 주옵소서. 하늘과 땅의 권세를 가지신 주님의 권세를 받아 누릴 수 있는 삶이 되게 하시고, 주님의 교회와 믿음의 권속들을 위하여도 더 많이 충성하고 봉사할 수 있는 삶이 되게 하여 주옵소서.

주님이 특별히 사랑하시는 이 가정도 성도님을 통하여 더욱 큰 복을 받게 하시고, 온 가족이 영육 간에 윤택하여지는 은혜를 입게 하시며, 기타 모든 일에도 축복이 넘쳐나게 하여 주옵소서.

먼 훗날 주님 앞에 가서도 귀한 상급과 칭찬을 받는 종이 되게 하시고, 이 영광된 일을 위하여 이 땅에서 살아가는 동안 주님이 기뻐하시는 열매를 풍성히 맺을 수 있게 하옵소서. 주님의 전에 나와서 겸손히 주님을 의뢰할 때마다 그 영혼을 만지시는 주님의 손길을 체험할 수 있게 하시고, 정직한 자의 기도를 들으시는 주님의 사랑을 피부 깊숙이 경험하는 삶이 되게 하여 주옵소서. 사랑하는 자녀들을 기억하시고, 부모의 신앙을 이어받아 하나님을 기쁘시게 하는 신앙생활을 할 수 있게 하시고, 먹든지 마시든지 무엇을 하든지 하나님의 영광을 위해서 살 수 있게 하여 주옵소서.(고전 10:31) 오늘 목사님이 전하시는 말씀 속에서 이제껏 동행하신 주님의 사랑을 다시 한 번 깨닫게 하시고, 험악한 삶을 살아왔다면 말씀의 위로가 있게 하여 주옵소서. 예수 그리스도의 이름으로 기도합니다. 아멘

소원이 성취되는 복을 누리게 하소서

만복의 근원이 되시며 인간의 생사화복을 주장하시는 하나님 아버지! 오늘 사랑하는 000성도(직분)님의 수연을 당하여 감사와 영광을 돌립니다. 거룩하신 하나님의 뜻 가운데서 사랑하는 아들(딸)을 이 땅에 보내시고, 은총을 베푸사 예수 그리스도를 믿어 구원을 얻게 하시고, 영원한 소망과 주님의 사랑 안에서 복된 삶을 누리게 하셨사오니 감사합니다.

특별히 질고와 죽음이 많은 이 땅에서 하나님의 보호와 축복으로 60년 동안 영육 간에 건강하게 지냈음을 감사하옵니다. 그리고 주 안에서 결혼하여 행복한 성도의 가정을 이루게 하시고, 기업의 복을 주셔서 그들의 신앙과 지극한 효행으로 오늘 수연축하 예배를 드리게 됨을 감사합니다.

간구하옵기는 사랑하는 000성도(직분)님을 더욱 축복하사 영육 간에 건강하게 하시고, 앞으로의 생애가 더욱 행복하고 하나님께 큰 영광을 돌리며 소망 중에 승리하는 생활이 되게 하여 주옵소서. 기도의 영역을 칠배로 더하사 가정과 자녀 손과 교회와 국가를 위하여 기도하게 하시고, 바라는 소원이 생전에 모두 성취되는 복을 누릴 수 있게 하옵소서. 특히 자녀들에게 믿음의 유산을 남겨줄 수 있는 영적인 부모가 되게 하시고, 교회에서도 모두가 본받고 싶은 신앙의 사람이 되게 하여 주옵소서.

오늘 000성도(직분)님의 회갑을 맞이하여 목사님이 축복의 말씀을 준비하셨습니다. 그 말씀을 듣는 가운데 주님의 사랑이 가슴속으로 스며들게 하시고 남은 생애, 주님을 위하여 더욱 충성할 수 있는 위로의 말씀이 되게 하옵소서. 000성도(직분)님으로 하여금 많은 믿음의 간증을 남기는 삶이 되게 하실 것을 믿사옵고 예수 그리스도의 이름으로 기도합니다. 아멘

부름의 상을 위하여 좇아가게 하소서

백발은 영화의 면류관이라고 하신 하나님 아버지! 특별히 하나님께서 000 성도(직분)님에게 장수의 복을 주시고, 자손의 자손을 볼 수 있는 은혜를 주시니 감사합니다.

오늘 고희를 맞아 이제껏 인도하여 주신 하나님의 은혜와 사랑을 감사하며 영광을 돌리는 것이 얼마나 큰 축복입니까? 그동안 인생의 여러 굴곡 가운데서도 하나님을 경외하는 중심이 흔들리지 않게 하시고, 모든 역경과 시련을 믿음으로 잘 이겨낼 수 있도록 함께하심을 감사드립니다.

앞으로의 남은 여생도 험난한 세상에서 어떠한 일을 만나든지 늘 주님을 의지하고 바라보며 믿음의 길을 걸어가는 복된 삶이 되게 하여 주옵소서. 또한 주님의 사랑과 크신 지혜와 측량할 길이 없는 은혜를 늘 체험하는 삶이 되게 하시고, 하늘과 땅의 권세를 가지신 주님의 권세를 늘 받아 누리는 삶이 되게 하옵소서. 지금까지도 주님의 뜻을 따라 주님의 몸 된 교회에 충성하며 헌신하는 삶을 살아오셨겠지만 육체의 남은 때를 끝까지 주님의 말씀에 순종할 수 있게 하여 주옵소서. 현재의 신앙생활에서 만족하지 말게 하시고, 갈렙과 같이 청년의 기상을 가지고 부름의 상을 위하여 좇아가는 여생이 되게 하옵소서.

특별히 디모데의 모친과도 같이 물질보다는 믿음의 유산을 물려줄 수 있는 영적 부모가 되게 하여 주옵소서. 의인은 종려나무 같이 번성하며 레바논의 백향목 같이 발육한다고 했는데(시92:12) 자손의 복은 물론이요, 물질의 복과 영적인 복까지 늘 넘쳐나는 가정이 되게 하시고, 주님께 늘 감사와 찬양을 드릴 수 있게 해 주옵소서. 000성도(직분)님의 고희를 축하하기 위해 이 자리에 함께한 가족과 성도들에게도 함께 하셔서 주님만을 의지하는 삶을 사는 가운데 주님이 주시는 장수의 복을 누릴 수 있게 하여 주옵소서. 목사님이 축복의 말씀을 드려주실 때에 위로가 넘치게 하시고 평안의 복을 얻게 하옵소서. 예수 그리스도의 이름으로 기도합니다. 아멘

믿음의 반석 위에 세워지게 하소서

은혜가 풍성하신 하나님 아버지! 오늘 000성도님이 장막을 넓혀 새로운 곳으로 이사하게 하심을 감사합니다. 그동안 주님의 뜻대로 살기를 소망하며 주님의 몸 된 교회를 위하여 봉사한 중심을 보시고 주님 베푸신 축복임을 믿습니다.

이제 이 가정에 이전 보다 더 나은 장막을 주셨사오니 주님의 베푸신 은혜와 축복을 기억하여 더욱 진실 되게 마음을 다하여 주님을 섬길 수 있는 손길이 되게 하여 주옵소서.

또한 이 새로운 장막을, 육신을 위한 장막으로만 삼을 것이 아닌 주님의 장막을 넓히는데 도구로 사용 할 수 있게 하시고, 이 장막 안에 주님의 교회를 세울 수 있는 장막이 되게 하여 주옵소서. 항상 주님을 향한 찬송이 끊이지 않는 장막이 되게 하시고, 감사가 멈추지 않는 장막이 되게 하여 주옵소서.

이곳을 통하여 더욱 가정천국을 만들어 갈 수 있게 하시고, 하나님의 임재하심을 경험할 수 있는 처소가 되게 하여 주옵소서. 모든 가족들의 믿음이 더욱 반석 위에 세워질 수 있게 하시고, 시절을 따라 맺는 열매도 풍성하게 하여 주옵소서. 주님이 이 가정에 목자가 되시기를 원합니다. 앞으로도 주님이 이끄시는 대로만 따라갈 수 있는 가정이 되게 하여 주옵소서.

오늘 목사님을 통하여 주시는 축복의 말씀을 듣고 하나님의 은혜와 사랑을 또 한 번 느낄 수 있게 하시고, 많은 사람을 부요케 할 수 있는 복 있는 손길로 살게 하여 주옵소서.

이 집을 출입하는 자마다 주님의 다스리심을 경험하게 하시고 주님의 영광을 보게 하실 것을 믿사옵고 예수 그리스도의 이름으로 기도합니다. 아멘

신앙으로 승리하게 하소서

자비로우신 하나님 아버지! 언제나 이 가정과 함께하여 주셔서 어렵고 힘든 가운데서도 믿음으로 달려갈 수 있도록 인도하여주시니 감사합니다. 열악한 환경이지만 환경을 바라보지 아니하고 주님을 바라볼 수 있도록 하시니 얼마나 감사한 일이옵니까? 잃어버린 것이 많을지라도 주님만큼은 잃어버리지 않은 것을 인하여 기뻐할 수 있게 하여 주시고, 생채기 난 마음을 어루만지시는 주님의 따뜻한 손길을 인하여 위로를 얻게 하여 주옵소서.

주님! 환경은 결코 넘어짐의 대상이 아님을 믿습니다. 환경은 극복하라고 저희에게 허락하신 것을 믿습니다. 지금의 상황이 육신의 눈으로 보기에 최악이라 할지라도 머리 둘 곳 없이 사셨던 주님을 생각하며 용기를 얻게 하여 주시고, 더 낮은 곳으로 찾아오시는 주님의 손길을 체험할 수 있게 하여 주옵소서.

사도바울의 고백과 같이 예수님만 모시고 있으면 근심하는 자 같으나 항상 기뻐하고 가난한 자 같으나 많은 사람을 부요하게 하고 아무 것도 없는 자 같으나 모든 것을 가진 자임을 믿습니다(고후6:10). 어렵고 힘든 상황의 한계를 뛰어넘는 신앙으로 승리하게 하실 것을 믿습니다. 또한 회복의 은혜를 더하여 주셔서 때를 따라 회복케 하시는 주님의 은총을 경험하게 하옵소서.

오늘 목사님이 들려주시는 말씀을 통하여 심령의 큰 위로를 얻게 하시고, 말씀에 힘을 얻어 변함없이 주님을 섬길 수 있게 하여 주옵소서. 심령이 가난한 자를 복 있게 하시는 예수 그리스도의 이름으로 기도합니다. 아멘

신앙의 집도 아름답게 세워지게 하소서

은혜로우신 하나님 아버지! 이 가정을 지켜 주셔서 부족함 없이 살아가게 하시니 감사합니다. 또한 아름답고 사랑이 넘치는 가정이 되게 하여 주심도 감사합니다. 특별히 감사하옵는 것은 이 가정이 주님이 주신 새로운 장막으로 입주하여 먼저 주님께 감사 예배를 드리게 하시고 영광을 돌릴 수 있게 하시니 감사합니다.

이제껏 붙드시고, 인도하시고, 축복하신 하나님께서 앞으로도 이 가정과 함께하실 것을 믿습니다. 이제 새로운 집에 입주하였사오니 주님을 더 잘 섬길 수 있는 복 된 가정이 되게 하여 주시고, 주님을 더욱 사랑하고 주님의 말씀을 더욱 가까이 할 수 있는 가정으로 이끌어 주옵소서. 그리하여 입주하기 전보다 더욱 성숙된 신앙생활이 되게 하여 주시고, 주님을 기쁘시게 하는 자로 쓰임 받게 하여 주옵소서.

주님! 이 가정에 계획하고 있는 일들이 있습니까? 우리 주님이 그 계획을 만져주셔서 주님의 영광을 나타낼 수 있게 하시고, 선한 열매를 맺게 하여 주옵소서. 또한 이 가정에 예배와 찬송이 늘 가득하고 주님 안에서 형제자매들을 즐거이 대접하는 복된 처소가 되게 하여 주옵소서. 이 집이 육신의 장막뿐 아니라 신앙의 집으로도 아름답게 세워지고 쓰임 받게 하여 주옵소서.
새집 증후군이 있습니다. 면역력을 강화시켜 주셔서 잘 적응할 수 있게 하여 주옵소서. 이웃과 좋은 사귐이 있게 하여 주시고, 전도할 수 있는 문도 열어주옵소서.
목사님이 준비하신 말씀이 이 가정에 기쁨이 되게 하시고, 축복이 되게 하여 주옵소서. 이 가정의 호주가 되시는 예수 그리스도의 이름으로 기도합니다. 아멘

경영을 하나님께 맡기게 하소서

복의 근원이신 하나님 아버지! 이 가정에 새로운 사업을 시작하게 하심을 감사드립니다. 이 사업을 시작하게 하신 이는 주님이심을 굳게 믿기에 먼저 주님께 감사의 예배를 드립니다. 이 예배를 받으시고 이 새로운 사업을 반석 위에 든든히 세워 주시옵소서. 사람의 계획이 제 아무리 완벽한들 어찌 하나님의 지혜에 견줄 수 있겠사오리까.

이제 이 사업을 경영하는 동안 세상의 방법과 자신의 경험과 실력보다 주님의 지혜를 더 의지하게 하시고, 항상 이 사업을 이끌고 계시는 주님의 능력을 체험하는 경영이 되게 하여 주옵소서. "너희 행사를 여호와께 맡기라. 그리하면 너의 경영하는 것이 이루리라."(잠16:3) 말씀하셨사오니 하나님께 모든 것을 맡길 수 있게 하여 주시고, 하나님의 말씀을 잘 지킬 수 있게 하여 주옵소서.

사업을 할 때에 물질관이 철저해야 주님께서 복을 내려주심을 믿습니다. 물질의 범죄함이 없게 하여 주시고, 주님께 드릴 물질을 잘 구분하여 드릴 수 있는 손길이 되게 하여 주옵소서. 이 사업도 주님이 주신 성직인줄 믿습니다. 육신의 이득보다 주님의 영광을 먼저 생각할 수 있게 하셔서 주님께 영광 돌릴 수 있는 사업이 되게 하여 주시옵소서.

이 사업장에 예배가 끊어지지 않기를 원합니다. 하루의 사업을 시작할 때나 마무리할 때 주님을 향한 예배가 있게 하시고, 사업체의 주인이 주님이심을 나타낼 수 있는 복 있는 경영이 되게 하여 주옵소서. 사업을 하다보면 뜻하지 않은 어려움도 발생할 것인데 그때 마다 무릎 꿇어 기도할 수 있게 하시고, 합력하여 선을 이루시는 주님을 바라보며 담대히 나아갈 수 있게 하여 주옵소서.

세상 사람들은 사업을 지식과 경험과 인맥으로 하겠지만 그리스도인들은 주님을 의지하는 무릎으로 하는 것임을 보여줄 수 있게 하옵소서. 목사님이 전하시는 말씀 속에서도 주님의 음성을 듣게 하실 것을 믿사옵고 예수 그리스도의 이름으로 기도합니다. 아멘

형통의 길로 인도하소서

광야에서 물이 솟게 하시고 사막에서 시내가 흐르게 하시는 하나님(사 35:6,7)! 이 가정의 사업을 이끌어 주셔서 주님께 영광을 돌릴 수 있게 하여 주시니 감사합니다.

이 사업을 경영하면서 오직 하나님께 맡기고자 하는 그 중심을 기억하고 계신 줄 믿습니다. 주님이 이 사업을 붙드셔서 악한 권세가 틈타지 않게 하여 주시고, 언제나 형통의 길로 인도하시는 주님의 은총을 덧입게 하여 주옵소서.

오늘 보다 내일이, 내일 보다 모래가 더 나은 결과를 얻게 하시고, 매 순간마다 사업을 이끌고 계시는 주님의 손길을 체험할 수 있게 하여 주옵소서.

이 사업장에 속한 근로자들도 기억하시고, 주인의식을 가지고 내일처럼 열심히 하게 하여 주시고, 경영자와 근로자들 간에 불협화음이 없도록 모든 불의를 막아주시기를 원합니다. 근로자 간에도 서로 화목할 수 있게 하여 주시고, 서로의 애로사항을 살피며 가족 이상의 친밀감을 갖게 하여 주옵소서.

"너의 행사를 여호와께 맡기라."(잠16:3)고 하셨사오니 항상 하나님께 맡기는 겸손의 모습이 이 경영하는 사업에서 떠나지 않게 하여 주옵소서.

사업의 이윤을 선한 사업에 투자 할 수 있게 하셔서 주님의 마음을 보여줄 수 있는 사업이 되게 하시고, 이 세상에 빛과 소금의 역할을 감당할 수 있는 사업이 되게 하여 주옵소서.

목사님을 통하여 축복의 말씀을 듣게 되었사오니 겸손한 마음으로 받게 하시고, 사업에 적용할 수 있는 말씀이 되게 하옵소서. 이 사업을 경영하시고 이루시는 예수 그리스도의 이름으로 기도합니다. 아멘

수고의 열매를 풍성히 맺게 하소서

사랑이 많으시고 은혜가 풍성하신 하나님 아버지! 오래 전부터 이 가정을 주님의 백성으로 택하여 주시고 이끌어 주시며 모든 것을 주관해 주시니 주님의 사랑과 은총에 감사드립니다. 또한 주님의 섭리와 은총 속에 이 가정이 사업을 시작하게 하시고 주님의 축복으로 사업을 더욱 확장하게 하시니 주님께 더욱 감사와 찬양과 영광을 돌립니다.

사업의 확장이 있기까지 얼마나 많은 수고의 땀을 흘렸겠으며 정성을 쏟았겠습니까? 모든 것이 땀의 결실인 것을 믿어 의심치 않습니다. 더욱이 주님이 이 가정의 사업을 친히 주관하시고 이끌어 주셨기에 더 좋고 넓은 곳으로의 확장이 가능했음을 믿습니다.

이제껏 이 가정을 형통의 길로 인도하신 하나님! 이제 새롭게 확장한 사업장에서 정직과 성실을 심으며 최선을 다할 때에 이 전과 같이 매 순간마다 함께하시는 주님의 손길을 느낄 수 있게 하시고, 수고의 열매를 풍성히 맺을 수 있는 길로 이끌어 주옵소서.

원하옵기는 이 가정이 사업의 확장뿐만 아니라 믿음과 신앙의 영역도 더욱 확장되게 하시고 주님의 몸 된 교회를 섬기는 일에도 열심을 내는 가정이 되게 하옵소서. 하나님께서 이 가정의 사업을 확장케 하신 것은 주님의 영광을 위한 도구로 쓰시기 위한 것임을 믿습니다. 이 사업체를 통하여 선한 사업에 부할 수 있게 하시고, 주님의 사랑을 나타내고 주님의 뜻을 높이는 일에 크게 쓰임 받을 수 있게 하옵소서. 이 사업체를 경영하는 000성도님에게 지혜와 능력을 더하여 주셔서 이 사업체를 주님이 기뻐하시는 방향으로 이끌고 나갈 수 있게 하옵소서.
앞으로의 모든 계획과 원하는 것들을 복된 성공으로 이끄실 것을 믿사옵고 예수 그리스도의 이름으로 기도합니다. 아멘

날마다 번창하게 하소서

사랑과 자비가 풍성하시며 공의로우신 하나님 아버지! 주님의 넘치는 사
랑과 은혜를 감사드립니다. 이 가정을 주님의 사랑 안에 품어 주시고 사업
을 축복해 주시는 주님, 이제 주님의 뜻에 따라 귀한 사업체를 이전하고
먼저 주님께 감사의 예배를 드릴 수 있게 하시니 얼마나 감사한지요.

오늘 이전 감사 예배를 드리면서 먼저 주님의 섭리를 깨달아 알 수 있는
저희 모두가 되게 하시고, 전능하신 하나님께서 이 가정의 사업을 붙들고
계심을 가슴 깊숙이 느낄 수 있는 저희 모두가 되게 하여 주옵소서.

주님! 이 사업이 사람의 뜻과 유익만을 위한 것이 아니라, 주님의 섭리와
뜻에 따른 것임을 믿사오니 이 사업을 통하여 더욱 주님의 영광을 드러낼
수 있게 하시고 날마다 번창하는 사업이 될 수 있도록 복에 복을 더하여
주옵소서.
특별히 복음적인 경영관을 잘 간직하여 개인의 욕심을 채우기 위한 사업
이 아니라, 주님의 영광을 위하며 주님의 몸 된 교회를 든든히 세우는 일
에 도구로 쓰임 받는 사업으로 발전시켜 나갈 수 있게 하옵소서.

새로운 곳에서 새로운 결심으로 시작하는 이 가정으로 하여금 새롭게 믿
음 생활을 할 수 있게 하시고 인간의 지혜나 힘을 의지하지 않고 주님의
지혜와 뜻을 따라 운영하도록 붙들어 주옵소서. 혹 이 사업을 경영하면서
여러모로 힘들고 어려운 일도 많을 줄 아오니 그때마다 무릎으로 주님을
찾을 수 있게 하시고, 주님의 도우심을 얻어 힘든 과정을 잘 이겨 나갈 수
있게 하옵소서.
사업을 위하여 수고하는 모든 분들에게 육신의 건강과 영혼의 강건함을
더하여 주옵소서. 예수 그리스도의 이름으로 기도합니다. 아멘

주일을 범하지 않게 하소서

사랑이 많으신 하나님 아버지! 오늘 이 가정이 새로운 사업을 준비하여 개업을 하게 되었습니다. 가게의 문을 열기 전에 먼저 개업 예배를 드릴 수 있도록 함께하심을 감사드립니다. 그동안 이 사업의 터전을 마련하기 위하여 힘든 과정이 있었지만 믿음으로 잘 이겨낼 수 있게 하시고, 믿음의 결과를 보게 하시니 감사드립니다.

오늘부터 개업하는 이 가게를 우리 주님이 붙드실 것을 믿습니다. 수고에 합당한 열매가 주어질 수 있게 하시고, 아름다운 소문이 잘 나게 하여 주셔서 손님의 발걸음이 끊어지지 않는 생업이 되게 하여 주옵소서.
이 가게의 주인은 주님이심을 잊지 않기를 원합니다. 정직과 진실함으로 이 가게를 운영해 나갈 수 있도록 지혜를 더하여 주시고, 주님을 섬기는 주님의 백성임을 늘 의식하며 사업을 하게 하여 주옵소서.

주님! 이 일도 하나님이 주신 귀한 성직임을 깨닫게 하셔서 이곳을 통하여 영적인 열매도 풍성히 맺을 수 있도록 도와주시옵소서. 수고의 열매 가운데 주님의 것은 정직히 떼어서 주님께 드릴 수 있게 하여 주시고, 범사에 하나님의 주권을 인정하는 믿음이 이 가게의 큰 자산이 되게 하여 주옵소서. 가게를 운영하다보면 어려움도 만나게 될 것입니다. 그 때마다 좌절하지 않고 주님께 더 가까이 나아가 부르짖을 수 있는 믿음이 되게 하여 주옵소서. 가게 때문에 주일을 범하는 일이 없게 하여 주시고, 주님의 날은 주님께 정직하게 돌릴 수 있도록 이끌어 주옵소서.
이제 시작하오니 우리 주님이 형통케 하실 것을 믿습니다. 큰 복으로 채워 주실 것을 믿습니다. 주님의 영광을 드러내게 하실 것을 믿습니다.
오늘 축복의 말씀을 준비하신 목사님을 기억하시고, 그 말씀이 이 사업을 하는 동안 이 가게를 운영하는 중심이 되게 하여 주옵소서. 좋은 것으로 채워주시는 예수 그리스도의 이름으로 기도합니다. 아멘

건축(집)

모든 위험에서 막아주소서

사랑하는 자녀에게 은혜를 더하시는 하나님 아버지! 사랑하는 000성도님이 집을 건축하게 되었습니다. 우리 주 하나님께서 이 가정을 축복하셔서 믿음의 집을 잘 건축하게 하시더니 육신의 장막도 건축할 수 있는 은총을 더하시니 얼마나 감사한지요.

주님! 이제 이집이 건축되면서 더욱더 하나님께 감사할 수 있는 000성도님이 되게 하시고, 000성도님에게 향하신 하나님의 사랑이 놀랍고 끝이 없음을 다시 한 번 경험하는 계기가 되게 하여 주옵소서. 집을 짓는 동안 공사를 맡은 시공자와 인부들에게도 함께하여 주셔서 내 집을 짓듯이 정성을 다할 수 있게 하여 주시고, 안전사고가 발생하지 않도록 모든 위험에서 막아주시옵소서.

"여호와께서 집을 세우지 아니하시면 세우는 자의 수고가 헛되다."(시 127:1)고 하였사오니 공사가 시작될 때나 마무리 될 때에 항상 기도로 시작하고 기도로 마무리하여 주님께 영광을 돌릴 수 있는 000성도님이 되게 하여 주옵소서. 날씨도 주관하여 주셔서 때를 따라 도우시는 주님의 손길도 느끼며 감사할 수 있게 하옵소서.

주님! 집을 짓는 일에 지나치게 마음을 빼앗김으로 주님이 맡겨주신 사명을 소홀히 하는 일이 없게 하여 주시고, 주님의 교회도 든든히 세워져야 함을 기억할 수 있게 하옵소서.
000성도님을 사랑하시는 예수 그리스도의 이름으로 기도합니다. 아멘

주님의 세미한 음성을 듣게 하소서

소망의 하나님 아버지! 저희의 힘이 되시는 분은 주님 밖에 안계시기에 주님을 의지합니다. 어려운 가운데서도 주님의 섭리하심을 바라보며 예배를 드릴 수 있게 하시니 감사합니다. 상한 마음을 위로하시고 상처 난 심령을 싸매 주시옵소서.

이 순간 세상 사람들은 실족하여 넘어졌을 것이오나, 하나님의 자녀이기에 마음을 추스렸습니다. 위기의 때에 주님을 바라보고 의지하는 심령을 놓치지 마시고 크신 긍휼을 베풀어 주옵소서.
잘 될 때 보다 안 될 때 더욱 가까이 계신 주님을 느낄 수 있게 하시고, 평안할 때 보다 어려울 때 주님의 세미한 음성을 들 을 수 있게 하여 주옵소서. 마음이 한없이 힘들겠지만 소망의 끈을 놓지 않게 하여 주시고, 실패를 통하여 하나님께서 깨달음을 주시는 것이 무엇인지 살필 줄 아는 분별력이 있게 하여 주옵소서.

주님! 욥과 같은 신앙이 필요한줄 압니다. "주신 자도 여호와시요 취하신 자도 여호와 시오니 여호와의 이름이 찬송을 받으실지니이다."(욥1:22)
찬송 할 수 있게 하시고, 실패의 뒤에 서 계신 주님을 바라보게 하여 주옵소서. 이런 때일수록 가족들이 사랑과 믿음으로 하나가 되는 것이 중요함을 깨닫습니다. 주님을 믿고 섬기는 자, 시련은 있을지라도 실패는 없음을 깨달아서 이 어려움의 때를 잘 이기고 나갈 수 있도록 새 힘을 더하여 주옵소서.

오늘 목사님이 들려주시는 말씀이 이 가정에 주시는 소망의 말씀이 되게 하시고, 회복과 치유의 말씀이 되게 하여 주시옵소서. 우리를 체휼하시는 예수 그리스도의 이름으로 기도합니다. 아멘

믿음위에 온전히 설 수 있게 하소서

선한 목자이신 우리 주님! 어떻게 해야 합니까? 사랑하는 000성도님이 평생을 몸 바쳐 일하던 일터를 잃어버렸습니다. 가정에 대한 책임감과 미래에 대한 염려가 그의 마음을 더욱 무겁게 하고 있습니다. 실족하여 넘어질 수밖에 없는 이 상황을 어떻게 해야 좋을지 우리 주님이 000성도님에게 놀라운 지혜로 함께 하여 주옵소서.

그 마음이 얼마나 괴롭겠습니까? 얼마나 고통스럽겠습니까? 상처 난 그 심령을 주님의 따뜻하신 손으로 어루만져 주시고, 이 힘든 상황을 잘 헤쳐 나갈 수 있도록 새 힘을 더하여 주옵소서.

선한 목자이신 우리 주님께서 갈길 몰라 두려움에 떠는 길 잃은 양을 불꽃 같은 눈동자로 살피실 것을 믿습니다. 능력의 막대기와 지팡이로 인도하실 것을 믿습니다. 영혼이 잘되고 범사가 잘되도록 축복하실 것을 믿습니다. 주님의 섭리하심을 조금도 의심치 않는 믿음을 주시고 주님의 이끄심을 확신하는 믿음 위에 온전히 설 수 있도록 붙들어 주옵소서.

주님! 000성도님의 인생에 닥친 이 위기의 상황을 주님을 보다 더 깊이 체험할 수 있는 수련의 계기로 삼게 하여 주시고, 듣지 못했던 주님의 음성을 들을 수 있는 기회로 삼을 수 있게 하여 주옵소서.

우리 주님은 의인이 걸식함을 용납지 않으시기에 반드시 더 좋은 일터를 주실 것을 믿습니다. 일할 수 있는 대로 힘써 일하여 수고의 열매를 먹을 수 있는 좋은 일터를 예비해 놓고 계신 줄 믿습니다.
생명을 얻되 넘치도록 얻으며 승리의 삶을 살게 하실 것을 믿습니다. 모든 것을 주님께 맡기오며 예수 그리스도의 이름으로 기도합니다. 아멘

아픔을 회복할 수 있게 하소서

긍휼이 풍성하신 하나님 아버지! 이 가정에 우리 주님도 원치 않는 헤어짐의 아픔이 주어졌습니다. 그동안 서로의 갈등을 풀어보기 위하여 수없이 노력해 보았지만 모든 것이 허사가 되어 버렸고, 가정이 금이 가는 아픔이 주어지고 말았습니다. 주님이 세우신 가정을 온전히 관리하지 못한 것은 분명히 주님 앞에 큰 죄를 지었음을 부인할 수 없나이다. 용서하여 주옵소서. 말할 수 없는 큰 죄를 지었을지라도 긍휼을 구하는 자를 외면치 아니하시고 품어주시는 주님이심을 믿습니다. 죄는 지었을지라도 상처받은 심령입니다. 긍휼히 여기셔서 너르신 품으로 품어주시고, 이 아픔을 회복할 수 있도록 은총을 더하여 주옵소서.

주님! 이 일로 말미암아 주님의 교회와 멀어지지 않게 하시고, 주님을 가까이 하는 생활에 틈이 벌어지지 않도록 도와주시옵소서. 아픔이 있을 때 더욱 기도할 수 있게 하시고, 배반하지 않는 주님을 더욱 의지할 수 있는 삶이 되게 하여 주옵소서. 성경을 읽음으로 마음의 평안을 찾게 하시고, 찬송을 부름으로 어두운 과거를 잊어버리게 하여 주옵소서. 앞으로 살아가야 할 길도 주님께서 이끌어 주셔서 온 세상 날 버려도 주님만은 버리시지 않음을 피부 깊숙이 느끼게 하옵소서.

주님! 아이들을 기억하시기를 원합니다. 부모에게 사랑받으며 맑고 티 없이 자라야 할 아이들인데 아이들 마음에 생채기가 나고 말았습니다. 어린 심령들을 불쌍히 여기시고 부모의 허물과 아픔이 자녀들에게 영향이 미치지 막아주시옵소서. 따가운 시선과 비난의 말이 있을지라도 눈멀게 하시고, 귀를 막게 하여 주옵소서.
우리 주님이 가장 연약한 상태에 있는 OOO성도님을 다시 일으켜 세워주시고, 주님을 꼭 붙드는 삶이 되게 하실 것을 믿습니다. 죄인들의 친구가 되시는 예수 그리스도의 이름으로 기도합니다. 아멘

치료의 광선을 발하여 주소서

자비하시고 전능하신 하나님 아버지! 우리 하나님은 저희의 형편과 처지를 아시고 저희의 기도를 들으시며, 축복하여 주시기를 기뻐하시는 아버지이신 줄 믿나이다.

지금 사랑하는 000성도의 병상에 둘러서서 000성도님의 건강을 위해 기도합니다. 전능하신 손을 펴서서 000성도님을 만져주시고 그 마음에 위로를 더하여 주옵소서. 고통에도 하나님의 뜻이 있음을 깨닫게 하셔서 모든 낙심 되는 것과 고독함과 슬픈 생각을 멀리하여 주옵소서.

하나님의 크신 사랑과 전능하신 능력을 믿게 하시며, 합력하여 선을 이루시는 주님을 의지함으로 소망과 용기를 갖게 하옵소서. 우리 주님은 주를 의뢰하는 자의 마음을 아시며, 또 육체를 아시나이다. 주님께서 손수 사람을 지으셨기에 사람의 병든 부분과 그 정황을 잘 아시며, 또 낫게 하실 권능도 소유하고 계시오니 치료의 광선을 발하여 주셔서 아픈 곳이 깨끗이 치료되는 은총을 더하여 주옵소서.

000성도님이 할 일이 많습니다. 병상을 오래 의지하는 일이 없게 하시고, 속히 병상에서 일어나 주님께 충성하고 주님의 몸 된 교회를 위하여 봉사할 수 있도록 인도하여 주옵소서. 믿음의 교우들도 000성도님을 위하여 기도하고 있사오니 그 기도가 헛되지 않도록 이끄실 것을 믿습니다. 이 병원에서 수고하고 있는 의사와 간호원 들에게도 복을 더하여 주셔서 기술로 병인을 대하는 것이 아니라 사랑으로 병인을 대할 수 있게 하시고, 사랑의 손길로 병인의 마음을 살피고 헤아릴 수 있는 손길들이 되게 하여 주옵소서.

오늘 목사님이 들려주시는 말씀에 큰 위로와 용기를 얻게 하시고, 말씀을 통하여 치료하시는 주님의 능력을 체험하게 하여 주옵소서. 예수 그리스도의 이름으로 기도합니다. 아멘

병상에서 일으켜주소서

사랑이 많으시고 거룩하신 하나님 아버지! 예수 그리스도 안에 있는 사람은 누구든지 영혼이 잘 됨 같이 범사가 잘 되고 강건하며 생명을 얻되 넘치도록 풍성히 얻는 삶을 살게 하여 주신다는 사실을 조금도 의심치 않나이다. 간구하옵기는 오래도록 병상에서 병마와 씨름하고 있는 000성도님을 긍휼히 여기셔서 치료와 회복의 은총을 더하여 주시기를 원합니다. 너무나 많은 세월을 병마에 시달리고 있습니다. 쉽게 치료되지 않는 질병을 놓고 주님을 얼마나 많이 찾았겠습니까? 주님의 이름을 얼마나 많이 불렀겠습니까? 그 연약한 육신으로 흘린 눈물이 얼마나 많았겠습니까? 병마에 시달려 초라해진 영혼을 불쌍히 여기시고 어서 속히 이 병상에서 일으켜 주시옵소서. 주님의 뜻이 어디에 있는지 무지한 저희는 알 수가 없사오나 믿음의 기도는 병든 자를 구원한다는 주님의 말씀을 붙들고 오늘도 기도합니다. 전과 같이 건강함을 되찾아 주님을 위하여 건강하게 쓰임 받다가 주님 품에 안길 수 있게 하여 주옵소서. 주님이 아시다시피 아직은 젊습니다. 주님을 위해서나 사회를 위해서 아직도 할 일이 많은 사람이고 얼마든지 주님을 높이는 삶을 살 수 있는 사람입니다. 때가 아닌 줄 아오니 이 병상에서 일으켜 주옵소서.

000성도님의 빈자리가 너무 커서 온 교우가 합심하여 기도하고 있습니다. 온 교우가 살아계신 하나님을 만날 수 있도록 은총을 더하여 주시고, 못하실 일이 전혀 없으신 주님의 권세를 인하여 생명 되신 주님을 찬양할 수 있도록 역사하여 주옵소서. 특별히 간호에 마음을 쏟고 있는 가족들을 기억하시고, 오랜 간호로 인하여 마음이 지쳐 있는 줄 아오나 끝까지 치료의 주님을 바라보게 하시고, 소망의 하나님을 붙들 수 있게 하여 주옵소서. 경제적으로도 매우 어렵습니다. 돕는 손길을 붙여 주셔서 이 고통의 때에 그 고통 속에 함께 참여하고 계신 주님의 사랑을 느낄 수 있게 하여 주옵소서. 만병의 의원이신 예수 그리스도의 이름으로 기도합니다. 아멘

의사의 손을 붙드소서

졸지도 아니하시고 주무시지도 아니하시는 하나님 아버지! 오늘 000성도님의 사랑하는 00군(양)이 잡혀진 수술일정에 따라 수술을 하게 되었습니다. 수술에 들어가기 전 먼저 수술의 전 과정을 주님께 맡기기 위하여 주님을 의뢰하며 기도합니다.

왠지 모를 불안이 밀려오는 이 현장을 놓치지 마시고 저희들의 마음을 평안의 길로 인도하여 주옵소서. 사랑하는 00군(양)의 수술의 전 과정을 주님께 맡깁니다. 한 생명을 천하보다도 귀하게 보시는 주님이시기에 주님이 불꽃같은 눈동자로 지키실 것을 믿습니다.

어려운 수술이 되지 않도록 모든 위험으로부터 막아주시고 긴 시간이 소요되지 않도록 주님께서 온전히 주장하여 주옵소서. 연약한 아이인지라 체력이 이 수술을 감당해낼 수 있을지 걱정도 되오나 우리 주님이 수술대에 오른 아이의 힘이 되어주시고 능력이 되어주실 것을 믿습니다. 아이에게 공포심도 잠재워 주시고, 그 어린 손을 꼭 붙들고 계신 주님의 사랑을 부모나 아이나 꼭 체험케 하여 주옵소서.

주님! 수술의 전 과정은 하나님이 지키시오나 사람의 손을 도구로 사용하시는 것이 아닙니까? 생명을 다루는 의사의 손길을 붙드셔서 가벼운 마음으로 수술에 임하지 않게 하시고, 생명을 살려야한다는 절박한 사명감을 가지고 수술에 임할 수 있게 하여 주옵소서.

또한 병의 뿌리를 잘 찾아내어 제거할 수 있게 하시고, 수술을 집도하는 또 다른 손이 함께하고 있음을 느낄 수 있게 하옵소서. 이번 수술이 잘 이루어져서 모든 가족들이 생명을 지키시는 주님을 더 크게 찬양할 수 있게 하시고, 더 큰 감사와 더 큰 감격의 마음으로 주님의 전을 향할 수 있게 하옵소서. 생명의 주인이신 예수 그리스도의 이름으로 기도합니다. 아멘

수술이 잘되게 하소서

사랑과 자비가 풍성하시며 환난 날에 피난처가 되시는 하나님 아버지! 주님께서 택하신 백성인 000성도님을 사랑하셔서 질병 가운데서 하나님을 다시 만나게 하시니 감사합니다.

건강할 때 만나던 하나님과 병상에서 만나는 하나님이 분명히 다름을 깨닫습니다. 질병 중에도 합력하여 선을 이루시는 주님의 손길을 의심치 아니하고, 고통에도 주님의 뜻이 있음을 기억하며 흔들림 없는 믿음으로 주님을 바라보고 있는 000성도님을 기억하시고 놀라운 은혜와 은총을 더하실 것을 믿습니다.

주님! 이제 수술을 앞두고 있사오니 주의 권능의 손으로 어루만져 주시옵소서. 특히 000성도님을 성령의 능력으로 붙들어 주셔서 주님을 의지하는 마음으로 투병할 때에 결코 나약해지는 일이 없게 하시고, 믿음으로 병마를 물리쳐 이길 힘을 더하여 주옵소서.

수술을 담당한 의사들과 간호사들에게 함께하셔서서 침착한 마음과 지혜를 주시고 그들의 손길을 인도하셔서서 무사히 성공적으로 수술을 마칠 수 있게 하여 주옵소서.

염려하며 기도하는 가족과 교우들에게도 주님의 위로와 평안을 허락하시며 피곤치 않도록 보호하여 주옵소서.
질병을 제거해 주시고 상처를 싸매어 주시며 영과 육을 붙잡아 주시는 예수 그리스도의 이름으로 기도합니다. 아멘

주님이 직접 수술을 집도하소서

천지만물과 인간의 영혼과 육신을 창조하신 하나님 아버지! 놀란 가슴이 아직도 진정되지 않습니다. 그러나 합력하여 선을 이루시는 주님의 섭리하심을 바라보며 받은 충격을 애써 지워봅니다. 주님의 선하신 손길을 멈추지 마옵소서. 주님의 큰 뜻을 알아갈 수 있도록 깨닫는 마음을 주옵소서. 감사할 수 있도록 도와주시옵소서.

이제 주께서 사랑하시는 000성도님이 갑작스런 사고로 말미암아 수술을 하게 되었습니다. 생명의 위협을 받지 않도록 지켜 주신 하나님께 감사와 영광을 돌립니다. 이제 수술에 들어 갈 터인데 생명을 지키신 하나님께서 수술의 과정도 지키실 것을 믿습니다. 수술을 집도하는 것은 의사이지만 그들의 손을 친히 주장하고 움직이는 것은 주님이심을 믿습니다.
수술이 성공리에 마칠 수 있도록 우리 주님께서 매 순간마다 간섭하여 주옵소서.
갑작스럽게 닥친 고통으로 인하여 가족들이 적잖은 충격을 받았사오니 놀란 가슴을 어루만져 주시고 평안의 복을 더하여 주옵소서. 슬픔이 변하여 기쁨이 되게 하시고, 충격이 변하여 소망이 되게 하여 주옵소서. 이 일로 인하여 언제나 간섭하시는 주님의 사랑을 느낄 수 있게 하여 주시고, 생명을 붙들고 계시는 주님의 은총을 경험할 수 있게 하옵소서.

수술을 한 후에 건강이 빠른 속도로 회복 될 수 있게 하시고, 수술의 후유증으로 어려움 당하지 않도록 도와주시옵소서. 재수술해야 하는 일이 없도록 막아주시고, 건강한 몸으로 다시 주님께 충성할 수 있도록 도와주시옵소서. 수술은 의사가 하지만 환부를 아물게 하시며 낫게 해주시는 분은 주님이신 줄 믿사오니 믿음대로 응답하여 주옵소서.
000성도님을 주님의 능력의 오른손에 의탁하오며 예수 그리스도의 이름으로 기도합니다. 아멘

질병(깊은 병)

조금 더 기회를 주소서

사랑과 긍휼이 풍성하신 하나님 아버지! 사랑하는 OOO성도님이 질병의 고통을 받고 있습니다. 모든 것이 약해질 수밖에 없는 OOO성도님을 기억하시고 주님의 긍휼을 거두지 마시옵소서.

그가 얼마나 하나님을 찾았겠습니까? 얼마나 주님의 이름을 간절히 불렀겠습니까? 매순간 매순간이 진지할 수밖에 없고 매순간 매순간이 정직할 수밖에 없을 것입니다. 상한 갈대를 꺾지 아니하시고 꺼져가는 심지를 끄지 아니하시는 우리 주님이심을 믿습니다. 심령이 가난한 마음을 주님께 의뢰하는 자를 외면치 아니하시는 우리 주님이심을 믿습니다.

이제는 병상을 의지해야 하는 초라한 삶으로 변해버린 그의 형편을 기억하시고 돌아보시옵소서. "믿음의 기도는 병든 자를 구원하리니 주께서 그를 일으키시리라."(약5:15) 말씀하였사오니 그 말씀이 지금 OOO성도님에게 그대로 이루어지는 역사가 있게 하여 주시옵소서.
아직도 그가 할 일이 많습니다. 주님의 섭리하심은 분간하기 어려우나 지금은 때가 아니라는 생각을 갖습니다. 조금 더 주님을 위하여 충성할 수 있는 기회를 주시고, 헌신할 수 있는 기회를 주시옵소서.

많은 병자를 일으키셨던 우리 주님, 죽은 자도 살리셨던 우리 주님, 주님이 죽음의 권세를 깨뜨리시고 부활하실 때 무덤 속에 잠자던 자들도 일으키셨던 우리 주님, 그 주님이 지금 여기에 오셔서 OOO성도님을 치료하여 주옵소서. 그 아픔을 어루만져 주시고, 다시 한 번 사망권세에서 일으키시는 주님의 기적을 체험하게 하여 주옵소서.
살아계신 주님, 주님의 치료의 강물에서 OOO성도님이 꼭 나음을 얻게 하실 것을 믿습니다. 예수 그리스도의 이름으로 기도합니다. 아멘

불치병(난치병)

반드시 낫게 하여 주소서

전능하신 하나님 아버지! 하나님의 하시는 일은 가장 놀랍고 지으신 모든 것을 사랑하시는 줄을 아옵고 감사드립니다.

주님, 질병으로 인하여 고통당하고 있는 000성도님을 위하여 기도합니다. 아픔과 괴로움 속에서 신음하고 있사오니 불쌍히 여겨주셔서 치료의 은혜를 베풀어 주옵소서. 이제껏 흔들리지 아니하고 믿음의 길을 잘 달려왔는데 질병 앞에 맥없이 쓰러져 신음하고 있나이다.

그러나 신음 중에도 주님의 이름만 부르고 있고, 고통 중에도 주님만 찾고 있사오니, 주님께로만 마음이 향하고 있는 000성도님을 병상에서 일으켜 주옵소서. 그동안 주님의 몸 된 교회를 위하여 얼마나 열심히 봉사했는지 모릅니다. 그 바쁜 일 가운데서도, 그 피곤함 가운데서도 주님을 위한 일이라면 기꺼이 몸을 깨뜨려 헌신하고자 했던 000성도님입니다. "나는 너희를 치료하는 여호와임이니라"(출15:26) 말씀하셨사오니 이제껏 주님을 위하여 살기를 힘써온 000성도를 고쳐 주옵소서.

전과 같이 건강함을 되찾아 주님의 일에 더욱 정진할 수 있도록 은총을 베풀어 주옵소서. 모든 주권이 주님께 속해 있사오니 치료와 복으로 함께하여 주옵소서. 하나님의 살아계심을 다시 한 번 체험하게 하시고, 주님만을 위하여 살아온 자의 말로가 초라하게 끝나지 않게 하여 주옵소서.

사랑이 많으신 우리 주님께서 000성도님을 반드시 일으켜 주실 것을 믿습니다. 다시 한 번 구원의 주님을 찬양하고 주님을 자랑할 수 있도록 인도하실 것을 믿습니다.

오늘 목사님이 들려주시는 말씀을 통하여 구원의 하나님을 만날 수 있게 하시고, 치료의 하나님을 만날 수 있게 하여 주옵소서. 만병의 의원이신 예수 그리스도의 이름으로 기도합니다. 아멘

주님의 뜻을 헤아릴 수 있게 하소서

오, 주님! 어찌된 일입니까? 이 무슨 청천벽력 같은 소식이란 말입니까? 어찌하여 이 같은 슬픔을 저희로 겪게 하시는 것입니까? 그날에 무슨 일이 일어날는지 모르는 것이 저희의 인생이라고 하지만 모든 위험에서 지키시고 보호하시는 하나님이 아니십니까? 왜 이런 준비 없는 죽음을 맞게 하셨나이까? 놀란 저희들의 가슴은 너무나 당혹스럽고 기가 막혀 슬픔도 잊어버렸나이다.

주님! 이 엄청난 아픔의 현장을 어떻게 수습해야만 하는 것입니까? 절망에 몸부림치는 유족들에게 어떤 말씀을 들려주어야 위로를 얻을 수 있겠습니까? 이 종도 어안이 벙벙하오니 깨닫는 지혜를 주시고 가르쳐 주시옵소서. 일순간에 사랑하는 사람을 잃어버린 가족들을 기억하시옵소서.

주님을 원망할까 두렵사오니 그 마음에 주님의 뜻을 분별할 수 있는 지혜를 주시옵소서. 어렵고 힘든 가운데서도 그토록 믿음으로 살려고 힘썼던 OOO성도님이기에 가슴으로 파고드는 슬픔은 이루 말할 수 없나이다. 슬픔을 당한 가족들과 저희들에게, 상한 감정을 다스릴 수 있는 지혜를 주셔서 이 고통의 현장을 주님의 위로하심이 넘쳐나는 현장으로 바꿀 수 있게 하여 주옵소서.

지금은 슬픔 앞에 주님의 선하신 뜻이 무엇인지 헤아리기가 어렵지만 마음의 안정을 찾게 하여 주셔서 깨닫게 하실 것을 믿습니다. 앞으로의 장례절차에도 우리 주님이 개입하셔서 고통가운데서도 하나님께 영광 돌리는 것을 잊지 않도록 도와주시옵소서. 이 고통의 현장에 우리 주님도 참예하고 계심을 믿습니다. 주님의 위로하심을 갈망하며 예수 그리스도의 이름으로 기도합니다. 아멘

용기를 주시고 새 힘을 주소서

위로의 하나님 아버지! 슬픈 마음을 주님께 내어놓습니다. 000성도님의 사랑하는 아이가 주님 품으로 간 것은 확신하지만, 너무나 빨리 데려가신 것 같아 인간적인 야속한 마음을 지울 길 없습니다. 저희들도 말할 수 없이 안타까운데 한 아이를 잃은 000성도님의 마음은 어떠하겠습니까? 사람의 생명은 주님께 속한 것이기에 주님이 하시는 일을 항거할 수 없음을 깨닫습니다.

그러하기에, 준비 없이 아이의 죽음을 맞은 000성도님이기에 너무나 고통스러울 것입니다. 괴로운 마음을 어찌할 방법이 없어 가슴을 쥐어뜯는 그 고통을 우리 주님은 아시지요. 어찌할 수 없이 자식을 가슴에 묻어버린 부모의 심정을 그 누가 헤아릴 수 있겠습니까? 000성도님의 가슴속으로 흐르고 있는 한 많은 눈물을 누가 알 수 있겠습니까?

주님! 빛이신 주님이 000성도님의 마음을 살피시고 괴로움에 떨고 있는 그 마음에 평안을 주시옵소서. 주님이 그 어느 때보다 확실한 음성을 들려주셔야만 할 줄로 믿습니다. 용기를 주시고 새 힘을 주셔야만 할 줄로 믿습니다. 이 절망과 어두움의 자리에서 일어설 수 있도록 도와주시옵소서. 주님의 뜻을 알아갈 수 있도록 도와주시옵소서. 욥도 많은 시련을 당했으나 믿음으로 잘 극복함으로 보다 큰 축복을 받은 것을 기억합니다. 말로 다 형언할 수 없는 이 슬픈 사건이 주님의 새로운 은총을 받을 수 있는 계기가 되게 하여 주옵소서.

언젠가는 이 이 가정에게 향하신 주님의 깊으신 뜻을 깨닫게 하실 것을 믿습니다. 주님 품에 안긴 아이를 잘 품어 주시고, 보석으로 수놓인 천국 길을 걷게 하실 것을 믿습니다. 예수 그리스도의 이름으로 기도합니다. 아멘

상한 마음을 싸매어 주소서

선택하신 백성을 위하여 좋은 것을 예비하신 하나님 아버지! 저희는 살아도 주님의 것이요 죽어도 주님의 것임을 믿습니다. 사랑하는 부모를 잃은 000성도님의 가정을 기억하시옵소서.

부모님의 장례를 치루면서 그 마음이 얼마나 슬펐겠습니까?
무엇보다도 부모님의 살아생전에 자식으로서 그 효를 다하지 못한 것이 마음에 큰 아픔으로 자리 잡고 있을 것입니다. 긍휼이 풍성하신 우리 주님께서 000성도님과 그 가족들의 마음을 기억하셔서 죄스런 마음을 풀어주시고 상한 마음을 싸매시옵소서.

부모님의 별세는 믿음으로 살다가 주님 품에 안기셨기에 결코 헛된 죽음이 아님을 깨닫습니다. 주님의 영원한 안식이 주어지는 죽음이요, 보상과 상급이 기다리고 있는 죽음임을 믿습니다.
지금 고인이 된 부모님은 이 땅에 계실 때에 끝까지 주님의 몸 된 교회를 위하여 충성을 다하셨기에 그에 따른 상급과 면류관을 받으신 줄 믿습니다. 이제 이 땅에 남아있는 있는 000성도님과 유족들에게, 고인이 된 부모님의 아름다운 신앙을 본받아 부모님이 이루어 놓으신 믿음의 사업을 잘 계승할 수 있게 하여 주시고, 훗날에 천국에서 다시 뵙게 될 때에 진정한 효자의 모습으로 마주할 수 있게 하여 주옵소서.

현재의 이별의 아픔은 하늘나라에서 새로운 관계를 지속하기 위한 아픔임을 깨닫습니다. 이 가정에 소망 가운데서 장래를 기약하는 믿음을 더욱 굳게 세워주옵소서.
저희의 영원한 생명이 되시며 영원한 안식처가 되시는 예수 그리스도의 이름으로 기도합니다. 아멘

넓으신 품으로 안아주소서

위로의 주님! 남편을 먼저 주님 곁으로 보낸 000성도님을 위하여 기도합니다. 그 마음의 슬픔과 아픔을 기억하시고 너르신 품으로 품어주시기를 원합니다.

아무리 신앙이 깊고 믿음이 견고하다 할지라도 남편과 함께해 온 세월이 있기에 쉽게 극복하기가 어려울 것입니다. 새롭게 하시는 우리 주님이 000성도님과 함께하시기에, 이 아픔의 현장이 변하여 회복의 현장이 되게 하실 것을 믿습니다.

당장은 견디기 어렵지만 주님을 의뢰하고 의지함으로 잘 이길 수 있게 하여 주시고, 믿음의 길을 잘 달려갈 수 있도록 이끌어 주옵소서. 때로는 남편의 빈자리가 크게 느껴질 때가 있을 것입니다. 먼저 간 남편이 죽도록 보고 싶을 때도 있을 것입니다. 그때마다 000성도님의 마음에 서러움이 가득차지 않도록 신랑 되신 우리 주님께서 함께하여 주시고 너르신 품으로 꼭 껴안아 주시옵소서.

자녀들을 기억하시고 아버지의 빈자리를 잘 감당할 수 있도록 도와주시고 그 믿음을 잘 계승할 수 있도록 이끌어 주옵소서.

홀로 신앙생활하는 것이 조금은 힘들고 고통스러울지라도 믿음의 길을 잘 달려가노라면 훗날에 예비하신 본향에서 다시 기쁨으로 재회하게 될 것을 믿습니다. 그 날을 바라보며 남편의 믿음의 흔적이 남아있는 주님의 몸 된 교회를 잘 받들어 섬길 수 있게 하시고, 남편이 지폈던 기도의 불을 꺼뜨리지 않는 000성도님이 되게 하여 주옵소서.

이 땅에서 인간이 느낄 수 있는 슬픔 중에 가장 큰 슬픔을 느끼고 있는 이 가정에 진정한 위로자로 다가오시는 예수 그리스도의 이름으로 기도합니다. 아멘

사별(부인)

믿음 위에 굳게 서게 하소서

깊은 수렁에서 건지시고 크신 팔을 펴 사 지키시는 하나님 아버지! 사랑하는 부인을 먼저 하늘나라로 보낸 000성도님의 아픔을 기억하시옵소서. 그의 눈물이 묻어있는 고백 속에서 부인을 향한 사랑이 얼마나 애틋하고 컸었는지를 만나보게 됩니다.

이제껏 함께 고생만하다 겨우 한숨 돌리는 형편이 됐는가 싶더니 뜻하지 않은 이별이 찾아왔기에 000성도님이 느끼는 슬픔은 더욱 가슴을 파고드는 줄 압니다. 남편으로서 잘해주지 못한 감정과, 좋은 곳에 제대로 데려가 보지도 못했던 안타까움이 얼마나 가슴속으로 파고들겠습니까? 그러나 먼저 간 고(故) 000성도는 결코 후회 없고 부끄럼 없는 삶을 살다가 주님 곁에 안기신 줄 믿습니다.

부족한 종이 보고 느끼기에도 오직 가정 밖에 몰랐고 오직 교회밖에 몰랐던 고(故) 000성도였습니다. 그러하기에 우리 주님이 넘치는 위로와 상급으로 함께하시고 천사도 부러워 할 영광의 옷으로 입혀주신 것을 확신합니다. 부인을 보낼 때 베옷 한 벌 입혀서 보냈다고 자책하지 말게 하여 주시고, 믿음위에 굳게 설 수 있도록 도와주시옵소서. 아내의 빈자리가 매우 클 것입니다. 그때마다 우리 주님이 친한 벗이 되어주시고, 그의 신음까지도 헤아려 주옵소서.

어머니를 잃은 자녀들을 기억하시고, 어머니의 빈자리를 잘 감당할 수 있는 믿음의 자녀들이 되게 하여 주옵소서. 어머니가 남기고 간 신앙을 잘 계승할 수 있게 하여 주시고, 홀로된 아버지를 잘 봉양할 수 있는 자녀들이 되게 하여 주옵소서.
이 가정에 소망의 빛을 더욱 강하게 비춰주실 것을 믿습니다. 산 자와 죽은 자의 구원이 되시는 예수 그리스도의 이름으로 기도합니다. 아멘

헌신

제 몸을 드립니다.

제 몸으로 주께 영광을 돌리게 하시고

오 하나님, 몸을 거룩하게,

당신이 거하시기에 합당하게 잘 지키게 하소서.

육신에 탐닉하게도 마시고

주께서 부르신 소명을 다 이루기에

적합할 만큼만

건강하고 활력 있고 민첩하게

잘 관리하게 하소서.

제 모든 소유를 드립니다.

당신만을 위해

그것을 소유하고 사용하게 하소서.

주께서 제게 맡기신 모든 것 중에서

제 삶에 필요한 만큼만 사용하게 하시고

나머지는 당신이 원하시면 언제든지

기꺼이 돌려드리게 하소서.

- 존 웨슬리(John Wesley) 1703-1791

제5부

헌신예배

대표기도문

넘치는 봉사와 헌신으로

송영(Recitation)

네가 죽도록 충성하라 그리하면 내가 생명의 면류관을 네게 주리라(계 2:10)

온 누리에 자비를 주셔서 새로움으로 거듭나게 해주신 하나님 아버지!

새해 첫 주일, 온전하게 주일성수를 할 수 있게 하시니 감사드립니다. 올 한해도 핑계를 앞세워 주일을 범하는 일이 없게 하시고, 주님을 사랑하는 모습이 예배를 사랑하고 교회를 가까이 하는 모습으로 나타날 수 있게 하옵소서.

예배를 더욱 사랑하고 하나님을 가까이 함으로 언제나 주님의 은총 속에 사는 것을 더 없는 기쁨과 행복으로 삼을 수 있게 하옵소서.

은혜로우신 하나님 아버지!

이 시간은 특별히 제직헌신예배로 주님께 영광 돌립니다. 무가치하고 무자격한 저희들이, 주님의 몸 된 교회를 위하여 영광된 직분을 받았사오니 얼마나 감사한지요.

이 시간, 마지못해 때우기 식으로 드리는 헌신예배가 되지 말게 하시고, 마음과 영혼을 쏟아드릴 수 있는 헌신예배가 되게 하옵소서.

또한, 받은 직분에 대하여 불만이나, 부담이 없기를 원합니다. 주님의 몸 된 교회를 든든히 세울 수 있도록 맡겨주신 것이오니, 감사와 기쁨으로 잘 감당할 수 있게 하시고, 넘치는 봉사와 헌신이 주님을 향하게 하옵소서.

자신을 드리면 드릴수록, 자신을 깨뜨리면 깨뜨릴수록, 샘솟는 기쁨이 심령 가득히 흘러넘치게 하시고, 주님을 위하여 닳아서 없어지는 삶이, 인생 최고의 만족과 축복이 되게 하옵소서.

이 시간, 단위에 세우신 강사목사님을 기억하옵소서. 피곤치 않도록 주님의 권능의 오른손으로 붙들어 주시고, 전하시는 말씀에 '아멘'만이 있게 하옵소서. 섬기시는 교회에도 주님의 귀한 은혜의 역사가 항상 있기를 원합니다.

본 교회를 담임하고 계신 목사님께도 언제나 놀라운 능력으로 함께하셔서, 주님의 양 무리들을 이끌기에 조금도 부족함 없게 하옵소서.

이 시간, 헌신 예배를 위하여 준비한 모든 손길 들 위에 함께하시고, 순서를 맡은 자들을 주님의 권능의 손으로 붙들어 주옵소서.
예배의 시종을 주님께 의탁하오며, 섬김의 본을 보이신 예수 그리스도의 이름으로 기도합니다. 아멘

발길이 닿는 곳마다

송영(Recitation)

오직 성령이 너희에게 임하시면 너희가 권능을 받고 예루살렘과 온 유대와 사마리아와 땅 끝까지 이르러 내 증인이 되리라 하시니라(행 1:8)

땅 끝까지 이르러 내 증인이 되라고 명령하신 주님!
이 시간, 선교헌신예배를 통하여 주님이 저희들에게 분부하신 명령을 다시 한 번 묵상하며 예배드릴 수 있게 하시니 감사합니다.

황무지 같은 이 땅 위에 복음의 씨앗을 뿌려 주시고 교회를 세우셔서 구원의 역사를 이루어 가시는 주님!

이제 한국 교회가 전 세계에 복음을 전하는 국가로 열매 맺게 하시니 얼마나 감사한지요. 그러나 지나온 날을 반성해 볼 때, 저희들은 자기 믿음도 굳게 세우지 못하여 전전긍긍하였으며, 믿지 않는 영혼들을 주님 앞으로 인도하지 못한 죄 또한 크오니, 넓으신 주님의 사랑으로 용서하여 주옵소서.

이제는 흐트러진 믿음을 바로 세우고, 담대히 주님의 말씀을 들고 세상을 향해 달려 나갈 수 있는 뜨거움을 갖게 하옵소서.

주님!

이 시간에도 주님의 사역을 감당하기 위해 세계 곳곳에 흩어져서 기후도, 민족도, 언어도, 문화도 다른 사람들 사이에서, 맡은바 직무에 충성을 다하고 있는 선교사들을 기억하옵소서.

영육 간에 강건함을 주셔서 영적전쟁에서 승리하며, 영혼구원에 집중된 선교전략을 잘 수행해 나갈 수 있도록 인도하시옵소서.
또한 복음의 씨앗이 뿌려진 곳마다 놀라운 영적 부흥이 일어나게 하시고, 자생력 있는 교회가 세워질 수 있도록 도와주시옵소서.

오늘 저희들이 일일이 선교현장에 동참하지 못할지라도 눈물의 기도와 물질로 그분들과 동역하게 하시며, 주님의 나라가 이 땅에 이루어지기까지, 이 같은 관심과 열정이 식어지지 않게 하옵소서.

오늘도 선교를 주제로 말씀을 선포하시는 목사님을 성령의 능력으로 붙드시고, 저희들이 주님의 말씀 안에 새롭게 다짐하는 시간이 되게 하옵소서.

예배를 주관하는 선교위원회와 수종드는 모든 손길들에게도 성령님이 함께하실 것을 믿습니다. 예배의 시종을 주님께 의탁하오며, 선교의 주관자가 되시는 예수 그리스도의 이름으로 기도합니다. 아멘

남전도(선교)회 헌신예배

충성된 청지기

송영(Recitation)

오직 여호와를 앙망하는 자는 새 힘을 얻으리니 독수리가 날개 치며 올라감 같을 것이요 달음박질하여도 곤비하지 아니하겠고 걸어가도 피곤하지 아니하리로다 (사 40:31)

은혜로우신 하나님 아버지!
언제나 저희와 함께하신 하나님의 은혜를 감사드립니다.
저희는 약하나 하나님이 강하게 하여 주셨고, 저희는 미련하되 성령님이 지혜롭게 해주셨으며, 저희는 길 잃은 양 같았으나 길 되신 주님이 여기까지 인도해주셨음을 감사드립니다.

보이는 것과, 물질적인 것에만 신경을 곤두세우고 살아온 저희들입니다. 이 시간, 영원을 보는 눈과 하늘을 사모하는 마음을 주시며, 딱딱해진 마음을 양털같이 부드럽게, 솜같이 유연하게 하여 주옵소서.

사랑의 주님!
오늘은 특별히 남전도(선교)회 헌신예배를 드리게 하심을 감사드립니다. 직장과 일터에서 그리스도를 증거하고 빛을 발하는 회원들이 되게 하옵소서.

또한, 교회를 위해서도 충성된 청지기의 삶을 살 수 있도록 하시고, 교우를 섬기는 회원들이 되게 하옵소서.

가정에서도 가장으로서 화평과 평안이 넘치는 가정으로 이끌기에 부족함이 없게 하시고, 존경받는 남편, 존경받는 아버지가 될 수 있도록 힘쓰게 하옵소서.

모든 맡은 바 본분을 잘 감당케 하시고, 부흥하고 발전하는 남전도회가 될 수 있도록 이끌어 주옵소서.

남전도회뿐만 아니라, 이 교회에 모인 모든 주의 백성들도 한 마음, 한 뜻으로 주님의 뜻을 높이는 삶을 사는 데 부족함 없게 하시고, 주님의 지상명령을 받들어 전도에 힘쓰고, 모이기에 힘쓰며, 기도와 봉사에 힘쓰는 주의 백성들이 되게 하옵소서.

오늘 헌신예배에 귀한 말씀을 증거 하시기 위하여 오신 목사님을 주님의 강하신 오른 팔로 붙드실 것을 믿습니다.

능력의 말씀, 권세 있는 말씀을 선포하실 수 있게 하옵소서. 그리고 이 자리에 참석한 저희 모두가 주의 말씀으로 새롭게 되는 축복 된 시간이 되게 하옵소서.

사회자를 비롯하여 모든 예배위원들에게 성령의 크신 능력으로 함께하실 것을 믿사오며, 저희들을 일꾼 삼으신 예수 그리스도의 이름으로 기도합니다. 아멘

성경의 여인들처럼

송영(Recitation)

너희는 강하고 담대하라 두려워하지 말라 그들 앞에서 떨지 말라 이는 네 하나님 여호와 그가 너와 함께 가시며 결코 너를 떠나지 아니하시며 버리지 아니하실 것임이라(신 31:6)

거룩하신 하나님!

택하여 구원을 받게 하시고 영생의 축복을 누리며, 거룩한 주님의 자녀로 살게 하심을 감사드립니다.

이 시간, 저희들이 거룩한 성전에 모여 신령과 진정으로 예배드리고자 하오니, 주님의 의가 충만히 나타나는 시간이 되게 하옵소서.

특별히 이 시간 저희교회 여전도(선교)회 회원들이 주님 앞에 마음과 정성을 한데 모아 헌신 예배로 드립니다.

주님의 섬김을 본받아 다른 사람을 섬기며, 사랑으로 감싸주는 믿음의 여인들이 되게 하시고, 민족을 구원한 에스더와 같은 믿음을, 가문을 구한 아비가일과 같은 신앙을, 요시야 왕을 도와 부패한 종교를 개혁한 훌다와 같은 강한 의지를 저희교회 여전도(선교)회 회원들에게도 허락하여 주옵소서.

선한 사업을 위하여 계획한 모든 일들이 잘 추진될 수 있도록 회장님을 중심으로 하나가 되게 하시며, 무엇보다도 믿음으로 실행해 나갈 수 있는 힘을 주시옵소서.

가정에서도 충성되며, 성실한 여성이 되게 하셔서, 남편으로부터 사랑받는 아내가 되고, 자녀들에게는 존경받는 인자한 어머니가 되며, 이웃들에게도 본받을 만한 여성이라고 소문나는 여전도(선교)회 회원들이 되게 하옵소서.

주님!
믿지 않는 식구들 때문에 마음 아파하는 회원들도 있습니다. 낙심하거나 좌절하거나 포기하지 않도록 붙들어 주시고, 끝까지 기도함으로 믿지 않는 가족을 주님 앞으로 인도하는 구원의 열매를 맺게 하옵소서.

말씀을 전하시는 목사님을 기억하셔서 능력 있게 전하실 수 있도록 성령의 권능으로 함께하여 주옵소서.
헌신을 다짐하는 여전도(선교)회 및 모든 성도들에게 생명의 말씀이 되게 하실 것을 믿습니다. 사회를 보는 회장님과 모든 임, 역원들에게도 함께하셔서 언제나 성령 충만함으로 이끄시옵소서.

예배의 시종을 주님께 의탁하오며, 한 여자의 헌신을 칭찬해주신 예수 그리스도의 이름으로 기도합니다. 아멘

열과 성의를 다하여

송영(Recitation)

또 비유로 말씀하시되 천국은 마치 가루 서 말 속에 갖다 넣어 전부 부풀게 한 누룩과 같으니라(마 13:33)

능력의 주님!

약하고 부족한 저희들을 부르셔서 세상의 어떤 강한 것, 지혜 있는 것보다 더욱 복되게 하신 은혜에 감사와 영광을 돌립니다.

이 시간 진정 사모하는 마음으로 주님의 이름을 높이 부릅니다. 주님께서 피로 값 주고 사신 권속들이 한 자리에 모여 예배하오니 계신 곳 하늘에서 홀로 영광을 받으시옵소서.

은혜의 주님!

이 시간에 특별히 구역(속회,셀)헌신예배로 드릴 수 있도록 은혜 베풀어 주심을 감사드립니다.

저희를 구원하여 주시고 천국 백성으로 삼으신 것도 감격할 일이온데, 교회의 혈관과 같은 구역(속회,셀)을 돌볼 수 있는 사명을 주시니 그 크신 은혜에 저희들은 말문이 막힐 뿐이옵니다.

주님!

저희들에게 보배롭고 귀한 직분을 맡겨 주셨사오니 죽도록 충성할 수 있게 하옵소서.

혹 저희들의 부족함과 연약함 때문에 상처받는 구역(속회,셀)식구들이 발생하지 않도록 섬기고 또 섬길 수 있게 하시고, 저희들에게 맡겨주신 구역(속회,셀)원들을 위하여 항상 기도하며 열과 성의를 다하여 잘 보살필 수 있게 하옵소서.

언제나 십자가의 정신을 잃지 않는 구역(속)장들이 되게 하시고, 혹 어려움과 문제 있는 구역(속회,셀)원들이 있을 때, 주님의 말씀으로 위로하게 하시며, 멍에를 메는 마음으로 아픔을 같이 할 수 있게 하옵소서.

또한 구역(속회)를 든든히 세우는데 혼신의 힘을 쏟는 구역(속)장들이 되어서, 가정마다 가정 천국이 이루어지는 축복이 있게 하시며, 구역(속회, 셀)을 통하여 교회가 부흥하고 성장하는데 앞장서는 구역(속회,셀)이 되게 하옵소서.

이 시간, 생명의 말씀을 전하실 강사목사님을 성령의 능력으로 함께하셔서 말씀을 듣는 저희 모두가 다시 한 번 헌신을 다짐하는 시간이 되게 하옵소서.

오늘 예배의 순서를 맡은 저희들에게도 함께하셔서 헌신이 묻어 있는 예배를 주관할 수 있게 하옵소서.

예배의 시종을 주님께 의탁하오며, 두 세 사람이 모인 곳에도 함께하시는 예수 그리스도의 이름으로 기도합니다. 아멘

늘 엎드림으로

송영(Recitation)

그가 혹은 사도로, 혹은 선지자로, 혹은 복음 전하는 자로, 혹은 목사와 교사로 주셨으니 이는 성도를 온전케 하며 봉사의 일을 하게하며 그리스도의 몸을 세우려 하심이라(엡 4:11~12)

사랑의 하나님!

저희들을 수많은 사람들 가운데서 구별하여 불러주시고 귀한 직분을 맡겨주셔서 어린 생명들을 주님의 귀한 말씀으로 양육할 수 있도록 은총을 허락하여 주시니 얼마나 감사한지요.

주님의 크신 사랑에 더욱 감격할 뿐이옵니다. 오늘은 특별히 교사들이 한자리에 모여 헌신예배로 주님께 영광을 돌립니다. 주님 홀로 찬송과 영광을 받으시옵소서.

긍휼이 풍성하신 주님!

먼저, 교사의 직분을 충실히 감당하지 못했음을 고백합니다. 아이들에게 교사로서의 본을 보이지 못한 저희들이 이렇게 아무렇지도 않은 듯 헌신예배를 드린다고 생각하니 너무나 부끄러워 얼굴을 들지 못하겠습니다. 무익한 교사였음을 다시 한 번 깨닫고 회개하오니 용서하여 주옵소서.

자비로우신 하나님 아버지!

어린 영혼들을 위하여 늘 엎드릴 수 있는 교사들이 되기를 원합니다. 교사자신의 영성이 뒷받침되지 않으면 아이들을 잘못 지도할 수 있다는 것을 기억하여, 언제나 주님을 의뢰할 수 있는 교사들이 되게 하여 주옵소서.

아이들을 주의 말씀으로 지도하는 것인 만큼, 말씀을 늘 가까이 할 수 있는 교사들이 되게 하시고, 단지 성경지식을 전수하는 교사이기보다 주님의 사랑을 느낄 수 있도록 지도할 수 있는 교사들이 되게 하여 주옵소서.

또한 이 자리에 함께 머리 숙인 모든 성도들도 영적인 교육의 중요성을 깨달아 온 성도들이 혼연일치가 되어서 자녀들의 신앙교육에 최선을 다할 수 있게 하옵소서.

오늘도 말씀을 들고 단위에 서시는 강사목사님을 기억하옵소서. 성령의 능력으로 붙드셔서 선포하시는 말씀을 통하여 모든 교사들이 영적으로 큰 깨달음을 얻으며, 사명에 충실한 교사로 결단하는 시간이 되게 하옵소서.

예배의 순서를 맡은 분들에게도 성령님께서 붙드실 것을 믿사오며, 예수 그리스도의 이름으로 기도합니다. 아멘

성가대(찬양대)헌신예배

향기로운 제물과 같이

송영(Recitation)

할렐루야 우리 하나님께 찬양함이 선함이여 찬송함이 아름답고 마땅하도다(시 147:1)

찬양과 영광을 받으시기에 합당하신 주님!
주님께 감사와 찬송과 경배를 드립니다. 미천한 저희를 불러주셔서 주님의 자녀로 삼아주시고, 예전에 세상과 마귀를 찬양하던 입술을 정케 하셔서 주님을 찬송하는 새 노래, 구원의 노래를 부르게 하여주신 은혜를 감사합니다.

주님을 찬양할 수 있는 귀한 은총을 내려주신 것도, 말로 다 형언할 수 없을 만치 감격적인 일이온데, 특별히 저희들에게 귀한 달란트를 주셔서, 성가대원으로 봉사할 수 있도록 이끌어주시니, 주님의 크신 사랑에 저희들은 말문이 막힐 뿐이옵니다.

주님!
이 시간에 저희들이, 천사도 흠모하는 성가대원으로 세워주신 것이 너무나 감사하여, 헌신을 결단하는 마음으로 예배를 드립니다.
모든 찬양대원들이 뜻을 같이하여, 주님께 헌신과 충성을 다짐하는 헌신예배를 받아주옵소서.

이 시간, 헌신예배를 드리면서 주님께서 저희에게 찬양할 수 있는 귀한 사명을 맡기신 것을 더욱 감사하게 하시고, 찬양의 도구로 쓰임 받는 것을 기뻐하며, 맡겨주신 달란트대로 힘써서 봉사할 수 있는 저희 모두가 되게 하옵소서.

구원의 노래가 되시는 하나님 아버지!

저희가 매주 준비하여 주님께 올리는 찬양이 단지 입술의 찬양이 되지 않기를 원합니다.

구속받은 은총의 감격이 묻어 있게 하시고, 항상 향기로운 제물과 같은 찬양이 주님께 드려질 수 있게 하옵소서. 연습을 가볍게 여기는 교만함이 없게 하시고, 가식적인 찬양이 되지 않기 위하여, 항상 훈련을 소중히 여길 줄 아는 대원들이 되게 하옵소서.

주님!

이 시간 말씀을 들고 단위에 서시는 강사 목사님을 기억하옵소서. 성령의 능력으로 붙들어 주셔서 온 성도의 심령에 천국의 은혜가 가득 채워지는 시간이 되게 하옵소서.

예배의 순서를 맡은 임원들에게도 함께하셔서 실수하지 않도록 도우실 것을 믿습니다. 예배의 시종을 주님께 의탁하오며, 세세토록 찬송과 영광을 받으실 예수 그리스도의 이름으로 기도합니다. 아멘

독수리 날개 짓 함같이

송영(Recitation)

청년이 무엇으로 그의 행실을 깨끗하게 하리이까 주의 말씀만 지킬 따름이니이다
(시 119:9)

주님을 앙망하고 의지하는 자에게 새 힘을 주시는 능력의 하나님
아버지!
저희 모두가 주님의 이끌림을 받아 주님의 전에서 찬양하며 예배
드릴 수 있게 하심을 감사드립니다.

주님!
특별히 이 시간에는 청년회(대학부) 헌신예배로 주님께 영광을 돌
립니다. 자신의 주장과 패기만을 앞세우며 살기 쉬운 청년의 때에,
주님을 경외하고 주님의 일꾼으로 쓰임 받는 삶을 살게 하시니 얼
마나 감사한 일이옵니까?
이 아름다운 주의 청년의 모습이 변하지 않도록 언제나 주의 성령
께서 이끌어 주옵소서.

주님!
오늘 이 교회를 통하여 불러주신 주의 청년들이, 주님의 교회를 든

든히 세우는데 한결같이 귀중한 일꾼으로 쓰임받기를 원합니다.
청년들이 곳곳에서 주님께 헌신을 드리고 있사오니, 그들의 충성을
통하여 주님의 몸 된 교회가 더욱 더 힘 있는 교회가 되게 하시며,
독수리 날개 짓 함같이 강한 믿음으로 비상하는 교회가 되게 하옵
소서.

주님!
요즘 청년실업이 사회적인 문제로 각인되고 있습니다. 노동의 축복
이야말로 주님이 주신 가장 신성한 축복임을 믿습니다.
젊은 청년들이 이 축복을 누릴 수 있도록 취업의 길을 열어주시고,
조국과 사회를 위해서도 젊음을 바칠 수 있는 일꾼들이 되도록 도
와주시옵소서.

오늘 이 시간, 주님께 헌신의 삶을 살고자 또 한 번 다짐하며, 마음
을 깨뜨리는 청년들의 예배를 향기로운 제물로 받아주시고, 청년들
모두가 주님의 역사를 만드는 도구들이 되게 하옵소서.

특별히 청년들에게 생명의 말씀을 증거 하시기 위하여 단위에 세
우신 강사 목사님을 기억하옵소서.
이 자리에 참석한 모든 청년들이 다시 한 번 꿈과 비전을 세울 수 있
는 능력의 말씀이 되게 하옵소서. 예배의 순서를 맡은 자들에게도
성령의 능력으로 함께하실 것을 믿사옵고, 예수 그리스도의 이름으
로 기도합니다. 아멘

다윗과 사무엘처럼

송영(Recitation)

우리가 마음에 뿌림을 받아 악한 양심으로부터 벗어나고 몸은 맑은 물로 씻음을 받았으니 참 마음과 온전한 믿음으로 하나님께 나아가자(히 10:22)

거룩하신 하나님 아버지!

이 복된 주일에 속된 것에 마음을 빼앗기지 아니하고 주님의 전을 향할 수 있게 하시니 얼마나 감사한지요. 항상 하나님을 경외하며 예배하는 삶이 변하지 않게 하옵소서.

사랑의 주님!

특별히 이 시간에 이 교회에 속한 학생들이 헌신예배를 드릴 수 있게 하심을 감사드립니다. 어린 학생들이지만 마음을 다하여 주님께 드리려고 하는 헌신예배를 기쁘게 받아주옵소서.

은혜의 주님!

어린 학생들에게 복주시기를 원합니다. 어릴 때부터 주님을 섬기고, 주님의 말씀을 가까이하며, 주님을 본받아 살기를 원하는 학생들의 마음을 기억하셔서, 언제나 주님의 은혜를 체험하고 만나는 삶이 되게 하옵소서.

또한 다윗처럼 주님만을 섬기고, 주님만을 의지하며, 주님만을 따라가는 복된 삶이 되게 하시고, 사무엘과 같이 주님의 음성을 들을 수 있는 영성을 갖춘 학생들이 되게 하옵소서.

인격 또한 주님의 성품을 닮아갈 수 있기를 원합니다. 주님이 쓰시기에 합당한 인격을 갖춘 학생들로 성장하게 하시고, 주님의 겸손을 본받아 섬김의 도를 실천할 수 있는 학생들이 되게 하옵소서.
또한 이웃을 위해서도 헤아릴 줄 아는 학생들이 되게 하셔서, 곳곳마다 주님의 사랑을 심을 수 있는 학생들이 되게 하옵소서.

주님!
학생들을 신앙으로 지도하고 양육하고 있는 교역자와 교사들에게 은총을 더하여 주셔서 신앙 인격을 고루 갖춘 사람으로 지도하는데 최선을 다할 수 있게 하여 주옵소서.
학생회 임원들도 붙들어 주셔서 주님의 말씀과 사랑으로 뭉친 학생회를 세워나갈 수 있게 하여 주옵소서.

이 시간 말씀을 전하시는 강사 목사님도 주님이 함께하셔서 교사들에게 새 힘과 도전을 주는 말씀이 되게 하시고, 학생들의 영혼을 새롭게 하는 말씀이 되게 하여 주옵소서.

예배의 시종을 주님께 의탁하오며, 주의 성령께서 함께하실 것을 믿사옵고, 예수 그리스도의 이름으로 기도합니다. 아멘

다 바쳐지도록

전능하신 하나님,

당신의 법으로 저희 삶이 형성되기를 당신은 원하십니다.

말씀을 통해 당신이 기뻐하시는 것이 무엇인지

저희에게 가르쳐 주십니다.

이로써 저희가 확신 없이 방황하지 않고

하나님께 복종하게 하셨습니다.

오 하나님,

저희로 당신께 전적으로 복종하게 하소서.

우리 모든 삶과 모든 활동뿐 아니라

이해하고 생각하는 모든 것까지 제물로 바칩니다.

영적으로 하나님을 섬김으로

당신 이름을 영화롭게 하게 하소서.

- 장 칼뱅(Jean Calvin) 1509-1564

제6부

헌금(봉헌)

대표기도문

언제나 기쁜 마음으로

저희들이 구하고 생각할 수 있는 이상의 것을 주시는 하나님 아버지!

때를 따라 저희의 쓸 것을 채우시며, 필요한 양식을 끊임없이 주시는 은혜를 감사합니다.

나그네로 사는 이 땅위에서, 저희들이 가난에 처할 줄도 알고 풍부에 처할 줄도 알아 모든 일에서 주님의 섭리하심에 감사하며 자족할 수 있는 삶이 되게 하옵소서.

또한, 보리떡 다섯 개와 물고기 두 마리를 가지시고 감사하시는, 주님의 그 감사의 모본을 저희도 배울 수 있게 하옵소서.

저희들이 성도의 합당한 태도를 가지고 일상의 의무에 임할 수 있게 하시고, 또한 저희들이 주님의 은혜를 받은 것같이 저희도 은혜를 끼치며 살아갈 수 있게 하옵소서.

주님!

이 시간 저마다 정성껏 준비하여 온 예물을 주님께 봉헌하는 손길을 기억하옵소서. 주님께 예물을 드릴 때, 언제나 기쁜 마음으로 드릴 수 있도록 주님을 사랑함이 그 마음에 가득 넘치게 하옵소서.

각종 헌금이 부담이 될 것인데도 불구하고 정성껏 준비하여 주님께 드리는 손길을 기억하셔서, 하는 일마다 복을 더하여주옵소서. 언제나 형통하게 하시는 주님의 은혜를 누리는 삶이 되게 하시고, 많은 사람을 부요케 할 수 있는 믿음의 사람으로 쓰임 받는 삶이 되게 하옵소서.

가정에도 복을 주셔서 위험한 일을 당하거나 질병이 틈타는 일이 없게 하옵소서. 항상 건강한 몸으로 주님의 몸 된 교회를 세워 가는데 귀하게 쓰임 받는 축복의 가정이 되게 하옵소서.

주님!
이 시간 주님께 드려지는 각종예물이 선하게 사용되기를 원합니다. 속된 일에 사용되어서 주님의 영광을 가리는 일이 없도록 재정을 집행하는 자의 생각과 마음을 굳게 붙들어 주옵소서.

주님의 영광을 위하여 아름답게 뿌려지는 예물이 되게 하시고, 주님이 바라시는 일들을 이루어 내는데 사용되어질 수 있는 예물이 되게 하옵소서. 저희의 삶을 항상 복된 길로 이끄시는 예수 그리스도의 이름으로 기도합니다. 아멘

성경에 말씀하신 복으로

날마다 저희들에게 일용할 양식을 주시는 하나님 아버지!
오늘도 베푸신 은혜를 감사드립니다.
저희로 하여금 육신의 것, 세상의 것만을 생각하지 않게 하시고 신령한 것, 영원한 것을 추구하며 영원한 가치를 가진 것들 위에 두게 하옵소서.
또한, 영원히 썩지 않는 양식을 위해서 일하게 도와주시고, 이 땅위의 소유를 영원한 보물로 바꾸는 지혜로운 삶을 살아갈 수 있게 하옵소서.

모든 것을 받으시기에 합당하신 주님!
오늘 저희들이 주님께 예배드리면서 정해진 순서에 따라 예물을 드립니다. 십의 일조와 감사헌금, 건축헌금, 선교헌금, 구역헌금, 주정헌금 등을 주님께 드리오니, 신령한 제물로 받으시고 흠향하여 주옵소서.

주님께 드리는 예물의 분량은 저마다 다르지만, 마음을 담아 정성껏 드린 손길마다 성경에 이르신 대로 크신 복으로 함께 하옵소서.
이후로도 좀 더 준비되고 정성스런 예물을 풍성히 드릴 수 있도록 저희들의 물질을 주장하여 주옵소서.

주님께 힘을 다하여 드릴 때마다 흔들어 넘치도록 하여 도로 갚아 주시는 주님의 은혜를 풍성히 경험하는 삶이 되게 하옵소서.

주님!
저희들이 주님께 드리는 예물이 복되게 사용되기를 원합니다. 주님의 의를 나타내고 주님이 영광을 받으시는 일에 사용될 수 있는 예물이 되게 하옵소서.

주님의 몸 된 교회에도 올해에 세운 예산이 있습니다. 성도들이 드리는 헌금으로 세운 예산이오니, 주님이 원하시는 대로 잘 집행될 수 있도록 인도하여 주시고, 잘못 사용되는 일이 없도록 성령의 화염검으로 막아 주시옵소서.

오늘도 생활이 힘든 중에도 힘을 다하여 예물을 드리는 손길이 있습니다. 하나님의 것을 손대지 않고 주님의 명령을 지키고자 마음을 쏟고 있는 그 믿음을 우리 주님이 소중히 보실 것을 믿습니다.

이 땅을 살아가는 동안 주님의 복을 담아내는 귀한 그릇으로 사용하시며, 평생 주님의 제단을 복되게 할 수 있는 거룩한 섬김이 그 손길을 통하여 나타나게 하옵소서.
언제나 저희들에게 드릴 예물을 예비해주시는 예수 그리스도의 이름으로 기도합니다. 아멘

믿음의 고백이 되기를

하늘과 땅의 주인이시며, 저희의 모든 물질의 소유권과, 사용권과, 또한 거두어 가실 수도 있는, 회수권을 갖고 계신 하나님 아버지! 저희들이 세상에 아무것도 가지고 온 것이 없었으나, 오늘날까지 일용할 양식을 주신 은혜를 감사드립니다. 그러나 저희에게 주신 물질을 하나님의 뜻대로 바로 쓰지 못한 죄와 허물을 용서하여 주옵소서.

오늘, 저희들이 받은 모든 은사를 사용하되, 낭비하거나 허비하지 아니하고 주님을 위해서 바르게 사용할 수 있는 삶을 살아갈 수 있도록 인도하시옵소서.
저희의 생애를 통하여 주님이 저희에게 주신 물질을 시시때때로 주님이 원하시는 일을 위하여 바치며, 복음을 위하여 더욱 풍성히 사용할 수 있도록 도와주시옵소서.

주님!
오늘 저희들이 주님께 드리는 예물이 주님을 향한 믿음의 고백이 되기를 원합니다. 저희들에게는 주님보다 더 소중한 것이 없다는 것을 증명할 수 있는 예물이 되게 하옵소서.

저희들의 섬김의 대상은 물질이 아니라 주님이심을, 확실히 보여드
릴 수 있는 예물이 되게 하옵소서.

저희들이 사랑하는 대상도 주님이시요, 저희들이 의지하는 대상도
주님이심을 확실히 증명해보일 수 있는 예물이 되게 하옵소서. 저
희들이 주님께 드리는 예물에, 향유옥합을 깨뜨려 주님께 쏟아 부
은 여인의 헌신이 항상 묻어 있게 하옵소서.

주님!
오늘 저희들이 드린 예물이 주님의 나라와 주님의 몸 된 교회를 위
해서 복 있게 쓰일 수 있게 하옵소서. 모든 기관과 부서가 든든히 서
가는 일에 사용될 수 있는 예물이 되게 하시고, 복음을 능력 있게 전
하는 현장에 사용될 수 있는 예물이 되게 하옵소서.

어려운 이웃을 구제하는 일에도 아름답게 사용될 수 있는 예물이
되게 하시고, 땅 끝 선교지에서 영혼구원을 위하여 온몸을 불사르
고 있는 선교사들을 후원하는 일에도 적극 사용될 수 있는 예물이
되게 하옵소서.

이 예물이 사용되는 곳에 항상 성령의 크신 역사가 동반되게 하실
것을 믿사옵고, 저희에게 물질을 깨뜨릴 수 있는 기회를 주신 예수
그리스도의 이름으로 기도합니다. 아멘

신앙고백이 되기를

지극히 자비하신 하나님 아버지!
저희로 하여금 예수 그리스도의 십자가를 통하여 영원한 생명과 구원을 얻은 그 영광스러운 무리에 들게 하신 것을 감사드립니다.

오늘도 구원받은 모든 자들이 주님께 감사의 예배를 드리게 하시니 한량없는 주님의 은혜임을 믿습니다. 주님을 향하고 있는 저희의 마음이 변질되지 않도록 언제나 성령님께서 저희의 마음을 주장하여 주옵소서.

은혜의 주님!
이 시간 저희들이 정해진 순서에 따라 주님께 예물을 드렸습니다.
저희들의 진실한 마음이 담겨진 예물이 되기를 원합니다.
물질보다 하나님을 더 사랑하는 신앙고백이 묻어있는 예물이 되기를 원합니다.
정직한 수고와 땀의 대가를 얻게 하신 하나님을 향한 감사의 고백이 되기를 원합니다. 기쁘게 받으시고 흠향하여 주옵소서.

지금이나 앞으로도 때를 얻든지 못 얻든지 항상 힘써서 드릴 수 있는 저희들이 되게 하시고, 없는 중에서도 주님께 드릴 것은 항상 준비된 예물이 있는 저희의 삶이 되게 하옵소서.

그리하여 "너희는 먼저 그의 나라와 그의 의를 구하라 그리하면 이모든 것을 너희에게 더하시리라"(마6:33)는 주님의 약속의 말씀이 저희의 삶을 통하여 이루어지는 것을 경험할 수 있게 하옵소서.
또한 많이 심는 자는 많이 거두게 하신다고 하였사오니 저희의 생애를 통하여 많이 심을 수 있는 축복의 삶이 되게 하옵소서.

사랑의 주님!
저희가 드린 예물을 축복하셔서 그 물질을 통하여 주님의 몸 된 교회가 든든히 서가게 하시고, 하나님 나라의 지경이 확장되는 역사가 있게 하옵소서.

예수님의 사역에도 물질로 섬겼던 여인들의 헌신이 뒷받침되었듯이, 저희가 깨트린 물질도 복음을 전하는 사역자들에게 큰 위로가될 수 있게 하옵소서(눅8:2,3).

주님의 선하신 계획들이 나타나는 곳에 항상 귀하게 사용될 수 있는 물질이 되게 하실 것을 믿습니다. 성령을 통하여 저희들을 항상 격려하고 계시는 예수 그리스도의 이름으로 기도합니다. 아멘

마음을 담아 정성껏 드림으로

신령과 진정으로 예배하는 자들을 찾으시는 하나님 아버지!
오늘도 죄 많은 저희들을 용납하셔서 하나님께 감사의 예배를 드릴 수 있게 하심을 감사드립니다.
또한 저희의 마음을 주님의 영감으로 가득하게 하셔서, 구원의 능력과 위로의 즐거움을 맛보게 하시니 감사드립니다.
저희들이 주님을 섬길수록 더 귀하고 소중한 주님이심을 경험하는 삶이 되게 하옵소서.

사랑의 주님!
만 가지 은혜를 받은 저희들이 감사하는 마음으로 예물을 드렸습니다. 주님께 받은 은혜에 비하면 지극히 보잘 것 없는 예물이지만, 저희의 마음을 담아 정성껏 드린 것이오니 기쁘게 받아주시고 흠향하시옵소서.

이 시간에 주님께 드린 예물이 저희의 탐욕을 깨뜨린 예물이 되기를 원합니다. 탐심은 우상숭배라고 하였사오니, 소유의 넉넉함을 부러워하지 아니하며 삼가 탐심을 물리치는 저희의 헌금생활이 되게 하옵소서(골3:5).

또한 주님께 드린 예물이 하늘에 쌓아두는 보물이 되기를 원합니다(마6:20).

"네 보물이 있는 곳에 네 마음도 있느니라"(마6:21)고 말씀하셨사오니, 이 땅에서 누리는 가치보다 천국에서 누리는 가치를 더 앞세우는 헌금생활이 되게 하옵소서.

주님!
주님께 봉헌된 예물이 주님의 영광을 위해서 귀하게 쓰일 수 있게 하옵소서. 저희가 드린 물질이 주님의 뜻을 따라 선용될 수 있도록 불꽃같은 눈동자로 살피시고 감찰하시옵소서.
주님의 뜻을 따라 이웃을 부요케 하는 일에도 쓰일 수 있게 하시고, 영혼을 구원하는 일에도 쓰일 수 있는 물질이 되게 하옵소서.

또한 얼마의 물질이 이 교회에 필요한가를 우리 주님은 아시오니, 항상 저희들에게 감동을 주셔서 교회에 결핍이 없도록 힘을 다하여 드릴 수 있는 헌금생활이 되게 하옵소서.

오늘도 우리 주님은 예물을 드린 손길마다 만 배로 갚아주실 것을 믿습니다. 복에 복을 더하실 것을 믿습니다. 시마다, 때마다 채우시는 주님의 능력을 경험하는 삶이 되게 하실 것을 믿사오며, 예수 그리스도의 이름으로 기도합니다. 아멘

청지기임을 잊지 말기를

자비로우신 하나님 아버지!
오늘도 저희들에게 주님의 날을 허락하여 주셔서 하나님을 예배하는 복을 누리게 하시니 감사드립니다.

또한, 온 맘을 다하여 주님을 찬양하게 하시고, 진리의 말씀으로 저희의 영혼을 소성케 하여 주시니 감사드립니다. 예배를 통하여 언제나 주님의 자녀 된 권세를 누리게 하시고, 영혼이 잘되어가고 범사가 강건하게 되는 복을 누리게 하옵소서.

은혜의 주님!
오늘도 저희들이 정해진 순서에 따라 주님께 예물을 드렸습니다. 반복되는 헌금시간이라고 하여 주님께 예물을 드리는 것을 가볍게 여기는 일이 없게 하옵소서.

예물을 드릴 때마다 온 맘과 정성을 다할 수 있는 저희들이 되게 하옵소서. 또한, 저희들이 주님께 예물을 드릴 때마다 왜 해야만 하는지를 분명히 깨닫게 하셔서 마지못해 억지로 드리거나 아까워하는 마음으로 드리는 일이 없게 하옵소서.

사랑의 주님!

주님이 저희로 하여금 물질을 깨뜨리게 하신 것은 돈보다 주님을 더 사랑하며 살도록 하시기 위한 것임을 깨닫습니다.

물질의 주인이 누구인가를 분명히 알도록 하시기 위해서 정하신 제도임을 깨닫습니다. 언제나 저희들이 물질을 대할 때마다, 그 물질을 맡아서 관리하는 청지기임을 잊지 말게 하옵소서.

또한, 저희들이 물질을 자기의 것인 양 주장할 때, 언제라도 거두어 가시는 주님이심을 잊지 말게 하옵소서. 물질 뿐만 아니라 저희들의 삶 전체가 주님의 것임을 항상 기억하며 살게 하옵소서.

그러므로 살아도 주를 위하여 살고 죽어도 주를 위하여 죽는 저희의 삶이 되게 하옵소서.

주님!

오늘도 마음을 담아 정성껏 드린 손길위에 크신 복으로 함께 하실 것을 믿습니다. 주님 앞에서 항상 복된 삶을 살아갈 수 있도록 그 삶을 주장하여 주시고, 힘을 다하여 선한 청지기의 사명을 감당하고자 하는 그 중심에 항상 새벽이슬 같은 주의 은혜가 넘치게 하여 주옵소서.

항상 주님께 드릴 수 있는 삶으로 이끄시는 예수 그리스도의 이름으로 기도합니다. 아멘

순종이 묻어있는 예물이기를

만물의 주인이 되시는 하나님 아버지!

오늘날까지 끊임없이 연약한 저희들에게 베푸신 은혜와 사랑을 감사드립니다. 매주일 복된 날을 허락하셔서 하나님을 예배하고, 섬기는 일에 마음과 정성을 다하게 하시니 감사드립니다.

저희들을 향하신 뜻을 이루시고 저희교회를 향하신 선하신 계획을 이루시옵소서.

물질의 주인이신 주님!

오늘 저희가 드린 예물을 받아주시옵소서. 저희들에게 있는 모든 것은 주님의 것이오며, 주님이 주신 것임을 고백합니다.

주님의 것을 가지고 저희가 사용하면서도, 주님의 뜻대로 사용하지 못하고, 또한 마땅히 하나님께 구별하여 드려야 할 부분까지도 드리지 못한 것이 있었다면 용서하여 주옵소서.

주님!

오늘 저희들이 주님께 예물을 드리면서, 주님이 말씀하신 대로 십의 일조를 드렸습니다. 생활이 어려운 중에도 유혹을 물리치고 주님의 말씀에 순종할 수 있게 하신 것은 전적인 주님의 은혜임을 믿습니다.

이 땅을 살아가는 동안 항상 순종하는 주의 사람이 되게 하셔서 아브라함이 누렸던 복을 저희도 누리게 하옵소서. 또한 죽기까지 순종하신 주님을 본받는 삶이 되게 하옵소서.

오늘은 특별히 맥추감사주일로 하나님께 영광을 돌리면서 감사의 예물도 드렸습니다. 지금까지 인도하신 주님의 은혜에 감사하여 드린 예물이오니 기쁘게 흠향하여 주시고 항상 감사가 떠나지 않는 저희의 삶이 되게 하옵소서.
건축헌금을 비롯하여 갖가지 예물을 드린 손길도 있습니다. 주님을 사랑하고 교회를 사랑하는 마음으로 힘을 다하여 드린 예물이오니, 우리 주님이 기쁘게 흠향하실 것을 믿습니다.

주님!
이 시간 저희들이 주님께 드린 예물이 선한 사업에 부하고, 믿음이 부요케 되는데 사용될 수 있는 물질이 되게 하옵소서. 하나님의 영광을 드러내는 곳이라면 어디든지 사용될 수 있는 물질이 되게 하옵소서.

예물을 드린 손길도 기쁨이 담긴 헌금생활이 될 수 있도록 때를 따라 필요한 것들을 공급해 주시고 채워주시옵소서.
예물을 드리고 싶어도 드리지 못한 손길에게도 동일한 은혜로 함께하실 것을 믿사옵고 예수 그리스도의 이름으로 기도합니다. 아멘

옥합을 깨뜨리는 마음으로

사랑의 하나님!
오늘 00전도(선교)회 헌신예배로 드릴 수 있도록 은혜 베푸심을 감
사드립니다. 모든 회원들이 강사 목사님이 들려주신 말씀대로 주님
께 더욱 충성하고 헌신할 수 있는 회원들이 되게 하옵소서.
저마다 받은 은사로 주님을 더욱 섬기고, 많은 사람들을 섬기는 일
에 사용할 수 있도록 함께하여 주옵소서.

귀하신 주님!
이 시간은 순서에 따라서 주님께 귀한 예물을 드리려고 합니다. 이
자리에 있는 저희 모두에게 감동을 주셔서 억지로나, 인색한 마음
으로 드리지 않도록 이끌어 주옵소서.
헌신예배를 드리고 있는 저희 모든 회원들은 주님께 옥합을 깨뜨
린 여인의 심정을 가지고 정성껏 드리게 하시고, 진실 된 신앙고백
이 묻어나는 예물이 되게 하여 주옵소서.

자비하신 주님!
이 예물이 주님의 이름으로 사용되어질 때 많은 열매가 있게 하시
기를 원합니다.
삶이 고달픈 사람들을 헤아릴 수 있는 예물이 되게 하시고, 복음이

전파되고 영혼을 구원하는 일에 사용되어지는 주님의 향기가 되게 하여 주옵소서.

또한, 선한 사업에 부요한 전도(선교)회를 세워가는 데도 뜻있게 사용될 수 있는 예물이 되게 하옵소서.

은혜의 주님!

저희들이 이 땅을 살아가는 동안 물질 뿐만 아니라, 시간과 생명까지도 기꺼이 드릴 수 있는 삶이되기를 원합니다.

저희의 마음에 주님보다 더 귀한 것이 없게 하셔서, 항상 주님을 사랑하고 사모하는 마음으로 저희의 모든 것을 자원하여 깨뜨릴 수 있는 삶이 되게 하옵소서.

또한 항상 모든 것이 주님께로부터 왔고 또한 주님께로 돌아감을 알고 저희의 모든 것을 주님께 돌려드리는 생활을 할 수 있게 하옵소서.

이 시간, 신령한 예물에 동참하는 손길들을 기억하셔서, 신령한 복과 땅의 복을 누리게 하실 것을 믿습니다. 남은 순서에도 성령님이 친히 주장하실 것을 믿사오며, 예수 그리스도의 이름으로 기도합니다. 아멘

천국에 쌓아놓는 보물

참 좋으신 예수님!

오늘 우리 어린이들이 예수님께 나와 마음과 정성을 다하여 예배드릴 수 있도록 축복하심을 감사드립니다.

나오지 않은 친구들이 있어서 마음이 안타까웠지만, 다음주일에는 예수님께 함께 예배드릴 수 있도록 인도해 주실 것을 믿습니다.

사랑의 주님!

예배 순서에 따라서 주님께 예물을 드렸습니다. 저희 어린이들이 마음을 다하여 드린 예물을 받아 주시고, 천국에 보화를 쌓아놓는 예물이 되게 하여 주세요.

이 시간 미처 예물을 준비하지 못하여 드리지 못한 어린이들도 있습니다. 다음 주에는 꼭 드릴 수 있도록 축복해 주시고, 헌금 때문에 교회에 안 나오고 싶은 마음이 없도록 사랑의 예수님이 그 마음을 꼭 붙들어 주세요.

그런데 헌금이 진짜 없어서 못 드린 친구도 있습니다. 창피한 마음이 들지 않도록 그 마음을 어루만져 주세요.

하지만 예수님께 마음의 정성을 드렸습니다. 중심을 보시는 예수님이 마음을 기억하셔서 큰 축복을 더하여 주세요.

귀하신 주님!
저희 어린이들이 드린 예물이 예수님이 기뻐하시는 곳에 쓰일 수 있게 하여 주세요.
교회와 어려운 이웃을 위해서 귀하게 사용되어지는 예물이 되게 하시고, 선교하는데도, 전도하는데도 귀하게 사용되어 질 수 있는 예물이 되게 하여 주세요.

저희 어린이들이 주님께 예물을 드릴 수 있도록 이끌어주신 주님께 다시 한 번 감사하오며, 예수님의 이름으로 기도합니다. 아멘

더 큰 감사로 이어지기를

은혜로우신 주님!
오늘 거룩하고 복된 날, 주님의 은총을 입은 학생들이 한자리에 모여서 예배를 드리며, 주님의 귀한 말씀을 들었습니다.

오늘도 목사(전도사)님을 통하여 주신 주님의 귀한 말씀을 마음에 잘 담아두게 하시고, 인생의 앞길에 등불이 되고, 빛이 될 수 있는 귀하고 복된 말씀이 되게 하옵소서.

저희의 마음을 살피시는 주님!
이 시간에 예배의 순서에 따라 저희 학생들이 주님께 정성껏 예물을 드렸습니다. 청소년기 때부터 물질의 주인이 하나님이심을 알게 하시며, 남을 헤아릴 줄 아는 주님의 성품을 닮은 인격의 소유자로 성장할 수 있게 하옵소서.

자비로우신 주님!
십의 일조를 드린 학생이 있습니다. 물질이 하나님으로부터 비롯되었다는 것을 시인하는 그 중심을 더욱 복되게 하옵소서. 그들의 삶을 통하여 주님께서 영광 받으시는 일들만 넘쳐나게 하옵소서.

감사 헌금을 드린 학생도 있습니다. 학생 때부터 주님께 감사할 줄 아는 믿음의 사람으로 그 마음을 복되게 하여 주심을 감사합니다. 주님께 감사하는 생활을 통하여, 더 큰 감사의 제목들이 그들의 삶 속에 넘쳐날 수 있게 하옵소서.

주일 헌금을 드린 학생들을 기억하옵소서. 그들이 드린 예물이 주님의 나라를 위하여 귀하게 사용되어질 수 있게 하옵소서.

예물을 드리지 못한 학생도 있습니다. 그러나 마음은 드린 줄 아오니, 중심을 보시는 하나님께서 그 심령을 더욱 복되게 하여 주옵소서.

주님!
저희 학생들이 드린 모든 예물이 주님의 교회와, 학생회의 사업과, 복음을 전파하고 영혼을 구원하는 일에 사용되어지게 하시고, 이웃을 위한 구제와 친구를 위한 장학헌금으로도 사용되어질 수 있게 하옵소서.
물질의 주인이 되시는 예수 그리스도의 이름으로 기도합니다. 아멘

사랑의 소금이 되기를

저희들을 사랑하시는 주님!
곤고한 날이 이르기 전, 젊을 때 주님을 만날 수 있게 하시고, 주님
을 따라가는 삶을 살 수 있도록 인도하신 은혜를 감사드립니다.

오늘 청년(대학)회 모임을 통하여 모두가 한자리에 모여 주님을 뜨
겁게 찬양하며, 주님의 귀한 말씀을 듣게 하심을 감사합니다.

은혜의 주님!
이 시간은 순서에 따라 주님 앞에 귀한 예물을 드립니다. 인색함으
로나, 억지로 드리지 않기를 원합니다.
주님은 즐겨내는 자를 사랑하신다고 하였사오니, 이 예물을 통하여
물질보다 주님을 더욱 사랑하는 신앙의 고백이 될 수 있도록 함께
하여 주옵소서.

주님!
젊을 때부터 물질관을 바로 세우기를 원합니다. 주님이 세우지 아
니하시면, 집을 세우는 자의 수고가 헛되다는 것을 알고 있습니다.
물질도 주님이 붙들지 않으시면, 얼마든지 궁핍해 질 수 있고, 물질
이 있다고 해도, 죄악 된 일에 사용될 수 있다는 사실을 깨닫습니다.

그러므로 항상 물질에 주님의 거룩함이 깃들게 해달라고 간구할 수 있는 저희 모두가 되게 하옵소서.

주님!
이 시간에 저희들이 드린 예물이 주님의 영광을 드러내는데 사용될 수 있기를 소망합니다. 작은 물질이지만, 이 예물이 집단의 이기를 드러내는데 사용되는 것이 아니라, 선한 사업에 도움이 될 수 있는 예물이 되게 하옵소서.

빵 한 조각 없는 가난한 이웃을 돌아보고, 주님을 모르는 불쌍한 영혼을 구원하는 일에 사용될 수 있게 하옵소서.
양심을 썩게 만드는 죄악의 독성을 무력화시키는 일에 사랑의 소금이 될 수 있는 예물이 되게 하옵소서.

저희들의 진심이 스며있는 예물을 주님께서 기쁘게 받으실 것을 믿사오며, 예수 그리스도의 이름으로 기도합니다. 아멘

온전한 예물이 되기를

사랑의 주님!
이 시간 저희들이 모임을 가지면서, 순서에 따라 주님께 예물을 드렸습니다. 저희들이 드린 예물에 부족함이 있을지라도 책망치 마시고 기쁘게 받으시옵소서.

주님!
저희에게 있는 모든 것은 주님께서 주신 것이오며 주님의 것임을 믿습니다. 그러나 주님의 것을 가지고 저희가 사용하면서도 주님의 뜻대로 사용하지 못했음을 고백합니다.
또한, 마땅히 하나님께 구별하여 드려야할 부분까지도 아무렇지도 않은 듯 맘대로 손을 댔던 저희들이었습니다. 용서하여 주옵소서.

주님!
저희들이 주님께 예물을 드릴 때마다 헌금에 대한 좋은 습관이 길러지기를 원합니다.
처음에는 인색한 마음으로 드렸을지라도, 차츰 자원하여 기쁨으로 드릴 수 있는 마음으로 바뀌어 지게 하셔서, 주님이 보시기에 온전한 예물이 되게 하옵소서.

또한, 헌금 속에 감추어진 주님의 놀라우신 비밀을 깨달아 갈 수 있기를 원합니다. 헌금은 소비나 낭비가 아니라, 믿는 자에게만 허락하신 주님의 축복의 통로임을 믿습니다.

헌금을 통하여 주님이 약속하신 은혜와 축복을 받아 누릴 수 있는 삶이 되게 하옵소서.

주님!
이 시간 저희들이 드린 헌금이 물질뿐만 아니라 저희의 마음까지도 주님께 드린 모습이 되기를 원합니다.

주님은 헌금의 액수를 보시는 것이 아니라, 드린 자의 중심을 보신다는 것을 기억하여서, 언제나 깨끗한 예물을 드리기에 힘쓰는 저희 모두가 되게 하옵소서.

저희의 드린 예물을 향기로 받으시며, 언제나 합당한 복으로 채워주시기를 원하시는 예수 그리스도의 이름으로 기도합니다. 아멘

자원하는 예물이 되기를

은혜의 주님!
구역(속회, 셀)모임을 가질 수 있게 하신 하나님께 영광을 돌립니다. 이 시간, 저희들이 은혜의 말씀을 다함께 나누고 순서에 따라 주님께 예물을 드렸습니다. 저희들의 삶을 돌이켜보면, 알게 모르게 주님이 베풀어주신 축복이 얼마나 많은지요?

저희들이 어리석어서 단지 깨닫지 못할 뿐이고, 알지 못할 뿐임을 고백합니다.
이처럼 주님의 축복을 온 몸으로 받고 있는 저희들이, 가진 것 중에서 일부만 떼어서 드린다고 하니 부끄러움이 앞섭니다.
주님께 받은 축복을 물질로도 풍성하게 표현할 수 있는 저희 모두가 되게 하옵소서.

주님!
주님께 드려진 예물이 액수에 관계없이 주님께 칭찬받는 일에 사용되어지기를 원합니다. 주님이 뜻하시는 일에 아름답게 사용되어질 수 있는 예물이 되게 하옵소서.
선한 사업에 부하고 많은 사람을 이롭게 할 수 있는 예물이 되게 하옵소서.

또한, 교회를 운영하고 든든히 세우는 일에도 조금이라도 도움이 될 수 있는 예물이 되게 하옵소서.

주님!
저희들이 주님께 예물을 드릴 때에 항상 넉넉함 가운데 드릴 수는 없지만, 억지로 드리거나 또는 인색함으로 드리는 예물이 되지 않기를 원합니다. 연보의 액수를 떠나서 언제나 기쁨으로 자원하여 드릴 수 있는 예물이 되게 하여 주옵소서.

주님!
이 시간, 형편이 어려워 마음만 드린 손길도 있습니다. 주님 앞에 늘 빈손 인생이 되지 않도록 때를 따라 채워주시고, 드림의 기쁨을 누릴 수 있도록 은총을 더하여 주옵소서.
복의 근원이 되시는 예수 그리스도의 이름으로 기도합니다. 아멘

아벨의 제물처럼

저희를 변함없이 사랑하시고, 끊임없이 다스리시는 주님!
오늘도 저희들이 주님이 이름으로 복된 모임을 가질 수 있게 하시
니 감사드립니다.
이 시간을 통하여 저희들 한 사람 한 사람을 믿음으로 굳게 세우시
려는 주님의 사랑을 다시 한 번 깨닫습니다. 저희들이 언제나 주님
의 은혜와 사랑 안에 거하는 삶이 되게 하옵소서.

주님!
순서에 따라 주님께 예물을 드렸습니다. 이 예물을 자비롭게 받으
시고, 아벨의 제물처럼 축복하셔서 주님의 뜻을 이루는데 복되게
쓰임 받게 하옵소서.
비록 작은 예물일지라도 주님의 이름으로 쓰여 지는 곳에는 큰 역
사가 나타나게 하실 것을 믿습니다. 축복의 역사가 있게 하실 것을
믿습니다.

주님!
저희들 한 가정 한 가정을 기억하시옵소서. 물질적인 결핍이 없도
록 도와주셔서 언제나 주님께 부끄러운 손이 되지 않게 하옵소서.
더 많이 드리고, 기쁨으로 드릴 수 있도록 각 가정의 물질을 주장하

여 주옵소서.

또한, 저희들이 물질이 있을 때에 형제와 이웃을 긍휼히 여길 수 있는 마음을 가질 수 있기 원합니다.
자신의 필요를 채우기 위한 수단으로만 물질을 사용치 말게 하시고, 주님께서 저희를 도우심같이, 저희들도 형제를 돕고 이웃을 도울 수 있는 물질로 사용할 수 있게 하옵소서.

작든 크든, 물질에 주님의 의를 담아내고자 하는 손길들을 기억하셔서, 더 큰 은혜와 복으로 채워주시옵소서.
저희가 이 땅을 살아가는 동안 입술의 고백만이 아니라, 물질에도 믿음의 고백이 묻어 있게 하옵소서.

미처 예물을 준비하지 못한 손길도 기억하셔서 그 마음을 헤아리실 것을 믿사오며, 예수 그리스도의 이름으로 기도합니다. 아멘

당신의 뜻을

오 선하신 하나님,

저희로 하여금

당신의 뜻을

간절히 열망하게 하시고

지혜롭게 찾게 하시고

분명하게 알게 하시고

온전하게 행하게 하소서

오직 하나님의 영광을 위해!

- 토마스 아퀴나스(Thomas Aquinas) 1225-1274

제7부

회의와 모임

대표기도문

주님의 은혜가운데서

은혜로우신 하나님 아버지!
한 해 동안도 주님의 사랑과 은혜가운데 저희교회가 든든히 서가
게 하심을 감사드립니다.
특히, 교회재정을 지켜주시고 붙들어주셔서, 한 해 동안 큰 어려움
없이 순조롭게 집행될 수 있게 하심을 감사드립니다.

주님!
이 시간 저희들이 한해의 재정을 결산하고 새롭게 맞이하는 해를
위하여, 예산을 편성하고자 한자리에 모였습니다. 주님의 뜻 가운
데서 기쁨과 은혜로움 속에 진행될 수 있도록 인도하시옵소서.
여기에 참석한 교인들은 모두 세례교인들 이상임을 기억합니다.
성숙된 신앙의 자리에 있는 만큼 자신을 잘 다스릴 수 있는 지혜가
있게 하옵소서.

사사로이 자기감정에 얽매이거나 표출하는 일이 없도록 그 마음을
성령님께서 주장하옵소서. 불필요한 질문이나 억지 주장도 없게 하
시고, 행동이 과격해지는 일도 없게 하옵소서.
또한, 의혹과 불만과 불신을 키우는 자리가 아니라, 이해와 용납이,
용서가 앞서는 자리가 되게 하옵소서.

모두가 주님의 교회를 사랑하는 마음으로 회무와 안건을 아름답게 매듭지을 수 있게 하시며, 책임을 맡은 자들에게 격려와 위로와 칭찬을 아끼지 않는 아름다운 모습을 보여 질 수 있게 하옵소서.

주님!
회장석에 서신 목사님께도 함께하여 주셔서 회의를 잘 이끌어나갈 수 있도록 지혜와 능력을 더하시옵소서.
재정부장과 부원들에게도 함께하셔서 곤혹스러운 질문을 받는다 할지라도, 주님의 마음을 앞세워 너그럽고 유순하게 답변할 수 있게 하옵소서.

올해도 저희 교회가 한해의 결산을 잘 마무리하고 예산을 잘 세워서, 더욱 성숙된 모습을 가지고 교회로서의 사명을 잘 감당할 수 있게 하옵소서.
교회의 머리가 되시는 예수 그리스도의 이름으로 기도합니다. 아멘

기도하는 마음으로

사랑이 많으신 하나님 아버지!
거룩한 주일을 맞이하여 저희 모두가 은혜로운 예배를 드리며 생명의 말씀을 듣게 하심을 감사합니다.
특별히 이 시간에 주님의 몸 된 교회를 위하여 앞장서서 충성할 일꾼을 저희의 손으로 직접 선출할 수 있게 하심을 감사드립니다.

이 자리에는 세례교인 이상만 참여하여 일꾼을 세울 수 있는 자격을 갖게 되었사오니, 이곳에 들지 못한 성도들의 마음을 헤아려 주시고, 교회의 질서를 귀하게 여기며 존중할 수 있게 하옵소서.

주님!
주님의 거룩한 피 흘림이 계셨기에 오늘 저희가 여기 있게 되었고, 주님의 희생 사역이 있었기에 오늘 저희들이 주님이 쓰시는 영광의 일꾼으로 부름 받게 된 것을 믿습니다.

오늘 이 자리에 참여한 저희 모두에게 주님의 지혜와 성령의 충만을 내려주셔서, 인간적인 생각이나 사사로운 감정에 사로잡히지 말게 하옵소서.

오직 주님의 몸 된 교회를 위하여 진정으로 필요한 일꾼이 누구인지를 잘 분별하여 기도하는 마음으로 거룩한 한 표를 행사할 수 있게 하옵소서.

주님!
교회의 직원을 뽑을 때 저희들을 통하여 세우는 것이지만, 주님께서 직접 세우시는 것임을 믿습니다. 단지 저희들은 주님의 의로운 오른손에 사로잡힌 도구에 지나지 않다는 것을 잊지 말게 하옵소서.

또한, 어느 누가 뽑히든지 선출된 자에게는 마음을 잘 다스릴 수 있는 지혜를 주셔서 자만하지 말게 하옵소서. 탈락한 자에게는 부끄러움이나 상처로 받아들이는 일이 없게 하시고, 겸손히 주님의 뜻을 살필 수 있는 지혜를 얻게 하옵소서.

순서가 다 끝나기까지 주의 성령께서 이 자리에 친히 운행하셔서 각 사람의 마음을 친히 주장하실 것을 믿습니다.
저희들 모두가 성령 충만함을 경험하는 자리가 되게 하실 것을 믿습니다. 하나님의 섭리하심과 뜻을 다시 한 번 깨닫는 자리가 되게 하실 것을 믿습니다.

교회의 머리가 되시며 각 사람의 심령을 주장하시는 예수 그리스도의 이름으로 기도합니다. 아멘

잔잔한 감동이 있기를

존귀하신 하나님 아버지!
주님의 사랑하심과 인도하심 가운데 주일예배를 마치고, 제직회로
모이게 하심을 감사드립니다.
저희들에게 제직의 직분을 주셔서 주님의 몸 된 교회를 위하여 죽
도록 충성하고 봉사하며, 섬길 수 있는 기회를 주시니 얼마나 감사
한지요.

주님!
간절히 바라옵기는 마음과 정성을 다하여 주님의 몸 된 교회를 잘
섬길 수 있게 하시고, 핑계치 않는 믿음으로 주님을 기쁘시게 할 수
있는 저희 모두가 되게 하옵소서.

모든 제직들이 일심으로 힘을 모아서 목양에 힘쓰시는 목사님을 잘
보필할 수 있게 하시고, 목사님이 생각하시기에 십자가 같이 느껴
지는 제직이 아니라, 동역자로 느껴지는 제직들이 되게 하여 주옵
소서.

주님!
이 시간 제직회를 통하여 논의되어지는 것들이 하나님의 영광을 위

한 것이 되게 하시며, 주님의 몸 된 교회를 위한 것이 되게 하시고, 이 교회의 권속들을 위한 것이 되게 하여 주옵소서.

인간적인 아집이나 고집을 앞세우지 말게 하시고, 사사로이 자기감정에 휩싸여서 불만을 성토하는 자리가 되지 않게 하옵소서.

모든 안건들이 주님의 섭리와 뜻대로 되어 지기를 소원하며, 기도하는 마음으로 참석하게 하여 주옵소서.

저마다 교회를 위하는 마음이 서로에게 잔잔한 감동으로 다가오는 시간이 되게 하실 것을 믿습니다. 또한, 간구하옵기는 모든 제직들이 모든 교우들에게 본이 되는 신앙생활을 할 수 있게 하옵소서.

물질적으로나 시간적으로, 또한 주님께 받은 은사대로, 주님의 몸 된 교회를 위하여 죽도록 충성할 수 있게 하옵소서. 그리하여 모든 교우들에게 귀감이 될 수 있는 제직들이 되게 하여 주옵소서.

제직회의 사회를 보시는 목사님께도, 이 자리에 참석한 모든 제직들에게도, 그 마음을 온전히 붙드시고 주장하실 것을 믿사옵고, 예수 그리스도의 이름으로 기도합니다. 아멘

은혜롭고 지혜롭게

은혜로우신 하나님 아버지!
거룩한 주일에 믿음의 권속들이 한자리에 모여서 마음을 다하여 하나님께 찬양과 경배를 드릴 수 있게 하심을 감사드립니다. 또한, 목사님을 통하여 주님의 약속하신 생명의 말씀을 듣게 하심을 감사드립니다.
교우들 모두가 심령이 새로워짐을 경험하며, 다시금 믿음을 결단하는 축복의 시간이 된 것을 믿습니다.

사랑의 주님!
이 시간은 저희들이 정기월례회로 한자리에 모였습니다. 참석하지 못한 회원들도 있지만, 그들의 중심에는 주님의 교회와 우리 000회를 아끼고 사랑하는 마음이 변함이 없는 줄 믿습니다.

주님!
오늘 저희들이 월례회로 모여서 이달의 행사와 회무를 지혜롭게 처리하고자 합니다. 모든 것이 은혜롭게 잘 마무리 될 수 있도록 인도하여 주옵소서.
또한 회무에 관계된 모든 일들이 오직 주님께 영광이 되게 하옵소서. 주님의 교회를 위한 일들이 되게 하시며, 저희 000회의 발전과 부흥이 되는 일들이 되게 하옵소서.

혹, 개인의 생각이나 주장과 맞지 않는 것이 있을지라도 000회를 위한 일이 된다면, 기쁨으로 용납하며 받을 수 있게 하옵소서. 부족한 일들이 발견될 시에는 사랑으로 감싸주고 격려해주며 용기를 줄 수 있는 저희 모두가 되게 하옵소서.

주님!
특별히 회장님 이하 임,역원들에게도 함께 하셔서 000회를 운영해 나가는데 큰 어려움이 없게 하옵소서.
모든 일을 주님의 영광을 생각하며 기쁨으로 감당하게 하시며, 힘들 때마다 새 힘과 큰 능력을 더하시는 주님을 바라볼 수 있게 하옵소서.

또한, 모든 회원들의 가정을 붙드셔서 육신의 일에 얽매여 회원으로서의 의무를 제대로 감당치 못하는 일이 없게 하옵소서. 항상 믿음의 일을 우선할 수 있는 회원들이 되게 하옵소서. 지금은 회의를 시작하는 시간입니다. 이 회의를 주관해 나가시는 회장님께 운영의 지혜와 명철을 더하시옵소서.

성령님께서 저희의 각 사람을 친히 주장하실 것을 믿사옵고, 예수 그리스도의 이름으로 기도합니다. 아멘

주님의 마음을 닮아감으로

섭리하시는 하나님!
한 해 동안 저희 000회를 붙드셔서 주님의 몸 된 교회를 섬기며, 선한 사업에 힘쓸 수 있도록 이끄심을 감사드립니다.
또한 회원 한 사람 한 사람을 붙드셔서 신앙생활을 잘하며, 믿음의 길을 달려올 수 있도록 인도하심을 감사드립니다.

사랑의 주님!
이제 연말을 맞이하여 한해를 돌아보니 참으로 부끄러운 기억 밖에는 떠오르는 것이 없습니다. 주님의 몸 된 교회를 위하여 더 잘 섬길 수 있는 기회를 주셨음에도 불구하고, 주님 앞에 최선을 다하지 못했던 과오를 회개하오니 용서하여 주옵소서.

주님!
오늘 이렇게 새해를 앞두고 새로운 일꾼을 선출하는 총회를 하게 되었습니다. 한 해 동안 수고한 임원들에게 함께하셔서 주님의 크신 위로와 평안을 허락하여 주옵소서.
주님께서 각 사람이 수고한대로 칭찬하시며, 귀한 상급으로 갚아주실 것을 믿습니다.

은혜의 주님!

사람이 제비를 뽑으나 그 걸음을 인도하시는 분은 여호와시라는 말씀을 기억합니다. 새로운 일꾼을 선출할 때에 인간의 생각이나 판단대로 하지 말게 하시고, 주님께 모든 것을 맡기고 기도하는 마음으로 투표에 임할 수 있게 하옵소서.

이번 총회로 인하여 서운한 감정에 사로잡히는 회원들이 없기를 원합니다. 상처받는 회원들이 없기를 원합니다. 더불어 교만해지는 회원들도 없기를 원합니다.

임원으로 선출되면 더욱 충성하고 봉사하라는 주님의 채찍인줄 깨닫게 하시고, 임원이 못되면 주님처럼 낮아짐을 배우라는 주님의 은혜인줄 깨달아, 더욱 섬김의 본을 보일 수 있는 저희 모두가 되게 하옵소서.
그리하여 합력하여 선을 이루시는 주님의 마음을 닮아가는 저희 모두가 되게 하옵소서.

총회의 의장을 맡아 수고하시는 회장님께도 주님의 오른손으로 굳게 붙드시옵소서. 모든 회무를 주님께 맡기오며, 믿음의 주요 온전하게 하시는 예수 그리스도의 이름으로 기도합니다. 아멘

사명을 잘 감당할 수 있기를

은혜의 주님!

교회의 지체로서 여러 구역들이 조직되어 주님의 몸 된 교회를 든든히 세워갈 수 있게 하시니 감사합니다.

오늘 각 구역장과 권찰들이 한자리에 모였습니다. 구역의 활성화를 위하여 저희들이 모였사오니 주의 성령께서 저희들 가운데 함께하시고 저희들의 마음을 주장하여 주옵소서.

주님!

구역이 건강해야 교회도 건강해짐을 기억합니다. 그러나 그동안 저희들이 건강한 구역을 만들기 위하여 얼마나 마음을 쏟았는지 돌아보지 않을 수 없습니다.

구역장과 권찰로서 주어진 사명을 잘 감당했어야 하는데, 솔직히 제대로 감당하지 못하여 얼굴 들기가 부끄럽습니다. 게으르고 나태하여 주님이 맡기신 사명을 건성으로 감당했던 저희들이오니 용서하여 주옵소서.

언제나 핑계를 대기에 급급했던 저희들의 모습, 때우기 식으로 대충대충 구역예배를 드리려고 했던 저희들의 모습을 솔직히 시인하오니 용서하여 주옵소서.

주님!

구역장과 권찰은 구역을 위한 영적인 지도자요 관리자임을 기억합니다. 맡은 구역 식구들을 수시로 심방해야 하고, 그들의 형편을 헤아릴 수 있어야 하며, 화목하는 구역이 되도록 힘써야 하는 것이 저희들의 사명임을 기억합니다. 이 사명을 결단코 잊지 말게 하여 주옵소서.

또한, 구역장과 권찰은 목회자의 동역자라는 것을 기억합니다.
이 시간, 목사님의 목회에 큰 힘이 되어드리는 구역장, 권찰이 되기 위하여 각오와 다짐을 새롭게 할 수 있는 저희 모두가 되게 하옵소서.

주님!
이 시간에 목사님이 전해주시는 말씀을 귀담아 듣기를 원합니다.
듣기 좋은 말씀보다는 책망의 말씀에 귀담아 듣기를 원합니다.

회개하는 마음으로 말씀을 듣게 하셔서 구역을 성장시키는 사명에 최선을 다할 수 있게 하옵소서. 남은 순서를 주님께 의탁하오며 예수 그리스도의 이름으로 기도합니다. 아멘

영적인 농부의 마음으로

사랑의 주님!

한없이 부족한 저희들에게 생명의 말씀으로 가르치고 영적으로 지도하는 교사로 세워주심을 감사드립니다.

또한, 교사로서의 사명을 잘 감당할 수 있도록 지혜를 더하시며, 능력을 더하여 주시니 감사드립니다.

주님!

어린학생들을 신앙으로 양육하고 지도하기에 앞서, 자신의 영적 성숙을 위하여 늘 말씀을 가까이 하고 기도에 힘쓰는 저희들이 되기를 원합니다. 저희들의 삶을 붙드셔서 더 깊은 영성을 세워나가는 데 소홀히 하지 않게 하옵소서.

주님!

주님께서 저희들에게 맡기신 교사의 직분을 기쁨으로 감당하기를 원합니다. 마지못해 억지로 감당하는 모습이 없게 하시며, 어린 심령들에게 천국을 건설하고, 하나님의 자녀로 양육하는 일에 최선을 다할 수 있게 하여 주옵소서.

입술만 앞세운 교사가 되지 않기를 원합니다. 천국의 씨앗을 키우는 영적인 농부의 마음을 가지고 성실히 감당할 수 있는 저희들이 될 수 있게 하옵소서.

주님!
이 시간에 저희들이 교사모임을 갖습니다. 주일학교의 부흥과 아이들의 영적 유익을 위하여 갖고 있는 생각을 모으고자 합니다.
저희에게 지혜를 더하여 주셔서 갖고 있었던 좋은 생각들을 함께 나눌 수 있게 하시고, 어린심령들에게 꼭 필요한 계획들을 세울 수 있도록 도우시옵소서.

주님!
이 시간에 참석치 못한 교사들도 있습니다. 그들에게 어떤 피치 못할 사정이 있는지 저희는 잘 알 수 없사오니, 그들에게 주님의 나라와 그 의를 위하여 좋은 편을 택할 수 있는 지혜가 있게 하옵소서.

부장님을 언제나 큰 능력으로 붙드셔서, 힘들거나 피곤에 지치지 않게 하시고, 교사들을 영성으로 잘 이끌 수 있도록 인도하시옵소서. 주님이 기뻐하실 생각들을 나눌 수 있는 복된 시간이 되게 하실 것을 믿사옵고, 예수 그리스도의 이름으로 기도합니다. 아멘

영혼이 담긴 찬양을 위하여

영광을 받으시기에 합당하신 주님!
저희들이 입술을 모아 주님을 찬양할 수 있게 하시니 감사합니다.
천사도 흠모하는 영광된 직분으로 세움을 받은 것이 얼마나 감사
한지요. 주님의 영광을 찬양하며 높이는 일에 최선을 다할 수 있는
저희 모두가 되게 하여 주옵소서.

주님!
오늘도 저희들이 찬양 연습을 하고자 이 자리에 모였습니다. 저희
모든 대원들을 성령의 능력으로 붙드셔서 피곤할지라도 마음과 정
성을 다하여 찬양연습에 임할 수 있게 하옵소서.

지휘자를 통하여 찬양의 곡조와 가사를 하나하나 익힐 때마다, 저
희들의 신앙고백도 함께 고백되어서, 주님께 영광을 돌리는 시간이
될 수 있게 하옵소서.

주님!
오늘 이 중요한 자리에 부득불 참석하지 못한 대원들도 있습니다.
주님이 맡겨주신 직분이 얼마나 중요한지를 깨닫게 하셔서, 맡은바
직분을 성실히 감당할 수 있게 하시고, 입술의 찬양이 아닌 영혼의

찬양을 주님께 드릴 수 있도록 찬양연습을 소중히 여기는 그들이 되게 하옵소서.

저희들 또한 영혼을 담은 찬양이 될 수 있도록 영성을 키워나가는 데 마음을 쏟을 수 있게 하여 주옵소서.

매일 말씀을 가까이하는 생활이 되게 하시며, 항상 기도에 힘쓰는 생활이 될 수 있게 하옵소서.

주님!

지휘자님을 기억하셔서 피곤치 않도록 붙들어 주시기 원합니다. 주님께 받은 달란트를 잘 감당 할 수 있게 하시며, 대원들을 사랑으로 잘 지도하고 가르칠 수 있도록 도우시옵소서.

반주자에게도 함께하여 주셔서 힘들지 않도록 도와주시고, 지휘자님과 마음이 하나가 되어 맡겨진 사역을 감당하는데 어려움이 없게 하옵소서.

성가대장님에게도 동일한 은혜로 함께하셔서 저희 대원들을 사랑과 믿음으로 이끌기에 조금도 부족함이 없게 하옵소서.

연습에 임하는 저희 대원들 한 사람 한 사람에게 주의 영으로 충만케 하시며, 목소리도 지켜주시고 보호하여 주실 것을 믿사옵고, 예수 그리스도의 이름으로 기도합니다. 아멘

두 지파 반 같이

고맙고 감사하신 주님!

저희 남전도(선교)회를 사랑하셔서 주님의 몸 된 교회를 든든히 세워나가는데 쓰임 받게 하심을 감사드립니다. 또한, 저희 남전도(선교)회를 사랑하셔서 이 시간에 남전도회 모임을 가질 수 있게 하심을 감사드립니다.

언제나 주님의 사랑과 은혜 안에서 모이기에 힘쓸 수 있는 저희들이 되게 하셔서, 주님께 영광을 돌리고 주님의 사랑을 받는 남전도(선교)회가 되게 하여 주옵소서.

주님!

안타깝게도 오늘 이 자리에 보이지 않는 회원들이 있습니다. 그들의 형편과 처지를 우리 주님이 다 아시고 헤아리실 줄 믿습니다. 또한, 어디서 무엇을 하든지 이 모임을 사랑하는 마음만큼은 변함이 없게 하여 주옵소서.

주님!

저희 남전도(선교)회가 주님을 높이는 일에 앞장 설 수 있게 하여 주옵소서. 축복의 땅 가나안을 정복할 때에 항상 선봉에 서서 싸웠던 두 지파 반과 같이, 저희 남전도(선교)회도 언제나 앞장서게 하셔서 주님의 크신 뜻을 이루어낼 수 있게 하옵소서.

주님의 몸 된 교회를 위해서 언제나 봉사하는 일에 앞장 설 수 있게 하여 주시고, 헌신과 희생이 필요한 곳에 저희들이 있게 하여 주옵소서.

목사님의 말씀에도 언제나 아멘으로 순종함으로 목사님의 목회사역을 힘껏 보필할 수 있게 하시고, 목사님의 마음을 시원케 해드리는 한여름의 얼음냉수와 같은 남전도(선교)회가 되게 하여 주옵소서.

주님!

이 시간, 주의 사업을 위하여 의견을 모으고 계획을 세우고자 모임을 가졌습니다. 성령님께서 저희들 가운데 함께하여 주셔서 사사로운 의견이기보다는 주님이 쓰시는 생각을 나눌 수 있게 하여 주옵소서.

이 모임을 이끌고 계신 회장님께도 함께하여 주셔서 힘들지 않도록 늘 새 힘을 부어주시고, 우리 남전도(선교)회를 주님이 바라시는 대로 잘 이끌고 나갈 수 있게 하여 주옵소서.

이 모임을 성령님이 도우실 것을 믿사오며, 예수 그리스도의 이름으로 기도합니다. 아멘

죽음같이 강한 사랑으로

여인들을 사랑하시는 주님!
연약한 여인들을 통하여 주님의 몸 된 교회를 세우게 하시고, 주님의 귀한 사역을 감당하게 하시며, 천국의 지경을 확장시켜 나가는 도구로 사용하심을 감사드립니다.

힘없고 약한 저희들이지만, 언제나 주님의 영광을 나타내는 의의 도구로 아름답게 쓰임을 받을 수 있게 하옵소서.

주님!
주님을 위해서라면 유월절 만찬을 위하여 자신의 집을 내어드린 마리아와 같은 순종이 있기를 원합니다. 주님을 사랑하는 것이라면 십자가를 지신 주님을 눈물 흘리며 따라간 여인들처럼 죽음같이 강한 사랑을 보일 수 있기를 원합니다.
주님의 몸 된 교회를 섬기는 것이라면 옥합을 깨뜨린 여인과 같이 모든 것을 깨뜨릴 수 있는 헌신을 보일 수 있기를 원합니다.

저희 여전도(선교)회 회원 모두가 아름다운 믿음의 족적을 남긴 여인들처럼 오늘을 살게 하여 주옵소서.
또한, 교회와 가정을 위하여 항상 깨어있어 기도에 힘쓸 수 있게 하시고, 영혼을 사랑하고 구원하는 일에도 마음을 쏟을 수 있는 여전도(선교)회가 될 수 있게 하옵소서.

주님!
여전도회에서 계획한 일들이 있습니다. 주님의 몸 된 교회가 더욱 부흥하는데 꼭 필요한 계획들이 되게 하시고, 목사님의 목양에 도움을 드릴 수 있는 계획들이 될 수 있게 하옵소서.
교회에 궂은 일이 많습니까? 언제나 우리 여전도(선교)회가 앞장서서 기쁨과 즐거움으로 감당할 수 있게 하옵소서.

주님!
이 시간에 여전도회의 발전과 사업을 위하여 생각을 모을 것이 있기에 모임을 갖습니다. 저희의 마음과 생각을 지켜주셔서 여전도회를 든든히 세울 수 있는 유익한 대화들이 오고가게 하옵소서.

회장님과 임,역원들에게도 함께하셔서, 영육 간에 강건함을 주셔서 맡은 직분을 잘 감당할 수 있게 하옵소서.
여인들의 충성을 기뻐하시고 칭찬해주시는 예수 그리스도의 이름으로 기도합니다. 아멘

마음이 뜨거워짐으로

은혜의 주님!

저희들에게 구원의 은혜를 베풀어 주시고, 주님의 진리의 말씀을 탐구해 갈 수 있는 은총을 주심을 감사합니다.

이 시간 달고 오묘한 주님의 말씀을 공부할 때에, 세상 지식을 습득 하듯이 성경공부에 임하는 불량한 자세가 되지 않게 하옵소서.

진리의 말씀을 깨달아 앎으로, 한 말씀이라도 그 말씀에 순종하는 삶을 살기 위하여 성경을 공부하는 자세를 갖출 수 있게 하옵소서.

주님!

믿음이 연약한 저희들에게 천국의 진리를 심어주시기 위하여 목 (전도)사님을 세우심을 감사드립니다. 성경공부를 지도하시는 목 (전도)사님께도 함께 하셔서 피곤치 않게 하시고, 늘 강건함으로 인 도하시옵소서.

주님!

저희를 가르치시는 목(전도)사님을 통하여 말씀을 알아가는 것뿐 만 아니라, 더 깊은 영성으로 초대받을 수 있기를 원합니다. 저희 모 두가 말씀을 공부하는 가운데 살아계신 주님을 만날 수 있게 하옵 소서.

그리하여 엠마오의 제자들 같이 마음이 뜨거워지게 하시며, 믿음의 고백이 넘쳐나게 하셔서, 충성과 헌신을 다짐하며 복음을 전할 수 있게 하옵소서.

이 복 된 자리에 보이지 않는 성도들이 있습니다. 하나님을 힘써 아는데 시간을 투자할 수 있는 성도들이 되게 하시며, 세상의 가치보다 말씀의 가치를 가볍게 여기지 않는 성도들이 되게 하옵소서.

주님!
더 많은 성도들이 하나님을 힘써 아는데 참여하기를 원합니다. 말씀이 없으면 신앙의 성장과 성숙도 없고, 영혼이 피폐해질 수밖에 없음을 깨닫게 하셔서, 주님의 말씀을 공부하는데 시간을 투자할 수 있게 하옵소서.

주님!
오늘 저희들이 주님의 말씀을 배운다고 하지만 지혜가 부족합니다. 하늘의 지혜를 더하여 주셔서 주님의 귀한 말씀을 하나도 놓치지 않게 하옵소서. 도우시는 성령님을 의지하오며, 예수 그리스도의 이름으로 기도합니다. 아멘

응답받는 은혜의 방편

항상 기도에 힘쓰기를 원하시는 주님!
저희들을 사랑하셔서 이 시간에 기도회로 모이게 하심을 감사드립니다. 오늘 저희들이 그 어느 때보다도 기도가 필요한 시기라는 것을 알기에, 특별히 시간을 정하여 기도회로 모이게 되었습니다.

기도야말로 주님께 더 가까이 나아가는 거룩한 은혜의 통로임을 깨닫습니다. 또한, 기도야말로 주님의 응답을 받는 은혜의 방편이 됨을 믿습니다.
기도로 사시며, 항상 깨어있어 기도하시기를 원하신 주님의 뜻을 받들어 항상 기도하며, 주님과 기도로 소통하는 사람이 될 수 있게 하옵소서.

주님!
먼저 저희가 그동안 항상 깨어있어 기도하지 못함을 회개할 수 있기를 원합니다. 기도를 쉬는 것도 죄라고 말씀하였사오니, 기도에 태만했던 저희들의 삶을 돌아보며 회개할 수 있게 하옵소서. 그리고 다시는 기도를 쉬는 죄를 범치 않는 저희 모두가 되게 하여 주옵소서.

이 시간 이후로 저희 모두가 항상 깨어있어 기도하는 기도자로 세움 받기를 원합니다. 저희의 영혼을 만져주옵소서.

주님!
오늘 이 시간 기도 할 때에 기도에 대한 목마름이 영혼 속으로 파고들게 하옵소서. 기도하는 한 사람이 기도 없는 한 민족보다 강하다는 말처럼 저희 모두가 기도의 전사로 거듭나는 이 시간이 될 수 있게 하옵소서.

기도를 하면 할수록 기도에 취할 수 있게 하시며, 더 깊은 기도의 세계를 갈망할 수 있는 저희모두가 되게 하옵소서.
또한 기도를 하면 할수록 오래도록 기도하여도 기도 시간이 짧게만 느껴지게 하시며, 언제나 기도에 대한 갈급함이 저희 심령에 사무칠 수 있게 하옵소서.

이 시간에 저희 모두가, 기도의 파이프를 타고 주님의 능력이 깃드는 것을 체험하게 하실 것을 믿습니다. 오늘 기도회 모임을 인도하는 인도자에게도 함께하셔서, 모인 숫자에 관계없이 힘을 다하여 인도할 수 있게 하옵소서.
기도로 십자가의 승리를 보여주신 예수 그리스도의 이름으로 기도합니다. 아멘

생명이 있는 그날까지

지금도 잃은 양을 찾으시는 주님!
저희들을 죄에서 구원하여 주시고, 주님의 몸 된 교회를 위하여 구원의 역사를 감당하게 하시며, 복음의 빛과 진리의 등불을 밝히게 하시니 감사합니다.

오늘도 저희들이 전도하기 위하여 이 자리에 모였습니다. 저희들을 구원하신 주님의 심정을 가지고 전도에 임할 수 있게 하여 주옵소서. 주님의 사랑에 빚진 자로, 구원과 생명의 복음을 힘써서 전할 수 있는 저희 모두가 되게 하여 주옵소서.

주님!
전도하는 것은 사탄과의 영적 전쟁임을 깨닫습니다. 그러하기에 전도에 나가기에 앞서서 먼저 합심하여 기도합니다. 저희들에게 성령 충만을 허락하여 주셔서 사탄과의 영적전쟁에서 승리할 수 있게 하옵소서.

주님!
복음의 씨를 뿌립니다. 거두시는 이는 주님이시오니, 당장 열매가 보이지 않을지라도 낙심치 말게 하옵소서. 힘을 다하여 복음의 씨를 뿌릴 수 있게 하옵소서.

사람을 만나고 사람을 접촉하는 일입니다. 저희들에게 지혜를 허락하셔서 말과 행동 속에서 주님의 형상을 드러낼 수 있게 하옵소서. 원치 않는 비난의 말을 듣거나 핍박을 받을지라도, 주님의 피 묻은 십자가를 바라보며 참고 인내할 수 있게 하옵소서.

주님!

오늘 저희가 나가서 전도하는 것으로만 영혼구원을 위한 의무를 다한 것으로 생각지 말게 하시며, 접촉한 영혼의 구원을 위하여 기도의 자리로 나아갈 수 있는 저희 모두가 되게 하옵소서.

주님!

사도바울처럼 받을 상급을 바라보며 생명 있는 그날까지, 몸과 시간과 물질을 깨뜨려 복음을 전할 수 있기를 원합니다. 생명의 복음을 외치지 아니하고는 견딜 수 없는 저희의 마음이 될 수 있게 하옵소서.

주님!

저희뿐만이 아니라, 많은 교우들이 영혼에 대한 사랑과 타는 목마름이 있게 하시고, 주님의 복음을 힘써서 전할 수 있는 전도의 도구가 될 수 있게 하옵소서.

전도할 때에 저희와 동행하실 것을 믿사옵고 예수 그리스도의 이름으로 기도합니다. 아멘

섬기면 섬길수록

순종으로 아버지의 뜻을 이루신 주님!
오늘 저희들이 주님의 말씀을 좇아 순종하는 자리로 나오게 하시고, 주님의 영광을 위하여 봉사할 수 있는 마음을 주시니 얼마나 감사한지요.
언제나 봉사의 아름다운 열매를 맺어 주님께 한광주리 드릴 수 있는 저희들이 되게 하옵소서.

주님!
주님의 몸 된 교회에 섬겨야 할 일들이 얼마나 많습니까? 모든 것이 저희들이 해야만 할 것 뿐이오니 기쁜 마음으로 봉사할 수 있게 하옵소서.

몸을 드려 봉사할 때, 다소 서툴고 어설픈 모습이 있을지라도, 성근한 태도를 보시고 기억하셔서 우리 주님이 어여쁘게 보아주시옵소서.

주님!
주님께 봉사하면서도 서로를 향한 배려하는 마음이 우선되게 하시고, 사랑하고 섬기며 이해하고 용납하며 감당할 수 있게 하옵소서.

봉사를 하면 할수록 샘솟는 기쁨이 넘치게 하시고, 섬기면 섬길수록 주님의 마음을 더욱 알아가는 은혜가 있게 하옵소서.

기도하는 마음으로 봉사를 하다가 응답을 받는 축복의 현장이 되게 하시고, 찬송하는 마음으로 봉사를 하다가 걱정 근심이 물러가고 참 평안을 얻는 축복의 현장이 되게 하옵소서.

주님!

저희들이 주님의 몸 된 교회를 위하여 봉사할 때, 봉사의 능력도 경험하기를 원합니다. 저희들의 봉사의 열매가 혹은 백 배, 혹은 육십 배, 혹은 삼십 배로 맺혀지게 하여 주셔서 주님께 큰 영광을 돌리게 하옵소서.

또한, 이 땅에서의 봉사로 인하여 주님의 사랑을 더욱 듬뿍 받고, 그 믿음을 인정받으며, 하늘나라의 영원한 상급으로 이어질 수 있게 하옵소서.

혹, 봉사하다가 오해를 받는 일이 발생할지라도 낙심치 말게 하시고, 합력하여 선을 이루시는 주님을 끝까지 바라보며 열심을 다할 수 있게 하옵소서.

저희의 몸과 마음을 주님께 영광을 돌리는 일에 사용하심을 감사하오며, 저희를 봉사의 자리로 나아가게 하신 예수 그리스도의 이름으로 기도합니다. 아멘

참된 청원

은혜로우시고 거룩하신 아버지,

당신을 알 수 있는 지혜를 주시고

당신을 이해할 수 있는 지성을 주시며

당신을 찾는데 필요한 부지런함을 주시고

당신을 기다리는 인내를 주시며

당신을 볼 수 있는 눈을 주시고

당신을 묵상할 수 있는 마음을 주시며

당신을 전할 수 있는 생명을 주소서.

우리 주님 예수 그리스도의 영의 능력으로써!

– 베네딕투스(Benedictus) 480–547

[2권]
따듯한 섬김을 위한
직분자 무릎 기도문

따듯한 섬김을 위한 직분자 무릎기도문

그리스도인들을 대상으로 '신앙생활하면서 가장 좋은 것이 무엇이냐?'고 물은 결과 '기도하는 것'이라고 답변한 사람들이 가장 많았습니다.
그러나 그리스도인들 중에 기도를 가장 힘들고 어려운 것으로 여기는 사람도 의외로 많았습니다.

교회에서 주님의 귀한 직분을 받은 당신은 어디에 속하십니까?
신앙생활하면서 가장 좋은 것이 기도라는 생각을 갖고 있습니까?
직분을 감당하는 사람이 기도가 버겁고 힘들어지면, 자신은 물론 그가 섬기는 교회는 이미 죽은 교회나 다름없습니다.

직분을 감당하는 자들의 기도가 왜 중요한지는 주님을 보면 알 수 있습니다. 주님은 지상 사역을 감당하실 때, 하늘과 땅의 모든 권세를 가지신 분임에도 불구하고 항상 기도에 힘쓰셨습니다(마28:18).

너무 피곤할 때도 피곤을 무릅쓰고 기도하셨고, 필요할 때면 밤을 지새가며 기도하기를 주저하지 않으셨습니다. 우리 같으면 피곤하거나 힘들면 그냥 집에서 잘 텐데 말이죠.

기도에 힘쓰신 주님을 보면 우리는 그분에게서 가장 먼저 무엇을 닮아가야 하는지를 깨닫게 됩니다.

주님께서 하나님이 주신 사명을 기도무릎으로 감당하셨듯이,

오늘 그분의 몸 된 교회에서 사명과 직분을 받은 우리도 기도무릎으로 사명을 감당해야만 할 것입니다.

기도하는 것을 무리라고 생각하면 안 됩니다.

무리가 되는 것이 기도라면 주님께서 항상 기도할 것을 말씀하지 않으셨기 때문입니다(눅18:1).

성경에 주님께 부름 받은 일꾼으로 사명을 감당한 인물들을 보면 꾸준한 기도생활을 놓치지 않았다는 것입니다.

기도가 그들로 하여금 세상이 감당치 못하는 믿음의 사람으로 쓰임 받게 했습니다.

기도는 하나님의 능력이 깃드는 통로요, 교회를 변화시키고 세상을 변화시키는 능력이 기도무릎에 있다는 것을 잊지 말아야겠습니다.

[효과적인 사용을 위한 안내]

이 기도문은 직분자를 위한 개인 기도문입니다.
늘 언제 어디서나 간절한 마음으로 읽고 체크하며 기도하시기 바랍니다.

1. 이 책의 기도문을 참고하여 기도하고 싶을 때 장소에 관계없이 언제나 사용하십시오.

2. 기도할 때 가능하면 상단에 있는 말씀 큐티(Q.T)를 먼저 하고 기도의 내용을 보시면 더 유익합니다.

3. 눈으로 보기만하는 기도보다 소리 내어 읽으며 기도하는 습관을 길러가는 것이 매우 좋습니다.

4. 동일한 기도문을 계속 반복하여 읽으며 기도하십시오. 기도문구들이 입에 붙으면 대표기도나 다른 형식의 기도를 할 때도 도움이 됩니다.

5. 특별히 은혜가 되는 기도 문구는 계속 반복하여 읽으면 감동이 마음으로 전달됩니다.

6. 구역, 속회, 셀 모임을 가질 때마다 중보기도 시간에 이 기도문을 활용하면 성숙한 신앙생활에 도움을 받을 수 있습니다.

7. 이 책을 혼자 읽을 때에 한쪽 손을 가슴에 대고 읽어보십시오. 기도의 내용이 가슴으로 전달되는 것을 느끼게 될 것입니다.

8. 기도한 날짜를 꼼꼼히 체크해보십시오. 이 책의 기도문은 읽기용이 아니라, 더 깊은 기도생활을 할 수 있도록 도움을 주기 위한 책입니다.

9. 교회와 같은 특별한 기도처에서도, 이 책의 기도문을 참고하면서 기도하면 개인기도와 중보기도를 할 때에 많은 도움이 될 수 있습니다.

10. 교회의 직분자가 이 기도문을 모범으로 활용하여 기도와 밀접한 관계를 갖는다면, 하나님의 은혜의 통로를 열어가는 복된 삶이 될 것입니다.

직분자의 복된 생활

너희를 박해하는 자를 축복하라 축복하고 저주하지 말라

즐거워하는 자들과 함께 즐거워하고 우는 자들과 함께 울라

서로 마음을 같이하며 높은 데 마음을 두지 말고

도리어 낮은 데 처하며 스스로 지혜 있는 체 하지 말라

아무에게도 악을 악으로 갚지 말고

모든 사람 앞에 선한 일을 도모하라

할 수 있거든 너희로서는 모든 사람과 더불어 화목하라

내 사랑하는 아들아 너희가 친히 원수를 갚지 말고

하나님의 진노하심에 맡기라 기록되었으되

원수 갚는 것이 내게 있으니 내가 갚으리라고

주께서 말씀하시니라 네 원수가 주리거든 먹이고

목마르거든 마시게 하라.

그리함으로 네가 숯불을 그 머리에 쌓아놓으리라

악에게 지지 말고 선으로 악을 이기라

(로마서 12장 14~21절).

직분자의 복된 자세

내게 주신 은혜로 말미암아 너희 각 사람에게 말하노니

마땅히 생각할 그 이상의 생각을 품지 말고

오직 하나님께서 각 사람에게 나누어 주신

믿음의 분량대로 지혜롭게 생각하라

우리가 한 몸에 많은 지체를 가졌으나

모든 지체가 같은 기능을 가진 것이 아니니

이와 같이 우리 많은 사람이 그리스도 안에서 한 몸이 되어

서로 지체가 되었느니라

우리에게 주신 은혜대로 받은 은사가 각각 다르니

혹 예언이면 믿음의 분수대로 혹 섬기는 일이면 섬기는 일로 혹 가르치는

자면 가르치는 일로

혹 위로하는 자면 위로하는 일로

구제하는 자는 성실함으로 다스리는 자는 부지런함으로

긍휼을 베푸는 자는 즐거움으로 할 것이니라

사랑에는 거짓이 없나니 악을 미워하고 선에 속하라

(로마서 12장 3~9절).

A prayer

for spiritual maturity

당신의 능력에 합당한 사명을 위해 기도하지 마십시오.

오히려 당신의 사명에 합당한 능력을 구하십시오.

편안한 삶을 위해 기도하지 마십시오.

강한 사람이 되도록 기도하십시오.

_필립스 브룩스

제1부

성숙한 믿음을 위한

직분자 무릎 대표기도문

주님의 일꾼으로 쓰임 받게 하소서

Power of word

오직 모든 일에 그리스도의 일꾼으로 자천하여 많이 견디는 것과 환난과 궁핍과 고난과 매 맞음과 갇힘과 난동과 수고로움과 자지 못함과 먹지 못함 가운데서도 깨끗함과 지식과 오래 참음과 자비함과 성령의 감화와 거짓이 없는 사랑과 진리의 말씀과 하나님의 능력으로 의의 무기를 가지고(고린도후서 6:4~7절)

은혜의 주님!
무가치하고 무자격한 이 죄인을 사랑하여 주셔서 주님의 일꾼으로 세워주시니 얼마나 감사한지요. 주님의 놀라우신 사랑과 한량없는 은혜에 감격할 뿐이옵니다.

주님!
이 못난 죄인이 주님이 쓰시는 일꾼으로 세움을 받았사오니 주님의 마음에 합한 사람이 되게 하시고, 주님이 쓰시기에 합당한 그릇이 되게 하옵소서.
교회를 향하신 주님의 거룩하신 뜻과 비전을 이루는데, 희생의 욕구를 충족시키는 도구로 쓰임 받기를 원합니다.
언제나 교회를 위하여 받을 수 있는 괴로움을 기뻐하며, 교회를 위하여 주님이 남기신 고난을 육체에 채우는 것을 즐거워할 수 있게 하옵소서(골1:24).

또한, 주님의 몸 된 교회를 위하여 아낌없이 닳아서 없어지는 일꾼이 되기를 원합니다. 세상을 사랑한 데마와 같이 녹슬어 없어지는 삶으로 향하는 일이 없게 하시고, 주님을 위하여 죽도록 충성하는 것을 최고의 행복으로 삼을 수 있는 일꾼이 되게 하옵소서.

주님!
저희교회에 속한 모든 교우와 직분자들도 주님께 쓰임 받는 일꾼들이 되기를 원합니다. 그리하여 이 땅위에 주님의 몸 된 교회가 든든히 서가는 거룩한 영광을 볼 수 있게 하시고, 교회가 세상을 향하여 축복의 통로가 되는 것을 보며 감격과 위로를 얻게 하옵소서.

주님의 몸 된 교회를 위한 더 많은 희생이 필요할 때, 주님의 일꾼으로 쓰임 받게 하심을 감사하오며, 예수 그리스도의 이름으로 기도합니다. 아멘

[기도체크]

Guide for a prayer
진정한 기도의 사람은 하나님의 마음을 살필 줄 아는 것이 습관화되어 있고, 그 뜻을 이루기 위하여 마음을 쏟아야 합니다.

헌신하는 믿음을 갖게 하소서

Power of word

내가 진실로 진실로 너희에게 이르노니 한 알의 밀이 땅에 떨어져 죽지 아니하면 한 알 그대로 있고 죽으면 많은 열매를 맺느니라. 자기 생명을 사랑하는 자는 잃어버릴 것이요 이 세상에서 자기 생명을 미워하는 자는 영생하도록 보전하리라(요한복음 12장 24~25절)

은혜의 주님!
보잘 것 없는 이 죄인에게 천사도 흠모하는 주님의 거룩한 직분을 맡겨주심을 감사합니다.
제 삶을 돌아보면 주님의 은혜를 저버리는 일들이 얼마나 많았는지 모릅니다. 알면서도 그렇게 살았던 제 모습이었습니다. 용서하여 주옵소서.

주님!
주님의 귀한 직분을 받은 자로 더욱 헌신하는 믿음을 갖기 위하여 기도합니다. 주님은 한 알의 밀이 땅에 떨어져 죽어야 많은 열매를 낼 수 있다고 말씀하셨는데, 참으로 밀알 되기가 그렇게 힘들고 어렵다는 것을 절감합니다. 주님의 말씀과 능력은 제 곁에 쉼 없는데, 저의 헌신과 희생은 항상 잠을 자고 있습니다.

주님!

이제는 주님 앞에서 저의 찌꺼기 같은 시간을 그만 드리게 하옵소서. 찌꺼기 같은 재물을 그만 바치게 하옵소서. 찌꺼기 같은 정성도 그만 드리게 하시고, 찌꺼기 같은 믿음도 그만 보이게 하옵소서.

주님!

이제 주님 앞에서는 입이 열 개라도 핑계치 않는 믿음이 될 수 있게 하시고, 몸이 열 개라도 이유를 달지 않는 믿음이 되게 하옵소서. 언제나 주님을 위하여 일할 수 있는 믿음이 될 수 있게 하시고, 주님을 위하여 뛸 수 있는 믿음이 되게 하옵소서.

언제나 제 삶이, 주님의 몸 된 교회가 부흥하고 성장하는데 옥합을 깨트리는 삶이 되게 하시고, 주님이 겪으신 고난의 자리에 몸을 던질 수 있는 삶이 되게 하옵소서.

고상하고 영광된 자리를 탐하기보다 주님을 위하여 철저히 닳아서 없어지기를 소원합니다. 십자가에서 모든 것을 깨트리신 예수 그리스도의 이름으로 기도합니다. 아멘

[기도체크]

Guide for a prayer

하나님은 당신에게 모리아 산과 같은, 얍복 강 나루터와 같은, 갈멜산과 같은 기도의 현장을 원하십니다.

사명에 붙들려 살게 하소서

Power of word

내가 달려갈 길과 주 예수께 받은 사명 곧 하나님의 은혜의 복음을 증언하는 일을 마치려 함에는 나의 생명조차 조금도 귀한 것으로 여기지 아니하노라(사도행전 20장 24절)

사랑의 주님!

미련하고 우둔한 저에게도 주님의 귀한 사명을 맡겨주시니 감사합니다. 주님을 떠나 먼 길로 가려던 베드로를 다시 찾아가셔서 상심한 마음을 위로해 주시고, 사랑으로 덮으시며 다시 사명을 맡겨주셨던 주님, 지금 저에게도 그렇게 찾아오시는 주님이심을 깨닫습니다.

주님!

저는 이제껏 주님의 주신 사명을 얼마나 많이 팽개치며 살았는지 모릅니다. 그러나 못난 이 죄인을 포기하지 않으시고 끝까지 찾아오셔서 사명을 감당할 수 있도록 이끄시는 주님의 사랑을 생각할 때 부끄러워 머리를 들 수 없습니다.

주님!

이제는 주님이 맡기신 귀한 사명을 뒤로하고 주님과 멀리 떨어진 곳으로 발걸음을 옮기는 일이 없게 하옵소서. 이제는 주님의 피 묻은 십자가를 우두커니 지켜보고만 있는 것이 아니라, 주님과 함께 지고 가는 십자가의 군병이 되게 하옵소서.

무수히 많은 땀방울이 떨어지고 그 숱한 상처들을 받는다할지라도 주님이 주신 사명의 길을 끝까지 달려가는 삶이 되게 하옵소서.

주님!

언제나 사명의 자리에 있는 것을 기뻐할 수 있게 하시고, 사명으로 몸을 드리고, 시간을 드리고, 물질을 드릴 수 있는 것을 즐거움으로 삼을 수 있게 하옵소서. 이 땅을 살아가는 동안 주님이 주신 사명에 붙들려 살 수만 있다면 그것이 주님의 자녀가 누릴 수 있는 최고의 영광이라는 것을 잊지 말게 하옵소서.

주님의 몸 된 교회에도 사명을 감당하는 자들이 넘쳐나기를 원합니다. 저마다 주님을 위하여 희생의 욕구를 충족시킴으로 어두운 시대를 향하여 복음의 빛을 밝힐 수 있게 하옵소서. 감사하오며, 예수 그리스도의 이름으로 기도합니다. 아멘

[기도체크]

Guide for a prayer

기도는 하나님의 뜻을 바꾸는 것이 아니라 하나님의 뜻에 대한 나의 자세를 바꾸는 것입니다.

지고 갈 십자가가 있게 하소서

Power of word

이에 예수께서 제자들에게 이르시되 누구든지 나를 따라오려거든 자기를 부인하고 자기 십자가를 지고 나를 따를 것이니라 누구든지 제 목숨을 구원하고자 하면 잃을 것이요 누구든지 나를 위하여 제 목숨을 잃으면 찾으리라(마태복음 16장 24~25절)

십자가의 사랑을 보여주신 주님!

그 사랑이 있었기에 지금의 제가 영생의 복을 누리는 주님의 백성이 되었음을 믿고 감사드립니다.

하지만, 주님의 피 묻은 십자가를 바라볼 때마다 아직도 주님을 따르지 못하고 있는 제 모습이 너무나 부끄럽기만 합니다. 용서하여 주옵소서.

주님!

이제라도 "자기를 부인하고 자기 십자가를 지고 나를 따를 것이니라"는 주님의 말씀에 순종할 수 있게 하옵소서.

혹, 제가 짊어진 십자가가 무겁다고 가볍게 되기를 구하지 말게 하시고, 힘에 겹다고 내려놓고 싶은 충동에 휩싸이지 않게 하옵소서.

하늘의 귀한 상급을 바라보며 끝까지 제 십자가를 지고 주님의 뒤를 따를 수 있게 하옵소서.

고통스러울 땐 주님의 피 묻은 십자가를 바라보며 새 힘을 얻을 수 있게 하시고, 주저앉고 싶을땐 저를 업고 가시는 주님의 사랑을 생각하며 위로를 얻게 하옵소서.

말할 수 없는 부담이 밀려올 때 그 부담이 곧 주님이 주신 사명이라는 것을 기억하게 하시고, 뼈아픈 실패가 찾아와도 십자가로 승리를 보여주신 주님을 바라보며 끝까지 일어서는 믿음이 되게 하옵소서.

주님!
주님의 제자로 이 땅을 살아가는 동안 육신의 것들은 모두 사라지고 구속하신 주님의 십자가의 사랑만 제 속에 남아있게 하옵소서. 그 십자가를 자랑하게 하시고, 그 십자가의 능력으로 감당할 수 없는 것까지도 감당할 수 있는 삶이 되게 하옵소서.
십자가를 통하여 고난의 유익을 누리게 하시는 예수 그리스도의 이름으로 기도합니다. 아멘

[기도체크]

Guide for a prayer
더 많이 기도할수록 주님의 피 묻은 십자가가 확실하게 보이고, 그 십자가가 나를 위한 것임을 깨닫습니다.

참된 제자가 되게 하소서

Power of word

너희 안에 이 마음을 품으라 곧 그리스도 예수의 마음이니 그는 근본 하나님의 본체시나 하나님과 동등 됨을 취할 것으로 여기지 아니하시고 오히려 자기를 비워 종의 형체를 가지사 사람들과 같이 되셨고 사람의 모양으로 나타나사 자기를 낮추시고 죽기까지 복종하셨으니 곧 십자가에 죽으심이라.(빌립보서 2장 5~8절)

자비하신 주님!

주님의 끝없으신 사랑과 은혜로 주님의 뜻을 따라 살아갈 수 있게 하시니 감사합니다. 항상 주님의 은혜와 사랑을 잊지 않고 제 모든 것을 아낌없이 깨뜨려 주님을 따라갈 수 있는 삶이되기를 원합니다.

그러나 주님 앞에 설 때마다 베드로처럼 실패의 자리에 있는 제 자신을 발견합니다. 입술의 고백만 앞세우고 여전히 육신의 일에 얽매여 바삐 움직이는 제 모습이 너무나 부끄럽기만 합니다. 늘 육신의 굴레를 벗어나지 못하는 나약한 제 믿음을 꾸짖어 주옵소서.

주님!

실패한 베드로를 다시 찾으신 주님의 사랑에 용기를 얻어 기도합니다. 주님의 참된 제자로 쓰임 받는 삶이 되게 하옵소서. 이제는 쟁기를 잡고 뒤를 돌아보는 삶이 아니라, 인생의 모든 문제는 주님께 맡기고 십자가에서 죽기까지 복종하셨던 주님을 본받아 그 뒤를 따라갈 수 있는 삶이 되게 하옵소서.

어렵고 힘들지라도 주님의 뜻을 이루어 내는 것이 저의 기쁨이 되게 하시고, 주님의 간절한 소원을 이루어 드리는 것이 저의 행복이 되게 하옵소서.
누구나 주저하고 피하고 싶은 일일지라도 주님이 뜻하신 일이라면 망설임이 없게 하시고, 주님께서 높임을 받고 영광을 받으시는 일이라면 핍박이나 고난 받는 것도 즐거워할 수 있는 삶이 되게 하옵소서.

주님!
주님의 마음이 저의 마음이 되기를 원합니다. 주님의 관심이 저의 관심이 되기를 원합니다. 저로 하여금 제자의 삶이 주님께 온전히 드려지게 하옵소서. 예수 그리스도의 이름으로 기도합니다. 아멘

[기도체크]

Guide for a prayer
하나님이 기뻐하시는 기도는 화려한 말솜씨를 동반한 기도가 아니라, 가난한 마음으로 주님의 긍휼하심을 바라보는 기도입니다.

불을 붙일 수 있게 하소서

Power of word

내가 불을 땅에 던지러 왔노니 이 불이 이미 붙었으면 내가 무엇을 원하리요(누가복음 12장 49절)

사랑과 은혜가 풍성하신 주님!
고달픈 인생길을 언제나 붙잡아 주셔서 절망과 낙심 가운데 방황하지 않도록 인도하심을 감사합니다. 내 진정 사모하는 마음으로 주님의 이름을 높이 부르는 삶이 되게 하옵소서.

주님!
이 못난 죄인을 위하여 주님이 열심을 내셨듯이, 저 또한 열심을 품고 주님을 섬길 수 있는 삶이되기를 원합니다. 그동안 열심을 품고 신앙생활을 하지 못했던 것을 반성하며 다시 한 번 행함이 있는 믿음으로 불을 붙일 수 있게 하옵소서.

저의 예배생활이 자리만 따뜻하게 데워놓는 형식적인 예배생활이 되지 않기를 원합니다.
모든 예배마다 기다려지게 하셔서 주님을 간절히 사모하는 마음으로 예배의 자리를 찾을 수 있게 하옵소서.

저의 방만한 기도생활에도 불을 붙일 수 있기를 원합니다. 뜨겁고, 더 간절한 기도를 통하여 주님과 더 깊은 교제를 나눌 수 있게 하시고, 더 깊은 영적인 단계로 나아갈 수 있게 하옵소서.

저의 미온적이었던 봉사생활에도 불을 붙일 수 있기를 원합니다. 주님의 몸 된 교회를 위하여 영혼까지 지칠 수 있는 섬김이 되게 하셔서 모든 것을 깨뜨리신 주님의 형상을 닮아갈 수 있게 하옵소서.

저의 적극적이지 못했던 전도생활에도 불을 붙일 수 있기를 원합니다. 사람들이 거부할지라도 생활현장에서 복음을 전하기에 힘쓰게 하셔서, 주님이 분부하신 명령을 준행하며 천국의 지경을 확장해 나갈 수 있게 하옵소서.

또한, 더 많이 사랑하기에도 힘쓸 수 있게 하옵소서. 감당하기 힘든 자기희생이 뒤따를지라도 더 많이 사랑하게 하셔서 주님의 십자가의 사랑이 제 삶으로 증거 되게 하옵소서. 예수 그리스도의 이름으로 기도합니다. 아멘

[기도체크]

Guide for a prayer
불붙는 신앙에 불붙는 기도가 있고, 불붙는 기도에 불을 붙이시는 주님의 응답이 있습니다.

성숙한 신앙이 되게 하소서

Power of word

이는 우리가 이제부터 어린아이가 되지 아니하여 사람의 속임수와 간사한 유혹에 빠져 온갖 교훈의 풍조에 밀려 요동하지 않게 하려 함이라 오직 사랑 안에서 참된 것을 하여 범사에 그에게까지 자랄지라 그는 머리니 곧 그리스도라(빌립보서 4장 14~15절)

소망이 되신 주님!
죽음의 공포에서 이 죄인을 건지시고 천국을 향한 영원한 소망을 갖게 하시니 감사합니다. 이 땅을 살아가는 동안 주님을 향한 사모함이 가득하게 하옵소서.

주님!
주님이 기뻐하시고 인정하시는 성숙한 신앙을 갖기 위하여 기도합니다. 저로 하여금 주님의 영광만을 생각하며 살아갈 수 있는 성숙한 신앙이 되게 하옵소서.
주님을 위해서 충성하며 헌신하되 불평하는 일이 없게 하시고, 교회를 위해서 봉사하며 섬기되 교만을 앞세우는 일이 없게 하옵소서. 혹, 저보다 더 열심을 보이는 교우가 있다면 시기하거나 질투하는 일이 없게 하시고, 겸손한 마음으로 칭찬하고 응원해주며 그 열심을 본받을 수 있게 하옵소서.
주님!

주님께 드릴 예배에도 열심을 낼 수 있게 하옵소서. 항상 삶의 우선권을 예배에 둠으로, 예배를 사랑하는 것이 주님을 사랑하는 것으로 표현되게 하옵소서.

기도생활에도 열심을 낼 수 있게 하옵소서. 자신을 위한 기도보다 타인을 위한 간구로 기도의 지평을 넓혀가게 하셔서 주님의 기도를 본받을 수 있게 하옵소서.

또한, 아무리 어렵고 힘들더라도 주님께 드릴 예물에는 손대는 일이 없게 하옵소서. 쓸 것은 없어도 주님께 드릴 예물은 항상 준비되어 있는 믿음이 되게 하옵소서.

주님의 몸 된 교회에, 꺼리고 망설여지는 일이 있다면 먼저 할 수 있게 하시고, 불편하고 힘든 일이 있다면 선봉에 설 수 있는 신앙이 되게 하옵소서.

성숙한 신앙으로 주님께 기쁨이 되기를 원하오며, 예수 그리스도의 이름으로 기도합니다. 아멘

[기도체크]

Guide for a prayer

하나님은 말을 많이 하는 입술의 기도보다 간절함으로 마음을 쏟는 기도에 관심을 갖고 계십니다.

하나님께 영광을 돌리게 하소서

Power of word

너희 몸은 너희가 하나님께로부터 받은바 너희 가운데 계신 성령의 전인 줄을 알지 못하느냐 너희는 너희 자신의 것이 아니라 값으로 산 것이 되었으니 그런즉 너희 몸으로 하나님께 영광을 돌리라(고린도전서 6장 19~20절)

큰 영광을 받으실 주님!
이 죄인을 사랑하여 주셔서 호흡이 있는 동안에 주님을 경배하며 영광 돌리는 삶을 살게 하시니 감사합니다.
항상 주님의 크신 사랑을 받고 있는 존재임을 기억하며 헛된 영광을 좇아가지 않게 하옵소서.

주님!
태어나실 때부터 하나님께 영광이 되시고, 행하시는 사역들을 통해 하나님께 영광이 되시며, 십자가의 삶을 마치는 순간에도 하나님께 영광이 되셨던 예수님을 닮아가기를 원합니다. 일생을 다하도록 오직 하나님께 영광이 되는 일들만 좇아갈 수 있게 하옵소서.

저의 예배생활이 하나님께 영광이 되기를 원합니다. 전심으로 주님을 경배하고, 마음을 담아 예물을 드리며, 사모함으로 말씀을 들을 때마다 그것이 하나님께 기쁨과 영광이 되게 하옵소서.

저의 봉사생활도 하나님께 영광이 되기를 원합니다. 몸을 드리고 물질을 드려 섬김의 사역을 감당할 때마다 그것이 하나님께 기쁨과 영광이 되게 하옵소서.

저의 일상생활도 하나님께 영광이 되기를 원합니다. 주님의 내재하심과 역사하심으로 성령의 열매를 맺어갈 때마다 그것이 하나님께 기쁨과 영광이 되게 하옵소서.

주님!
때때로 제가 겪는 고난과 시련을 통해서도 하나님께 영광이 되기를 원합니다. 저의 고통과 아픔을 통해서도 하나님이 받으실 영광이 있다는 것을 기억하며 감사하게 하옵소서.
제가 숨 쉬고 있는 것조차도 하나님께 기쁨과 영광이 되기를 원하오며, 영광을 받으실 예수 그리스도의 이름으로 기도합니다. 아멘

[기도체크]

Guide for a prayer
기도의 본질은 응답이 아니라, 하나님이 기도하는 자를 통하여 받으실 영광이 있어야 한다는 것입니다.

하나님의 전신갑주를 입게 하소서

Power of word

마귀의 간계를 능히 대적하기 위하여 하나님의 전신 갑주를 입으라 우리의 씨름은 혈과 육을 상대하는 것이 아니요 통치자들과 권세들과 어둠의 세상 주관자들과 하늘에 있는 악의 영들을 상대함이라(에베소서 6장 11~12절)

악한 마귀를 멸하려고 이 땅에 오신 주님!
마귀의 권세 아래 있었던 이 죄인을 구원하시고 하나님의 자녀의 권세를 가진 자로 살아갈 수 있게 하시니 감사합니다. 또한, 악한 영을 대적하는 영적군사로 부르신 은혜를 감사합니다.

주님!
마귀를 대적하는 그리스도의 좋은 군사가 되기 원하여 기도합니다. 세상은 점점 더 악해져가고 있고, 주의 백성을 유혹하는 사단의 무리는 갈수록 극성을 부리고 있음을 피부로 느낍니다. 수많은 주의 백성들조차도 이미 사단의 유혹에 넘어가고 있고, 주님을 멀리하고 있습니다.

하나님의 나라와 주의 백성들을 대적하는 마귀는 우는 사자와 같이 두루 다니며 삼킬 자를 찾고 있사오니, 이러한 마귀를 능히 대적하기 위하여 하나님의 전신갑주를 입게 하옵소서.

마귀에게 영적인 틈을 보이지 않기 위하여 철저하게 말씀으로 무장하게 하시고, 쉬지 않고 기도에 힘쓰며, 겸손으로 허리를 동이는 신앙생활이 되게 하옵소서.

또한, 마귀가 좋아하는 것이라면 철저히 눈을 가리고 귀를 막을 수 있게 하시고, 마귀가 싫어하는 것이라면 힘을 다하여 마귀의 사기를 땅에 떨어뜨리는 주의 제자가 되게 하옵소서.

주위에서 우리를 넘어뜨리려고 하는 수많은 대적자가 일어난다 할지라도 절대로 마귀의 꾐에 넘어가는 일이 없게 하시고, 믿음의 사람 욥과 같이 승리하는 믿음이 되게 하옵소서.

마귀에게 철퇴를 가하고 마귀의 진을 파하며, 마귀의 진마다 십자가의 깃발을 꽂는 영적 기수가 되기를 원하오며, 예수 그리스도의 이름으로 기도합니다. 아멘

[기도체크]

Guide for a prayer
그리스도인의 기도의 목적은 하나님께로부터 사탄의 전술전략을 미리 제공받아 사탄의 계교를 무력화시키는 데 있습니다.

깨뜨리는 믿음이 되게 하소서

Power of word

의인을 위하여 죽는 자가 쉽지 않고 선인을 위하여 용감히 죽는 자가 혹 있거니와 우리가 아직 죄인 되었을 때에 그리스도께서 우리를 위하여 죽으심으로 하나님께서 우리에게 대한 자기의 사랑을 확증하셨느니라(로마서 5장 8절)

지극하신 사랑으로 함께하시는 주님!
이 못난 죄인을 위하여 목숨까지 버리신 그 크신 사랑을 생각할 때 한없이 감사할 뿐이옵니다. 감격과 감사의 마음을 가지고 주님을 경배하오니 기쁘게 받으시옵소서.

주님!
주님께서 자신의 몸을 십자가에 깨뜨리심으로 이 못난 죄인을 영원한 생명의 길로 인도하셨사오니, 저도 제 자신을 깨뜨려 주님의 은혜와 사랑에 보답하는 삶이되기를 간절히 소망합니다.
그동안 가지려고만 했고, 채우려고만 힘썼던 삶에서, 이제는 깨뜨리는 삶을 살아감으로 제 삶에도 십자가의 그 사랑을 채울 수 있게 하옵소서.

주님의 몸 된 교회를 위해서 제 자신을 잘 깨뜨림으로 교회를 든든히 세우고, 믿음의 형제자매들을 신앙으로 부요케 할 수 있는 삶이 되게 하옵소서. 일상생활에서도 제 자신을 잘 깨뜨림으로 많은 영혼을 주님께로 인도하며 천국의 지경을 확장시켜 나가는 삶이되게 하옵소서.

가정에서도 제 자신을 잘 깨뜨림으로 온 식구가 하나님을 잘 공경하고 예수님을 본받아 사는 믿음의 가정을 세워나갈 수 있게 하옵소서.

주님!
이 땅을 살아가는 동안 주님을 본받아 더 잘 깨뜨리는 것이 저의 습관이 되기를 원합니다. 더 많이 깨뜨리고, 더 철저히 깨뜨리는 것이 저의 버릇이 되기를 원합니다.

주님이 보이셨던 희생의 욕구와 순종의 욕구가 저의 삶에서 그대로 배어나오게 하셔서 주님의 뜻하심과 형상을 이루는 삶이 되게 하옵소서. 저의 깨뜨림이 주님의 기쁨과 자랑이 되기를 원하오며, 예수 그리스도의 이름으로 기도합니다. 아멘

[기도체크]

Guide for a prayer
하나님은 자기의 모든 것을 깨뜨릴 줄 아는 자에게 서둘러 응답의 통로를 열어놓으십니다.

더욱 큰 은사를 사모하게 하소서

Power of word

너희는 더욱 큰 은사를 사모하라 내가 또한 가장 좋은 길을 너희에게 보이시리라
(고린도전서 12장 31절)

영광 받으실 주님!

죄의 종으로 살던 이 죄인을 구속하셔서서 주님의 거룩한 백성으로 다시 살게 하여 주시니 얼마나 감사한지요.

이 땅에서 저희의 생명이 다하는 날까지 주님의 베푸신 은혜와 은 총에 감사하며 영광 돌리는 삶이 되게 하옵소서.

주님!

이 죄인이 주님의 영광을 나타내는 온전한 도구로 쓰임받기 위하여 더욱 큰 은사를 사모합니다. 주님을 향한 이 죄인의 마음을 기쁘게 보시고, 사모하는 제 마음에 성령의 은사로 충만하게 하옵소서.

주님!

제 마음에 사랑의 은사를 충만하게 채워주옵소서. 그리하여 저희를 위하여 죽음까지도 기꺼이 받아들이셨던 십자가의 그 사랑을 나타낼 수 있는 제자가 되게 하옵소서.

기도의 은사도 충만하게 채워주옵소서. 그리하여 주님과 더 깊은 교제를 나누며, 주님이 사랑하시는 자들을 위하여 마음을 쏟아 기도할 수 있는 제자가 되게 하옵소서.

말씀의 은사도 충만하게 채워주옵소서. 그리하여 말씀을 읽을 때마다 송이 꿀보다도 더 단 주님의 말씀을 맛볼 수 있게 하시며, 말씀의 능력을 세상에 쏟아놓을 수 있는 제자가 되게 하옵소서.
물질의 은사도 충만하게 채워주옵소서. 그리하여 주님의 마음을 담아낼 수 있는 곳에 주님의 손과 발을 대신하며, 주님의 사랑을 보여줄 수 있는 제자가 되게 하옵소서.

전도의 은사도 충만하게 채워주옵소서. 그리하여 주님이 구원하시려는 많은 영혼을 주님께로 인도하는 사람을 낚는 어부가 되게 하옵소서.
은사를 사모하는 자에게 각양 좋은 은사로 채워주실 것을 믿사오며, 예수 그리스도의 이름으로 기도합니다. 아멘

[기도체크]

Guide for a prayer
하나님은 신앙의 크기를 재기 위해서 은사를 사모하는 자에게는 은사를 주시지 않습니다. 은사는 섬기는 자에게 필요한 것이기 때문입니다.

형식주의 신앙을 버리게 하소서

Power of word

일어나라 빛을 발하라 이는 네 빛이 이르렀고 여호와의 영광이 네 위에 임하였음
이니라 보라 어둠이 땅을 덮을 것이며 캄캄함이 만민을 가리려니와 오직 여호와
께서 네 위에 임하실 것이며 그의 영광이 네 위에 나타나리니 나라들은 네 빛으로,
왕들은 비치는 네 광명으로 나아오리라 (이사야 41장 1~3절)

사랑의 주님!
혼란스럽고 힘든 세상 속에서도 믿음으로 살아갈 수 있도록 인도
하심을 감사합니다. 주님이 제 손을 잡고 계시기에, 어려움 속에서
도 아주 넘어지지 않는 삶이 됐음을 고백합니다.

주님!
세상이 어렵고 힘들다는 이유로 때우기 식의 신앙생활이나, 형식적
인 신앙생활로 기울어지지 않기 위하여 기도합니다. 굳세게 붙들어
주옵소서.

어둠이 깊을수록 빛은 더욱 선명하게 비추일 수 있다는 사실을 기
억하여 신앙의 빛을 밝게 비출 수 있는 신앙생활을 할 수 있게 하옵
소서.

세상이 원하는 방법대로 끌려가지 않게 하시고, 오히려 세상을 주님이 원하시는 대로 끌고 갈 수 있는 신앙생활을 할 수 있게 하옵소서.

어두운 곳마다 주님의 강한 빛으로 환하게 비출 수 있게 하시고, 그늘진 곳마다 아침의 빛 같은 소망을 심어줄 수 있는 신앙생활을 할 수 있게 하옵소서.

불리하다는 이유로 불의를 용납하는 일이 없게 하시고, 고난이 따른다는 이유로 진리를 외면하는 일이 없게 하옵소서. 주님께 부름 받은 십자가의 군병답게 담대함을 가지고 힘 있게 전진할 수 있는 신앙생활이 되게 하옵소서.

주님의 몸 된 교회도 어두운 세상을 밝게 비추일 수 있는 구원의 등대가 되기를 원합니다.

세상이 황토먼지 흩날리는 메마름이 계속되어도, 주님의 교회만큼은 은혜의 단비가 충만하게 내릴 수 있게 하시고, 빛을 잃어가는 이 시대에 구원의 빛, 생명의 빛을 비출 수 있는 교회가 되게 하여 주옵소서. 참 빛이신 예수 그리스도의 이름으로 기도합니다. 아멘

[기도체크]

Guide for a prayer

하나님은 어디서든지 기도하면 들어주시지만 특별히 성전에서 기도하는 자에게 응답하시기를 즐거워하십니다. 성전은 하나님이 그 이름을 두신 곳이기 때문입니다.

눈물의 기도가 있게 하소서

Power of word

예수께서 돌이켜 그들을 향하여 이르시되 예루살렘의 딸들아 나를 위하여 울지 말고 너희와 너희 자녀를 위하여 울라 보라 날이 이르면 사람이 말하기를 잉태하지 못하는 이와 해산하지 못한 배와 먹이지 못한 젖이 복이 있다 하리라(누가복음 23장 28~29절)

사랑의 주님!
십자가로 죽음같이 강한 사랑을 보여주셨기에 그 사랑을 통하여 제가 살림을 받게 된 것을 믿습니다.
주님의 그 사랑 앞에서 아무렇지도 않은 듯 육욕만을 채우며 살려고 했던 제 모습이 한 없이 부끄럽기만 합니다.
기도할 때마다 주님의 사랑을 전하며 살겠다는 저의 다짐이 공허한 외침으로만 그치지 말게 하시옵소서.

주님!
세상에 계실 때도 그러셨고, 지금도 하늘 보좌 우편에서 연약한 이 죄인을 위하여 탄식의 기도를 하고 계실 주님을 생각하며, 제가 무엇에 힘써야 하는지를 다시 한 번 깨닫습니다.

주님!

주님의 눈물의 기도를 본받을 수 있게 하옵소서. 육신의 소망에만 마음을 두며, 채워도 채워지지 않는 욕망의 빈 잔을 채우기 위하여 울 것이 아니라, 어두운 영적 현실을 직시하여 깨어있지 못했던 것을 안타까워하며 주님께 눈물을 쏟을 수 있게 하옵소서.

교회가 부흥이 안 되고 나라가 힘들어지는 것도, 그 옛날 강산마다 메아리쳤던 그 간곡한 성도들의 부르짖음이 사라졌기 때문인 것을 믿습니다. 하늘로 향하여 있는 기도의 파이프가 녹이 슬어 꽉 막혀 있기 때문인 것을 믿습니다.

주여!

이제는 눈물의 기도를 회복하게 하옵소서. 마음을 쏟고 영혼을 쏟아내는 눈물의 기도를 쉬지 않게 하옵소서. 모든 것을 내 탓으로 여기며 끌어안고 중보의 기도를 쉬지 않게 하옵소서.

저희의 눈물의 기도가 하늘을 적시고 땅을 적셔서, 곳곳마다 다시금 주님의 은혜의 강물이 흐르게 하옵소서. 예수 그리스도의 이름으로 기도합니다. 아멘

[기도체크]

Guide for a prayer

주님의 보좌 앞에 드려지는 우리의 눈물의 기도야말로 주님의 마음을 살필 줄 아는 성숙된 기도의 모습입니다.

순종하는 믿음이 되게 하소서

Power of word

그가 아들이시면서도 받으신 고난으로 순종함을 배워서 온전하게 되셨은즉 자기에게 순종하는 모든 자에게 영원한 구원의 근원이되시고(히브리서 5장 8~9절)

순종의 본이 되신 주님!
험한 십자가에서 속죄제물이 되시기까지 순종하셔서 죄인들을 죽음의 자리에서 일으켜 주신 주님의 은혜와 사랑을 생각하면 수 만 개의 입으로도 감사가 부족함을 깨닫습니다.

주님!
주님의 온전하신 순종이 배어있는 피 묻은 십자가를 바라볼 때에 오만하고 자고하였던 마음이 하나씩 깨져가는 것을 경험합니다. 겸손함으로 주님을 닮고자 하는 저의 마음이 순종으로 나타날 수 있게 하옵소서.

주님이 아버지께 순종하심으로 그분의 계획하심을 온전히 이루셨듯이, 저 또한 주님께 순종하는 삶을 살아감으로 주님의 뜻하심을 온전히 이루는 삶이 되게 하옵소서.
또한, 주님이 아버지께 순종하심으로 그분이 영광을 받으시고 기뻐하셨듯이, 저 또한 주님께 순종하는 하는 삶을 살아감으로 주님이 영광을 받으시고 기쁨이 되는 삶이 되게 하옵소서.

주님께 순종하는 그 중심에는 항상 사랑이 숨 쉬게 하셔서 봉사와, 섬김과, 충성과 헌신의 행위 속에서 주님이 기뻐하시는 순종의 욕구만 더해질 수 있게 하옵소서.

주님!
주님의 명령에는 귀신도 순종하고, 자연도 순종하고, 사망도 순종한 것을 봅니다. 저 같은 죄인이 주님께 순종하지 못할 이유가 전혀 없음을 깨닫습니다. 그 어떤 이유로도 주님의 순종하심을 닮아가는 데 핑계를 앞세우지 않게 하옵소서.

혹여, 주님께 순종하며 살기를 원하는 제 중심이 흔들릴 때마다 죽기까지 복종하셨던 주님을 바라볼 수 있게 하시고, 환경을 핑계 삼아 제 결심이 게을러질 때마다 믿음의 주요 온전하게 하시는 주님을 바라볼 수 있게 하옵소서.
순종하심으로 하나님의 뜻을 온전히 이루신 예수 그리스도의 이름으로 기도합니다. 아멘

[기도체크]

Guide for a prayer
하나님의 뜻에 전적으로 바쳐진 마음의 상태와, 그분께 순종하기를 깊이 갈망하는 마음이 그분이 받으시는 기도의 조건입니다.

말씀을 가까이하게 하소서

Power of word

모든 성경은 하나님의 감동으로 된 것으로 교훈과 책망과 바르게 함과 의로 교육
하기에 유익하니 이는 하나님의 사람으로 온전케 하며 몬든 선한 일을 행하기에
온전케 하려 함이니라.(디모데후서 3장 16~17절)

지금도 말씀으로 찾아오시는 주님!
계시된 말씀을 통하여 주님을 만나고 주님을 경험하는 삶을 살 수
있게 하시니 감사합니다.
구원 받은 주님의 백성으로서 항상 말씀을 묵상하며, 말씀이 중심
이 되는 복된 삶을 살아갈 수 있게 하옵소서.

복 있는 사람은 말씀을 즐거워하여 그 말씀을 주야로 묵상하는 자
라고 하였사오니, 항상 주님의 말씀을 묵상함으로 계시된 말씀 속
에서 주님의 음성을 듣는 복 있는 삶이 되게 하옵소서(시1편).

또한, 주의 말씀은 내 발에 등이요 내 길에 빛이라고 말씀하였사오
니, 언제라도 주님의 말씀을 묵상함으로 보이지 않는 제 인생항로
를 비추고 계시는 주님의 은혜를 경험하게 하옵소서(시119:105).

주님!

갓난아이가 젖을 사모하듯이, 항상 신령한 젖을 사모하는 주님의 자녀가 되기를 원합니다(벧전2:1-2). 마리아처럼 예언의 말씀을 듣고 배우기를 좋아하는 주의 백성이 되기를 원합니다(눅10:39).

그러므로 어린아이같이 약한 제 믿음이 거듭 성장하여 주님이 기뻐하시는 30배, 60배, 100배의 결실을 맺을 수 있게 하시고, 마리아처럼 향유옥합도 기꺼이 깨뜨려서 주님께 드릴 수 있는 헌신이 묻어나는 삶이 되게 하옵소서.

주님!

제 일생을 다하기까지 주님의 말씀이 항상 제 입에서 떠나지 않게 하셔서, 이전에 보지 못한 것을 보며, 이전에 듣지 못한 것을 들으며, 이전에 하지 못한 것을 할 수 있는 영생의 기쁨을 누리며 살아갈 수 있게 하옵소서(수1:8).

예수 그리스도의 이름으로 기도합니다. 아멘

[기도체크]

Guide for a prayer

하나님께서는 주님의 말씀을 따라 간구하는 사람들이면 누구에게나 똑같이 응답해주십니다.

성령의 열매를 맺게 하소서

Power of word

오직 성령의 열매는 사랑과 희락과 화평과 오래 참음과 자비와 양선과 충성과 온유와 절제니 이같은 것을 금지할 법이 없느니라 그리스도 예수의 사람들은 육체와 함께 그 정욕과 탐심을 십자가에 못 박았느니라(갈라디아서 5장 22~24절)

은혜의 주님!
"너희는 성령을 따라 행하라"(갈5:16)는 주님의 말씀을 기억합니다. 이 땅을 주님의 자녀로 살아가면서, 성령을 따라 행하는 열매들이 아름답게 맺혀질 수 있게 하옵소서.

도무지 사랑할 수 없는 대상도 십자가의 사랑을 앞세워 사랑함으로 주님이 바라시는 사랑의 열매를 맺을 수 있게 하옵소서.
도무지 견디기 힘든 어려움과 역경에 처할지라도 십자가에서 오래 참으신 주님을 앞세워 인내함으로 주님이 바라시는 희락(기쁨)의 열매를 맺을 수 있게 하옵소서.

도무지 화평할 수 없는 대상도 십자가로 화평을 이루신 주님을 앞세워 평화함으로 주님이 바라시는 화평의 열매를 맺을 수 있게 하옵소서.

도무지 견딜 수 없는 수모를 당할지라도 십자가에서 온갖 수모를 견디신 주님을 앞세워 참아냄으로 주님이 바라시는 오래 참음의 열매를 맺을 수 있게 하옵소서.

선한 사마리아처럼 불쌍한 이웃을 외면하지 않고 친절과 긍휼을 베풀 수 있는 자비의 열매가 있게 하시고, 거짓과 악이 난무한 세상에서 선한 양심을 보임으로 주님이 바라시는 양선의 열매를 맺을 수 있게 하옵소서.

생명의 면류관을 받기까지 죽도록 충성하여 주님이 바라시는 충성의 열매를 맺을 수 있게 하시고, 주님의 온유하신 성품을 본받아 땅도 기업으로 받게 되는 온유의 열매를 맺을 수 있게 하옵소서.
또한 육체의 소욕대로 살지 아니함으로 절제의 열매를 맺게 하셔서 성령의 아홉 가지 열매를 모두 맺을 수 있는 복 있는 삶이 되게 하옵소서.
예수 그리스도의 이름으로 기도합니다. 아멘

[기도체크]

Guide for a prayer
일생생활에서 하나님의 자녀들이 언제나 끊임없이 간구해야하는 기도는 성령의 아홉 가지 열매를 온전히 맺기 위한 기도입니다.

하나님 마음에 합한 사람이 되게 하소서

Power of word

그 후에 그들이 왕을 구하거늘 하나님이 베냐민지파 사람 기스의 아들 사울을 사십 년간 주셨다가 폐하시고 다윗을 왕으로 세우시고 증언하여 이르시되 내가 이새의 아들 다윗을 만나니 내 마음에 맞는 사람이라 내 뜻을 다 이루리라 하시더니 (사도행전 13장 21~22절)

저보다 저를 더 잘 아시는 주님!
저의 인격과 심성이 다윗처럼 하나님의 마음에 합한 사람이 되기를 원하며 기도합니다.
저로 하여금 다윗처럼 하나님을 전적으로 믿고 의지하고 바라보며 살아갈 수 있는 삶이 되게 하옵소서.

제 앞에 누가 있든지, 어떤 환경이든지, 그것에 주눅 들거나 흔들리지 않고, 오직 하나님의 인도하심만 믿고 바라보며 그 인도하심에 순응하며 살아갈 수 있게 하옵소서.

또한, 성전을 사랑하는 다윗의 마음을 품을 수 있기 원합니다.
왕궁에서 사는 것보다 하나님의 집에서 영원히 살기를 소원하였던 그의 마음이 저의 가슴으로 스며들게 하셔서 주님의 몸 된 교회를 가까이하기를 기뻐하며 그곳에 영원히 머물기를 즐거워할 수 있는 삶이 되게 하옵소서.

또한, 최악의 상황에서도 항상 자신을 훈련하기를 힘썼던 다윗의 신앙을 본받기 원합니다.

어느 때라도 자신을 제련시키며 훈련하는데 게으름이 없게 하셔서, 주님이 쓰시고자 할 때에 합당한 도구로 쓰임 받게 하옵소서.

또한, 마음을 찢는 회개로 주님의 긍휼을 바라보았던 다윗의 진실함을 본받기를 원합니다. 언제나 상한 마음을 주님께 내려놓음으로 켜켜이 쌓여진 저의 위선이 주님의 영광을 가리지 않게 하옵소서.

주님!

다윗의 평생에 하나님의 뜻을 다 이루는 복의 사람이 되었듯이, 저 또한 허락하신 삶 동안에 하나님의 뜻을 다 이루어가는 은혜의 사람으로 쓰임 받을 수 있게 하옵소서.

예수 그리스도의 이름으로 기도합니다. 아멘

[기도체크]

Guide for a prayer

우리의 기도의 본질은 주님을 신뢰하는 것입니다. 주님을 신뢰하는 마음으로 드리는 기도에는 말을 많이 쏟아내지 않아도 헤아려주시는 그분의 손길을 느낄 수 있습니다.

입술의 열매를 맺게 하소서

Power of word

사람의 입에서 나오는 열매로 말미암아 배부르게 되나니 곧 그의 입술에서 나는 것으로 말미암아 만족하게 되느니라 죽고 사는 것이 혀의 힘에 달렸나니 혀를 쓰기 좋아하는 자는 혀의 열매를 먹으리라(잠언 18장 20~21절)

제 마음을 다 아시는 주님!

저의 입에서 나오는 언어가 주님께 기쁨을 드리는 언어가 되기 위하여 기도합니다.

삶에 지친 영혼에게는 산 소망이 되시는 주님을 알려줄 수 있는 구원의 언어가 되게 하시고, 갈길 몰라 방황하는 영혼에게는 길 되신 예수님을 알려줄 수 있는 생명의 언어가 되게 하옵소서.

질병의 고통 속에 있는 영혼에게는 능력의 말씀으로 회복을 심어줄 수 있는 치유의 언어가 되게 하시고, 절망 속에 있는 영혼에게는 생명의 말씀으로 용기를 심어줄 수 있는 희망의 언어가 되게 하옵소서.

불안과 공포에 시달리는 영혼에게는 평안을 주시는 예수님을 알려줄 수 있는 안식의 언어가 되게 하시고, 고독과 외로움에 시달리는 영혼에게는 친구가 되어주시는 예수님을 알려줄 수 있는 사랑의 언어가 되게 하옵소서.

실패로 괴로워하는 영혼에게는 위로자 되시는 주님을 알려줄 수 있는 격려의 언어가 되게 하시고, 배신의 아픔으로 힘들어하는 영혼에게는 용서의 주님을 알려줄 수 있는 자비의 언어가 되게 하옵소서.

주님!
언제나 저의 입에서 나오는 언어가 불신자들 앞에서나 신앙인들 사이에서 주님의 마음을 담아낼 수 있는 복 있는 언어가 되기를 원합니다. 항상 주님의 마음이 담긴 언어를 사용함으로 주님이 기뻐하시는 뜻이 무엇인지를 좇아가는 삶이 되게 하옵소서.

또한, 어두움 가운데 있는 영혼을 주님께로 인도할 수 있는 빛의 언어, 믿음의 언어가 있는 삶이 되게 하옵소서.
언제나 주님께 기쁨을 드리는 입술의 열매를 맺기를 원하오며, 예수 그리스도의 이름으로 기도합니다. 아멘

[기도체크]

Guide for a prayer
기도는 하나님께서 우리에게 말씀을 들려주시고, 또 우리에게 하나님의 뜻을 나타내시는 기회를 제공하는 것입니다.

주님만 의지하게 하소서

Power of word

나의 힘이 되신 여호와여 내가 주를 사랑하나이다 여호와는 나의 반석이시요 나의 요새시요 나를 건지시는 이시요 나의 하나님이시요 내가 그 안에 피할 나의 바위시요 나의 방패시요 나의 구원의 뿔이시요 나의 산성이시로다.(시편 18편 1~2절)

자비하신 주님!
슬플 때나, 기쁠 때나, 일할 때나, 쉴 때에도 함께하시고 주님의 선하신 뜻대로 이끌어주심을 감사합니다. 언제나 함께하시는 주님의 은혜를 맛보아 아는 삶이 되게 하옵소서.

주님!
시대가 점점 더 악하게 변해가고 있음을 깨닫습니다. 이런 때일수록 오직 주님만 의지하는 삶이되기를 원합니다.
"여호와께 피함이 사람을 신뢰함보다 나으며, 여호와께 피함이 고관들을 신뢰함보다 낫다"(시118:8,9)고 했사오니, 사람을 의지하다가 낙심하는 일 없게 하시고, 의인의 요동함을 영영히 허락지 아니하시는 주님만을 의지하는 삶이 되게 하옵소서.

또한, 가진 재물도 의지하지 않기를 원합니다. 있다가도 없어지는 재물에 마음을 빼앗겨서 물질이 우상이 되는 일이 없게 하시고, 오직 모든 경영을 이루시는 주님만을 의지하는 삶이 되게 하옵소서.

주님!
잘못된 풍습에도 빠져들지 않기를 원합니다. 입이 있어도 말하지 못하고 눈이 있어도 보지 못하며 귀가 있어도 듣지 못하는 우상을 의지하는 일이 없게 하시고, 눈에 보이는 것이 없고, 귀에 들리는 것이 없고, 손에는 잡히는 것이 없다 할지라도, 지금도 살아계셔서 온 우주를 섭리하시는 주님만을 의지하는 삶이 되게 하옵소서.

입술로는 주님만을 의지한다고 하면서도 실생활에서는 주님을 잊고 사는 경우가 많사오니, 그 때마다 깨닫는 은혜를 주셔서 항상 주님을 의지하며 사는 모습이 되게 하옵소서.
항상 주님만을 의지하는 삶이기를 원하오며, 예수 그리스도의 이름으로 기도합니다. 아멘

[기도체크]

Guide for a prayer
목자는 양을 알고 양은 목자의 음성을 듣습니다. 우리의 목자이신 주님은 그분의 양인 우리의 음성에 항상 귀를 기울이고 계십니다.

영적으로 승리하게 하소서

Power of word

마귀의 간계를 능히 대적하기 위하여 하나님의 전신갑주를 입으라 우리의 씨름은 혈과 육을 상대하는 것이 아니요 통치자들과 권세들과 이 어둠의 세상 주관자들과 하늘에 있는 악의 영들을 대함이라 그러므로 하나님의 전심갑주를 취하라 이는 악한 날에 너희가 능히 대적하고 모든 일을 행한 후에 서기 위함이라(에베소서 6장 11~13절)

존귀하신 주님!
죄로 인하여 영원히 죽을 수밖에 없는 이 죄인을 주님의 대속의 죽음으로 다시 살리신 은혜와 사랑을 감사합니다.
항상 주님의 크신 은혜와 사랑을 기억하며 주님의 자녀답게 살아야 하는데, 사탄의 교묘한 유혹에 빠져 넘어질 때가 한두 번이 아니었음을 고백합니다. 용서하여 주옵소서.

주님!
영적으로 승리하는 삶을 살기 위하여 기도합니다. 사탄이 우는 사자같이 삼킬 자를 찾기 위하여 몸부림 치고 있는 이때에, 그 영에 미혹되지 않기 위하여 언제나 성령 충만을 사모할 수 있게 하옵소서.

주일예배만 드리는 것으로 성령 충만한 생활이 유지될 것이라 자만하지 말게 하시고, 모든 예배와 기도생활에 충실할 수 있는 신앙 생활이 되게 하옵소서.

에덴동산의 아담과 하와를 넘어뜨렸던 사단이 지금은 성도의 마음에 자기의 왕국을 우뚝 세우는 것임을 기억하여 언제나 근신하여 자기를 돌아보는 신앙의 습관이 있게 하옵소서.
바울이 세운 그 많은 교회가 지금은 흔적조차 남아있지 않다는 것을 기억합니다. 지금의 저희도 영적으로 강하게 무장하지 않으면 언제라도 사단의 밥이 될 수 있다는 것을 잊지 않게 하옵소서.

주님!
저희가 미혹에 이끌리게 되면 주님의 교회가 무너지고, 주님이 능욕을 받게 됨을 깨닫습니다. 분초라도 영적으로 여유부리는 일이 없게 하시고, 항상 기도하는 생활로 영적인 방어벽을 견고히 할 수 있는 믿음이 되게 하옵소서.
예수 그리스도의 이름으로 기도합니다. 아멘

[기도체크]

Guide for a prayer
사탄은 그리스도인들이 기도하는 것을 가장 두려워합니다. 그리스도인들이 기도할 때, 주의 능력을 힘입게 된다는 것을 너무나 잘 알고 있기 때문입니다.

주님의 성품으로 변화 받게 하소서

Power of word

이로써 그 보배롭고 지극히 큰 약속을 우리에게 주사 이 약속으로 말미암아 너희가 정욕 때문에 세상에서 썩어질 것을 피하여 신성한 성품에 참여하는 자가 되게 하려 하셨느니라(베드로후서 1장 4절)

사모하는 주님!
고달픈 인생길을 늘 붙잡아 주셔서 절망과 낙심 가운데 방황하지 않도록 인도하여 주심을 감사드립니다. 제가 진정 사모하는 마음으로 주님의 이름을 높이 부르오니 긍휼히 여기사 가난한 심령을 찾아오시옵소서.

주님!
나를 본받으라고 하신 주님의 말씀을 기억합니다. 주님을 믿는 믿음이 연약해도 주님의 성품을 닮아가기를 원하여 기도하오니 계신 곳 하늘에서 들으시옵소서.

주님!
살아가는 동안 날마다 그리스도의 성품으로 변화 받기 위해 마음을 쏟을 수 있는 저의 삶이 되게 하옵소서. 주님의 영원한 생명을 받은 자로서 날마다 새로워지고 성숙되어 갈 수 있는 믿음이 되게 하옵소서.

그리스도를 아는 지식과 총명으로 자라갈 수 있게 하시고, 주님의 성품이 나타나는 그리스도인으로 살아갈 수 있게 하옵소서.

"빛의 열매는 모든 착함과 의로움과 진실함에 있느니라."(엡5:9)고 말씀하신대로 주님의 빛 된 자녀로서 의롭고, 거룩하고, 진실한 삶의 열매를 맺을 수 있게 하옵소서. 주님의 사랑과 겸손과 온유의 성품을 닮을 수 있게 하시고, 항상 진실하고 정직하고 충성되게 주님을 섬길 수 있게 하옵소서.

살든지, 죽든지, 흥하든지, 망하든지 제 안에서 주님만이 존귀하게 되고 영광을 받으시는 삶이 있게 하옵소서.

제자신의 이익보다 주님의 영광과 형제의 유익을 위해 희생과 헌신의 삶을 살아갈 수 있게 하옵소서.

예수 그리스도의 이름으로 기도합니다. 아멘

[기도체크]

Guide for a prayer

기도를 통하여 주님의 마음을 읽어갈 수 있다면 우리는 이미 그분의 성품을 닮아 가는 것입니다.

부끄럽지 않는 삶이 되게 하소서

Power of word

나의 간절한 기대와 소망을 따라 아무 일에든지 부끄러워하지 아니하고 지금도 전과 같이 온전히 담대하여 살든지 죽든지 내 몸에서 그리스도가 존귀하게 되게 하려 하나니(빌립보서 1장 20절)

소망의 주님!

십자가로 저의 죄를 대신 심판하시고 그 십자가로 저를 살리심을 감사합니다. 그것이 하나님의 의요 사랑임을 깨닫습니다.

그 십자가 앞에 설 때마다 의롭지 못한 저 자신으로 인해, 사랑하지 못한 저 자신으로 인해 부끄러워할 수밖에 없음을 고백하오니 용서하여 주옵소서.

주님!

사도바울처럼 아무 일에든지 부끄럽지 않는 삶이되기를 소망하며 기도합니다. 어떤 위치에 있든지, 어떤 형편에 처하든지, 하나님 앞에서나 사람 앞에서 부끄럽지 않은 삶이되기를 힘쓰며 살아갈 수 있게 하옵소서.

주님이 제게 주신 일, 제게 주신 사명에도 부끄럽지 않는 삶이되기를 소망합니다. 어디서든지, 어느 순간이든지 당연히 해야 할 일을 하지 못함으로 부끄러움을 당하는 일이 없게 하옵소서.

이 죄인을 부끄럽지 않게 하시려고 재능과 은사도 주셨사오니, 그것으로 달란트를 남기고 열매를 얻는 삶이 되게 하옵소서.

주님!
특별히 주님의 몸 된 교회를 섬기는 일에 부끄럽지 않기를 원합니다. 저 때문에 교회가 어려워지거나 비난을 받는 일이 없게 하시고, 저의 섬김을 통해서 주님이 기뻐하시며, 영광 받으시는 복된 일들만 드러나게 하옵소서.

또한, 주님이 그토록 바라시는 영혼을 구원하고 살리는 일에 부끄럽지 않기를 원합니다. 제 자신이 어떠하든, 제 환경이 어떠하든지 부끄러워하지 아니하고, 힘을 다하여 복음을 전할 수 있게 하옵소서. 저의 삶이 주님만이 흡족해하실 기쁨이 되기를 소망하오며, 예수 그리스도의 이름으로 기도합니다. 아멘

[기도체크]

Guide for a prayer
주님이 부끄러워하시는 사람은 항상 기도하라는 주님의 말씀을 알고도 모른 체하는 사람입니다.

자신을 잘 죽일 수 있게 하소서

Power of word

형제들아 내가 그리스도 예수 우리 주 안에서 가진 바 너희에게 대한 나의 자랑을 두고 단언하노니 나는 날마다 죽노라(고린도전서 15장 31절)

사랑의 주님!
이 죄인을 살리시려고 자신의 몸을 십자가에 던지신 주님의 사랑을 생각하면 한량없으신 주님의 사랑에 감복할 뿐입니다.
이 죄인이 무엇으로 그 은혜를 값을 수 있겠습니까? 오히려 주님의 은혜를 저버리는 삶을 사는 것 같아 너무 부끄럽기만 합니다.

주님!
주님의 그 놀라우신 희생 앞에서 아직도 제 모습은 여전히 시퍼렇게 살아있음을 깨닫습니다. 여전히 교만에 젖어 있고, 자기를 내세우는 것에 익숙해 있음을 깨닫습니다.

주님!
이 죄인이 날마다 제 자신을 죽이는 일에 익숙해질 수 있게 하옵소서. 자기 자신을 죽이는 것이 십자가의 주님을 닮아가는 것임을 믿사오니, 무엇보다 제 자신을 잘 죽여서 제 속에서 주님이 거하시는 성령의 전이 될 수 있게 하옵소서.

성령의 열매는 절제라고 하였사오니, 육체의 정욕을 억제할 수 있게 하시고, 성령을 거스르는 말과 행동을 철저히 금할 수 있게 하옵소서.

화려함보다 검소한 생활에 익숙해질 수 있게 하시고, 제가 가진 모든 것을 주님의 나라와 의를 위하여 보람 있게 쓸 수 있는 믿음이 되게 하옵소서.

어쩌다 모욕을 당해도 끝까지 참을 수 있게 하시고, 엉뚱한 오해를 받아도 자기변명을 앞세우지 않게 하옵소서.

무슨 일을 하든지 자기 의를 드러내거나 자기 공을 앞세우지 않게 하셔서 모든 영광을 오직 주님께만 돌릴 수 있게 하옵소서.

제 삶의 영역에서 자기를 온전히 죽이는 모습만 넘쳐남으로, 저를 통하여 드러나는 것은 오직 주님의 사랑이 되게 하옵소서. 이 땅을 살아가는 동안 언제라도 주님이 쓰시기에 가장 편한 도구가 되기를 소원하오며, 예수 그리스도의 이름으로 기도합니다. 아멘

[기도체크]

Guide for a prayer

그리스도인의 기도는 자아가 죽고 겸손과 온유를 배우는 내적 투쟁입니다.

한계를 뛰어넘는 믿음이 되게 하소서

Power of word

예수께서 이르시되 할 수 있거든이 무슨 말이냐 믿는 자에게는 능히 하지 못할 일이 없느니라 하시니 (마가복음 9장 23절)

힘과 능력이 되시는 주님!

불완전한 저의 삶을 붙드셔서 주님을 가까이 하는 삶을 살게 하시니 감사합니다. 언제나 저의 삶속에서 측량할 수 없는 주님의 사랑과 은혜가 경험되어지는 복 있는 삶이 되게 하옵소서.

주님!

주님을 믿고 의지하는 저의 삶이지만 여러 가지 한계상황에 부딪칠 때마다 불신앙의 자리에 있는 저의 모습을 발견합니다. 저를 지켜주시고 인도하시는 주님이 계심에도 불구하고 주님을 온전히 신뢰하지 못하는 제 모습이 한 없이 부끄럽기만 합니다.

주님!

한계에 부딪칠 때마다 잘 뛰어넘을 수 있는 믿음의 삶이되기 위하여 기도합니다. 그 어떤 극한상황을 만나든지 주님을 의지하는 믿음을 앞세움으로 주님을 기쁘시게 할 수 있는 삶이 되게 하옵소서.

이해할 수 없는 어려운 문제를 만날지라도 당황하거나 염려하기보다는 저의 삶에 주인이 되시는 주님을 더욱 신뢰함으로 문제의 한계를 잘 뛰어넘을 수 있게 하옵소서.

뜻하지 않은 질병이 찾아올지라도 놀라거나 불안해하기보다는 죽음도 다스리시는 주님을 더욱 신뢰함으로 질병의 한계를 잘 뛰어넘을 수 있게 하옵소서.

감당하기 힘든 시험이 닥쳐올지라도 낙심하거나 절망하기보다는 합력하여 선을 이루시는 주님을 더욱 신뢰함으로 시험의 한계를 잘 뛰어넘을 수 있게 하옵소서.

어떤 환경에 놓이든지 환경을 보는 것이 아니라 주님을 볼 수 있게 하셔서 제 삶의 주인이신 주님을 더욱 신뢰함으로 주님께 기쁨이 되게 하옵소서.

예수 그리스도의 이름으로 기도합니다. 아멘

[기도체크]

Guide for a prayer

주님의 능력과 사랑을 확신하고 있는 그리스도인이라면 위기의 한계를 기도응답의 기회로 만듭니다.

품을 수 있게 하소서

Power of word

너희 안에 이 마음을 품으라 곧 그리스도 예수의 마음이니 그는 근본 하나님의 본체시나 하나님과 동등됨을 취할 것으로 여기지 아니하시고 오히려 자기를 비워 종의 형체를 가지사 사람들과 같이 되셨고 사람의 모양으로 나타나사 자기를 낮추시고 죽기까지 복종하셨으니 곧 십자가의 죽으심이라(빌립보서 2장 5~8절)

사랑의 주님!

만 가지 죄로 얼룩진 이 죄인을 십자가의 사랑으로 품어주셔서 죄 사함 받은 주님의 자녀로 살게 하시니 감사합니다.

이 죄인을 품어주신 주님의 은혜와 사랑을 생각하며 주님의 마음을 품고 살기를 간절히 원하여 기도합니다. 주님을 의지하는 믿음으로 모든 것을 품을 수 있게 하옵소서.

저를 어렵게 하고 힘들게 하는 사람도 주님의 십자가의 사랑을 앞세워 품을 수 있게 하시고, 저에게 상처와 아픔을 주는 사람도 주님의 십자가의 사랑을 앞세워 품을 수 있게 하옵소서.

저의 부족함과 허물을 들추어내는 사람도 주님의 십자가의 사랑을 앞세워 품을 수 있게 하시고, 저를 비난하며 헐뜯는 사람도 주님의 십자가의 사랑을 앞세워 품을 수 있게 하옵소서.

저의 실수와 잘못을 들추어내는 사람도 주님의 십자가의 사랑을 앞세워 품을 수 있게 하시고, 저를 이유 없이 미워하고 욕하는 사람도 주님의 십자가 사랑을 앞세워 품을 수 있게 하옵소서.

저에게 물질의 손해를 주고 배신의 쓴잔을 마시게 한 사람도 십자가의 사랑을 앞세워 품을 수 있게 하시고, 저에게 마음의 병, 육신의 질병을 갖게 한 사람도 십자가의 사랑을 앞세워 품을 수 있게 하옵소서.

주님!
인간의 죄악과 죽음까지도 기꺼이 품으신 주님을 닮아가기를 원합니다. 저에게 항상 주님의 십자가만 보이게 하시고, 그 사랑이 저를 주장하게 하옵소서. 십자가로 모든 것을 품으신 예수 그리스도의 이름으로 기도합니다. 아멘

[기도체크]

Guide for a prayer
기도는 품을 수 없는 사람까지도 주님의 십자가의 사랑을 앞세워 기꺼이 품기 위하여, 기꺼이 자신을 쳐서 복종하는 행위입니다.

겸손의 신앙이 되게 하소서

Power of word

젊은 자들아 이와 같이 장로들에게 순종하고 다 서로 겸손으로 허리를 동이라 하나님은 교만한 자를 대적하시되 겸손한 자들에게는 은혜를 주시느니라.(베드로전서 5장 5절)

최고의 겸손을 보이신 주님!
이 못난 죄인을 위하여 주님이 도살장으로 끌려가는 순한 양이 되셨기에, 구원의 은혜를 누리게 되었음을 감사합니다. 그 은혜와 사랑에 응답하여 주님을 닮아가기를 소원하며 기도합니다.

주님!
저로 하여금 겸손의 신앙을 갖게 하여 주옵소서. 겸손으로 허리를 동이게 하시고, 겸손으로 주님 앞에 무릎 꿇게 하시며, 겸손으로 주님의 몸 된 교회를 섬길 수 있게 하옵소서.

겸손으로 두 손을 높이 들어 주님을 찬양하게 하시고, 겸손으로 주님의 말씀을 받을 수 있게 하시며, 겸손으로 주님의 말씀에 순종하여 주님께 영광을 돌릴 수 있게 하옵소서.
또한, 겸손으로 믿음의 공동체를 위하여 봉사할 수 있게 하시고, 겸손으로 형제자매를 성심껏 섬기게 하시며, 겸손으로 상대방을 이해하고 용납하는 믿음의 덕을 세울 수 있게 하옵소서.

또한, 겸손으로 이웃을 사랑하며 섬기게 하시며, 겸손으로 길 잃은 영혼을 품어줌으로 주님 앞으로 인도할 수 있게 하옵소서.

주님!

겸손하지 못한 저의 신앙 때문에 주의 사랑을 입은 자들이 상처를 받거나 실족하는 일이 없기를 원합니다. 주님의 겸손하심과 희생위에 세워진 교회를 어지럽히는 일이 없기를 원합니다.

교만과 자랑이 불쑥 불쑥 솟아오를 때마다 십자가의 주님을 바라보며 교만을 꺾을 수 있게 하시고, 더 많이 엎드림으로 주님의 겸손하심을 배울 수 있게 하옵소서.

이 땅을 살아가는 동안 겸손으로 주님의 나라를 받을 수 있는 자녀가 되기를 원하오며, 겸손의 본을 보이신 예수 그리스도의 이름으로 기도합니다. 아멘

[기도체크]

Guide for a prayer

주님은 우리에게 교만을 꺾고 겸손으로 허리를 동일 수 있는 방법을 알게 하셨는데, 그것은 기도를 통하여 그분의 피 묻은 십자가를 바라보게 하는 것입니다.

사랑하게 하소서

Power of word

내가 사람의 방언과 천사의 말을 할지라도 사랑이 없으면 소리 나는 구리와 울리는 꽹과리가 되고, 사랑은 언제까지든지 떨어지지 아니하되 예언도 폐하고 방언도 그치고 지식도 폐하리라.(고린도전서 13장 1,8절)

고마우신 주님!

부족한 저를 항상 주님의 사랑 안에 있게 하심을 감사합니다. 언제나 넘치는 주님의 사랑을 받고 사는 인생임을 깨닫습니다.

하지만 제 삶을 돌이켜 보면 주님의 사랑을 받고, 주님의 사랑 안에 있으면서도 그 사랑을 실천하기에 왜 그다지도 인색했는지 모릅니다. 그러면 안 되는 줄 알면서도 늘 미움에 이끌려 다니기를 좋아했고, 판단과 질투의 화신으로 변해 있을 때가 많았습니다.

이런 제 모습을 보시며 얼마나 안타까워 하셨겠습니까?

주님!

저에게 성령의 충만함을 허락하여 주셔서 사랑의 큰 능력을 힘입게 하옵소서. 믿음과 소망과 사랑 중에 제일은 사랑이라고 하였사오니, 주님이 보여주신 그 크신 사랑을 나타낼 수 있는 삶이 되게 하옵소서.

주님!

사랑이 식어진 까닭에 분노와 증오로 가득한 세상을 봅니다. 고통과 아픔으로 가득한 세상을 봅니다.

온갖 상처로 얼룩진 세상을 끌어안고 울며 기도할 수 있게 하시고, 사랑의 씨앗을 심고 사랑의 꽃을 피우며 열매를 맺을 수 있는 삶을 살아갈 수 있게 하옵소서.

주님의 몸 된 교회도 주님의 십자가의 사랑으로 세워진 곳이기에, 사랑의 욕구를 충족시켜 나갈 수 있는 주님의 지체가 되기를 원합니다.

사랑으로 섬기며 봉사할 수 있게 하시고, 사랑으로 충성하며 헌신할 수 있게 하옵소서. 사랑으로 순종하며 희생할 수 있게 하시고, 사랑으로 맡겨진 본분에 최선을 다할 수 있게 하옵소서. 주님이 세우신 이 동산에 오직 사랑만이 흐르는 시냇가가 되기를 원합니다.

예수 그리스도의 이름으로 기도합니다. 아멘

[기도체크]

Guide for a prayer

우리 마음속에 하나님의 사랑이 강같이 흐르게 할 수 있는 방법은 날마다의 기도를 통하여 십자가의 그 사랑을 뼛속까지 느껴가는 것입니다.

기뻐하며 살게 하소서

Power of word

주 안에서 항상 기뻐하라 내가 다시 말하노니 기뻐하라 너희 관용을 모든 사람에게 알게 하라 주께서 가까우시니라(빌립보서 4장 4~5절)

기쁨의 근원이 되시는 주님!
보잘 것 없는 이 죄인에게 영원한 기쁨을 주시기 위하여 대속의 희생제물이 되신 주님께 감사와 영광을 돌립니다.
여전히 엉클어지고 못난 모습이지만 주님을 본받기를 소망하는 제 마음을 기쁘게 받아주옵소서.

주님!
항상 기쁨을 잃지 않는 삶이되기를 원하여 기도합니다. 무엇을 하든지, 무슨 일을 만나든지 항상 주님의 백성으로 기뻐할 수 있는 삶이 되게 하옵소서.
사탄은 지금도 원망과 불평을 이용하여 저에게서 기쁨을 빼앗으려고 하고 있지만, "항상 기뻐하라"는 주님의 말씀을 앞세워 살아감으로, 사탄의 꾐을 무력화시키는 삶이 되게 하옵소서.

주님!
특히 주님의 일꾼으로 부름 받았사오니 무슨 일을 하든지 기쁨으로 봉사할 수 있게 하시고, 기쁨이 샘솟는 교회로 든든히 세워갈 수 있게 하옵소서.

주 안에서, 그리스도의 지체된 서로를 격려하고 칭찬함으로 기쁨이 풍성해지는 신앙공동체를 세울 수 있게 하시고, 이 땅위에서도 천국의 기쁨을 누릴 수 있는 믿음의 공동체를 세울 수 있게 하옵소서.

가정에서도 항상 사랑을 심고, 화목을 심고, 평화를 심으며 기쁨의 꽃망울을 터트릴 수 있게 하옵소서. 서로의 꿈과 비전을 축복해주고, 작은 고민도 진지하게 들어주며 위로함으로, 주님께 드릴 기쁨의 열매가 가득 넘치는 가정을 세울 수 있게 하옵소서.

직장과 일터에서도 기쁨의 전도자가 되기를 원합니다. 만나고 접촉하는 모든 사람들을 기쁘게 대함으로 웃음을 선물할 수 있는 그리스도의 사람이 되게 하옵소서.
예수 그리스도의 이름으로 기도합니다. 아멘

[기도체크]

Guide for a prayer

사도바울은 주 안에서 항상 기뻐할 수 있는 삶이 되기 위하여, 범사에 감사하며 쉬지 말고 기도할 것을 간곡히 부탁하였습니다.

더욱 감사하게 하소서

Power of word

그러므로 너희가 그리스도 예수를 주로 받았으니 그 안에서 행하되 그 안에 뿌리를 박으며 세움을 받아 교훈을 받은 대로 믿음에 굳게 서서 감사함을 넘치게 하라 (골로새서 2장 6~7절)

생명의 주님!

죄로 말미암아 죽을 수밖에 없는 이 죄인을 주님의 자녀로 택하여 주셔서 영원한 생명을 누리게 하시니 감사합니다. 부르심에 합당한 열매를 맺으며 살아야 하는데 덜 여문 믿음으로 살았던 이 죄인을 용서하여 주옵소서.

주님!

주님의 자녀로 항상 감사를 잃지 않는 삶이되기 원하여 기도합니다. 감사보다 불평할 일들이 솟구치는 때이지만 "범사에 감사하라 이것이 그리스도 예수 안에서 너희를 향하신 하나님의 뜻이니라"(살전5:18)는 주님의 말씀을 기억하며, 언제나 감사함으로 주님을 기쁘시게 할 수 있는 삶이 되게 하옵소서.

악인의 특징은 "하나님을 알되 하나님으로 영화롭게도 아니하며 감사치도 아니한다"(롬1:21)고 하였는데, 제게는 그런 교만함과 악함이 없게 하여주시고, 언제나 주님께서 베푸신 은혜와 복을 곱씹으며 힘 있는 감사의 고백을 드릴 수 있는 삶이 되게 하옵소서.
감사할 수 없는 조건과 형편 속에서도 넘어지거나 실족하지 아니하고, 끝까지 주님의 이끄심과 인도하심을 바라보며 감사의 고백을 드릴 수 있는 삶이 되게 하옵소서.

주님!
입술로만의 감사가 아니라, 드림으로 표현되는 감사의 삶이 있기를 원합니다. 시간을 드려 주님을 향한 감사를 표현할 수 있게 하시고, 몸을 드려 주님을 향한 감사를 표현할 수 있게 하옵소서.
물질로도 주님을 향한 감사를 표현할 수 있게 하시고, 봉사와 섬김으로도 주님을 향한 감사를 표현할 수 있는 삶이 되게 하옵소서.
제 작은 삶을 통하여 주님께 드릴 감사의 고백과, 감사의 열매가 가득 넘치기를 소망하오며, 예수 그리스도의 이름으로 기도합니다. 아멘

[기도체크]

Guide for a prayer
감사는 축복의 원료요, 감사는 믿음의 온도계요, 감사는 복을 부르는 호출신호입니다.

자녀에게 본이 되게 하소서

Power of word

또 아비들아 너희 자녀를 노엽게 하지 말고 오직 주의 교훈과 훈계로 양육하라 (빌립보서 6장 4절)

사랑의 주님!

저희 가정에 기업을 이을 수 있는 귀한 생명을 선물로 주심을 감사합니다.

저희로 하여금 하늘의 기업을 잇게 하신 주님의 크신 은혜를 생각하며 자녀를 잘 양육할 수 있는 부모가 되게 하옵소서.

주님!

자녀들은 부모의 뒷모습을 보고 배운다는 말이 있습니다. 자녀들에게 신앙의 본을 잘 보일 수 있는 부모가 되게 하옵소서.

성수주일을 잘함으로 주일은 주님의 날이라는 것을 자녀에게 심어 줄 수 있는 부모가 되게 하시고, 예배의 모범을 잘 보임으로 하나님께 예배하는 것이 얼마나 소중한 것인지를 자녀에게 깨닫게 할 수 있는 부모가 되게 하옵소서.

주님의 말씀에 순종하는 모범도 잘 보일 수 있게 하셔서 자녀에게 주님의 말씀을 의지하는 법을 가르쳐 줄 수 있는 부모가 되게 하옵소서.

기도의 모범도 잘 보일 수 있게 하셔서 자녀가 어려움을 만났을 때, 오직 주님만을 의지하게 할 수 있는 부모가 되게 하옵소서.

주님의 몸 된 교회를 위한 봉사의 모범도 잘 보일 수 있게 하셔서 자녀들이 부모의 뒷모습을 보고 교회를 사랑하는 법을 익힐 수 있게 하옵소서.

주님!

좋지 못한 환경은 자녀들에게 부정적인 영향을 심어줄 수밖에 없다는 것을 기억합니다. 아무리 어렵고 힘든 환경이라 할지라도 긍정적이고 좋은 영향력을 심어 줄 수 있는 부모가 되게 하여 주옵소서.

주님!

자녀는 주님나라의 미래요 희망인 것을 깨닫습니다. 믿음의 부모에게 주어진 사명을 잘 감당할 수 있게 하옵소서.

예수 그리스도의 이름으로 기도합니다. 아멘

[기도체크]

Guide for a prayer

지금 자녀의 신앙이 어떻습니까? 그것이 당신을 닮아가고 있는 모습임을 잊지 마십시오.

별세를 준비하는 신앙이 되게 하소서

Power of word

우리가 잠시 받는 환난의 경한 것이 지극히 크고 영원한 영광의 중한 것을 우리에게 이루게 함이니 우리가 주목하는 것은 보이는 것이 아니요 보이지 않는 것이니 보이는 것은 잠깐이요 보이지 않는 것은 영원함이라(고린도후서 4장 17~18절)

비교할 것 없이 좋으신 우리 주님!

많고 많은 사람들 중에 특별히 이 죄인을 택하여 주셔서 주님의 자녀를 삼으심을 감사합니다.

주님이 저를 택하신 이유가 있음을 항상 깨닫게 하셔서, 마음을 다하여 주님을 찬양하고, 경배하며, 영광 돌릴 수 있는 삶이 되게 하옵소서.

주님!

사람이 이 땅에서 천년만년 살 것 같지만 그 기간이 매우 짧다는 것을 알고 있습니다. 길어야 백년도 못사는 것이 사람의 인생임을 깨닫습니다.

그러므로 이 땅의 것이 전부인 것처럼 살지 말게 하시고, 별세를 준비하는 신앙생활을 할 수 있게 하옵소서.

주님이 언제라도 부르시면 그 부르심에 끌려갈 수밖에 없는 인생임을 깨닫고 있습니다.

주님이 수명을 정하시고 때가 되면 부르실 것을 생각하며, 불현듯 이 부름을 받아도 주님을 영접할 수 있는 준비된 인생을 살 수 있게 하옵소서.

살아 있으나 실상은 영적으로 죽어 있는 사람이 허다한 것처럼, 갈 수록 저의 육신의 장막이 낡아져도, 영적으로는 독수리가 날개 치 듯 힘차게 솟아오르는 믿음이 될 수 있게 하옵소서.
빈손으로 왔다가 빈손으로 돌아갈 인생이오니, 재물을 모으는 일에 마음을 쏟지 말게 하시고, 가진 재물을 주님 뜻대로 선용할 수 있는 믿음의 삶을 살게 하옵소서.

그날에 주님 앞에 섰을 때에, 책망대신 면류관을 씌어주시며 반가 이 맞아주시는 주님의 환영을 받을 수 있게 하옵소서.
이 땅에 계실 때 잘 죽는 방법을 친히 보여주신 예수 그리스도의 이 름으로 기도합니다. 아멘

[기도체크]

Guide for a prayer
그리스도인은 잘 사는 것(Well-being)도 중요하겠지만, 잘 죽는 것(Well-Dying)이 더 중요합니다. 왜냐하면 그리스도인의 삶은 죽음으로 끝나는 것이 아니기 때문 입니다. 그러므로 잘 죽기 위하여 늘 기도해야만 합니다.

A prayer

for the church and a christian

교회를 어머니처럼 사랑하지 않는 사람은

하나님을 아버지로 부를 자격이 없습니다.

_요한 칼빈

내 교회는 내 눈에서 눈물이 흐르지 않는 동안은

결코 부흥되지 않을 것입니다.

_스탄필

제2부

교회와 성도를 위한

직분자 무릎 대표기도문

교회를 든든히 세워가는 직분자들이 되게 하소서

Power of word

나는 이제 너희를 위하여 받는 괴로움을 기뻐하고 그리스도의 남은 고난을 그의 몸 된 교회를 위하여 내 육체에 채우노라 내가 교회의 일꾼 된 것은 하나님이 너희를 위하여 내게 주신 직분을 따라 하나님의 말씀을 이루려 함이니라(골로새서 1장 24~25절)

은혜의 주님!
저희를 죄에서 구원하여 주신 것만도 말로 다 형언할 수 없는 은혜인데, 주님의 몸 된 교회를 위하여 영광된 직분들을 맡겨주시니 감사합니다.

주님!
주님이 맡겨주신 직분을 따라 주님의 뜻을 이루며, 의의 열매를 맺는 직분자들이 되기를 소망하며 기도합니다.
주님의 몸 된 교회를 든든히 세우기 위하여 믿음의 분량대로 맡겨주신 직분이오니, 불평과 원망 없이 감사와 기쁨으로 잘 감당할 수 있는 직분자들이 되게 하옵소서.
항상 넘치는 봉사와 헌신이 주님의 보좌 앞에 드려질 수 있게 하시고, 주님께 드리면 드릴수록, 깨뜨리면 깨뜨릴수록, 그것이 인생 최고의 기쁨과 즐거움이 되게 하옵소서.

또한, 교회의 비전과 목사님의 목회방침에 맞추어 수종자로 잘 받들 수 있는 직분자들이 되게 하옵소서. 교회의 일을 항상 긍정적으로 생각하며 행동하는 직분자들이 되게 하시고, 목사님을 중심으로 하나가 되어서 주님의 교회를 건강하게 세워나갈 수 있는 직분자들이 되게 하옵소서.

주님!
직분자들의 가정과 직장과 사업장마다 물질의 은사를 더하셔서, 물질로 주님의 교회를 섬기고 이웃을 돌아보는데 부족함이 없게 하옵소서.
또한, 교회 안에서만의 제직이 아니라, 교회 밖에서도 주님의 일꾼 된 모습을 잘 보여줄 수 있는 직분자들이 되게 하옵소서.
그리하여 불신자들로 하여금 하나님 앞에 영광을 돌릴 수 있게 하옵소서. 어디서나 주님이 쓰시는 직분자들이 되기를 원하오며, 예수 그리스도의 이름으로 기도합니다. 아멘

[기도체크]

Guide for a prayer
성경에 하나님께 쓰임 받은 인물들은 주님이 맡기신 사명을 놓고 항상 깊이 있는 기도의 세계를 사랑하던 자였습니다.

교회를 사랑하게 하소서

Power of word

만군의 여호와여 주의 장막이 어찌 그리 사랑스러운지요. 내 영혼이 여호와의 궁정을 사모하여 쇠약함이여 내 마음과 육체가 살아계시는 하나님께 부르짖나이다. 주의 집에 사는 자들은 복이 있나니 그들이 항상 주를 찬송하리이다(시편 84편 1,2,4절)

만복의 근원이신 주님!
허물과 죄로 죽었던 저희들에게 예수 그리스도로 말미암아 영원한 생명을 얻게 하시고, 주 계신 곳 성전을 가까이 할 수 있는 은혜를 주시니 감사합니다.
이 땅을 살아가는 동안 주님의 전을 가까이하며 주님을 사랑하는 흔적을 남길 수 있는 삶이 되게 하옵소서.

주님!
안타깝게도 많은 신앙인들이 주님의 전을 멀리하고 있습니다. 정해진 시간에 주님을 만나는 예배의 자리도 외면 받고 있는 것을 봅니다. 저도 그 중에 한사람일 수 있다는 것을 생각하며 부끄러운 마음을 주님께 고백합니다.

주님!

주님의 교회를 어머니처럼 사랑하지 않는 자는 하나님을 아버지로 부를 자격이 없다는 말이 저의 마음에 큰 울림이 됩니다. 항상 저에게 주님의 전을 그리워하며 사랑하는 마음이 사무치게 하옵소서. '주의 궁정에서의 한 날이 다른 곳에서의 천 날보다 낫다.'(시84:10)는 시편 기자의 고백이 저의 고백이 되게 하시고, 하나님을 그토록 사랑하여 성전을 건축하기를 원했던 다윗의 간절함이 제 마음에도 사무치게 하옵소서.

또한, 사랑함으로 주님이 몸으로 세우신 교회를 위하여 더욱 기도할 수 있게 하시고, 차갑게 식어진 예배의 자리마다 주님의 능력이 깃드는 자리로 데울 수 있는 믿음이 되게 하옵소서.

주님을 따르는 많은 자들도 성전을 사랑하다가 주님의 십자가의 큰 사랑을 경험하게 하시고, 그 사랑을 앞세워 병들고 썩어가는 세상을 치유해 갈 수 있는 은혜를 누리게 하옵소서.

교회를 사랑함이 주님을 사랑하는 증거가 되는 삶이되기를 원하오며, 예수 그리스도의 이름으로 기도합니다. 아멘

[기도체크]

Guide for a prayer

참된 응답은 나의 소원 나의 간구가 아니라, 하나님의 뜻이 내 안에서 이루어지는 것입니다.

교회에 부흥이 오게 하소서

Power of word

하나님을 찬미하며 또 온 백성에게 칭송을 받으니 주께서 구원받는 사람을 날마다 더하게 하시니라(사도행전 2장 47절)

은혜의 주님!

저를 하나님의 백성으로 삼으셔서 주님의 몸 된 교회를 섬길 수 있게 하심을 감사합니다. 또한 주님의 몸 된 교회의 부흥을 위하여 기도할 수 있게 하시니 감사합니다.

요즈음 성도의 숫자가 점점 줄어들고 있고, 문을 닫는 교회도 점차 많아지고 있다는 소문을 자주 듣습니다. 실제로 저희교회 뿐만 아니라 주변의 교회들이 점점 더 침체되어 가고 있다는 것이 피부로 느껴집니다.

주님!

이 모든 것이 교회의 지체를 이루고 있는 저희가 몸을 깨뜨려 충성하고자 하는 열심이 식어졌기 때문임을 깨닫습니다.

입술로는 "부름 받아 나선 이 몸 어디든지 가오리다" 찬송하면서도, 마음으로는 아무것도 하지 않으려했고, 행동으로는 어디든지 가지 않으려했기에 결국 주님의 심판을 받는 것임을 솔직히 고백합니다.

주님!

위선과 태만으로 얼룩져 있는 제 자신을 고백하며 회개하오니 용서하여주옵소서. 지금부터라도 저를 비롯하여, 교회를 출입하는 모든 성도들이 영적인 부담을 갖게 하셔서 주님을 향한 처음사랑을 회복할 수 있게 하시고, 뜨거운 열정을 품고 주님을 섬길 수 있게 하옵소서.

그리하여 식어진 심령에 다시금 부흥의 불을 지펴서 교회부흥을 위해서도 밀알처럼 쓰임 받는 희생제물이 되게 하옵소서.

주님이 보여주셨던 기도의 흔적을 따라, 교회와 영혼을 위하여 마음을 쏟으며 울며 기도할 수 있게 하시고, 주님의 사랑을 앞세워 어떤 환경 속에서도 복음을 부끄러워하지 않고 전할 수 있는 제자들이 되게 하옵소서.

더 깊은 밤이 오기 전에 이 땅의 주의 백성들이 잠자는 신앙을 깨우게 하옵소서. 예수 그리스도의 이름으로 기도합니다. 아멘

[기도체크]

Guide for a prayer

교회의 부흥은 성도들의 무릎에서 시작하고, 교회의 성장은 성도들의 발끝에서 시작합니다.

본질이 분명한 교회가 되게 하소서

Power of word

그러나 너를 책망할 것이 있나니 너의 처음 사랑을 버렸느니라 그러므로 어디서 떨어졌는지를 생각하고 회개하여 처음행위를 가지라 만일 그리하지 아니하고 회개하지 아니하면 내가 네게 가서 네 촛대를 그 자리에서 옮기리라(계시록 2장 4~5절)

사랑이 풍성하신 주님!
주님이 택하신 사랑하는 백성들이 교회를 통하여 주님을 경배하고, 주님을 앙망하며 살아갈 수 있게 하시니 감사합니다.
주님이 다시 오시는 그날까지 주님의 영광을 나타내는 교회가 되게 하옵소서.

하지만, 시간이 흐를수록 주님의 몸 된 교회가 교회로서의 본질이 흐려지고 있다는 것을 깨닫습니다.
하나님이 영광을 받으시기보다는 사람이 영광을 받는 교회로, 하나님을 기쁘시게 하는 교회가 되기보다는 사람을 기쁘게 하는 교회로 점점 더 변질되어 가고 있음을 피부로 느낍니다.

주님!
이 땅의 교회를 긍휼히 보시옵소서. 사람을 의식하는 교회가 아니라 하나님을 의식하는 교회가 되게 하시고, 사람이 높임을 받는 교회가 아니라 하나님이 높임을 받는 교회가 되게 하옵소서.

또한, 사람의 비유를 맞추는 교회가 아니라 하나님의 비유를 맞추는 교회가 되게 하시고, 사람을 의지하는 교회가 아니라 하나님을 의지하는 교회가 되게 하옵소서.

또한, 교회가 바라보는 것이 사람이 아니라 하나님이 되게 하시며, 교회가 자랑하는 것이 사람이 아니라 하나님이 되게 하옵소서.

주님!

이 땅의 모든 교회들이 구하고 찾는 것이 오직 하나님의 영광이 되게 하시고, 교회를 통하여 바라고 소망하는 것이 오직 주님의 뜻이 되게 하옵소서.

교회마다 사람이 중심이 아니라 하나님이 중심이 되는 교회가 되기를 소망하오며, 예수 그리스도의 이름으로 기도합니다. 아멘

[기도체크]

Guide for a prayer

우리는 주님이 기뻐하시는 교회를 세워가기 위하여 끊임없이 자신을 살피며 기도할 수 있어야 합니다.

건강한 예배가 있는 교회가 되게 하소서

Power of word

아버지께 참으로 예배하는 자들은 영과 진리로 예배할 때가 오나니 곧 이때라 아버지께서는 자기에게 이렇게 예배하는 자를 찾으시느니라. 하나님은 영이시니 예배하는 자가 영과 진리로 예배할지니라(요한복음 4장 23~24절)

예배하는 자를 찾고 계시는 하나님!

죄 많고 허물 많은 저희에게 거룩하신 하나님을 예배하는 특권을 주시니 감사합니다. 이 땅을 살아가는 동안 항상 하나님이 기쁘게 받으시는 예배를 드리므로 당신의 임재하심을 경험하는 은총이 있게 하옵소서.

하지만, 오늘의 예배를 보면 너무 형식화되어 가고 있다는 것을 깨닫습니다. 주일날이나 겨우 교회를 찾는 예배생활이, 예배의 전부인 것처럼 정착되어가고 있음을 봅니다.

사모함, 애절함, 간절함, 진지함, 뜨거움 같은 감정들도 이미 옛 추억이 되어버렸습니다.

주님!

예배의 정성, 예배의 정신을 잃어가고 있는 교회를 불쌍히 여기시옵소서. 주님이 안 계신 교회, 주님이 받지 않으시는 예배가 반복되지 않도록 긍휼을 베푸시옵소서.

예배 때마다 하나님의 임재하심을 느끼며, 은혜로 풍성했던 그 감격의 자리가 회복될 수 있도록 도와주시옵소서.

말씀을 사모하는 예배가 되게 하시고, 뜨거운 기도가 있는 예배가 되게 하시며, 성령의 교통하심을 강하게 느끼는 예배가 되게 하여 주옵소서.

또한, 예배를 사랑하고 주님의 은혜를 사모하는 자들을 통하여 은혜의 소낙비가 쏟아지게 하시고, 사단에게 매인 자들이 주님의 보혈의 능력으로 풀림을 받는 역사가 나타나게 하옵소서.

주님!
모든 교우가 처음사랑을 회복하여 예배의 능력을 경험하는 교회를 세우기를 원합니다. 병들어 가는 세상을 치유하는 교회가 되기를 원합니다. 긍휼을 베푸시옵소서.
예수 그리스도의 이름으로 기도합니다. 아멘

[기도체크]

Guide for a prayer
우리가 기도할 때 응답을 가져오는 것은 기도할 때의 실제적인 말이 아니라 마음 상태입니다.

일꾼이 세워지는 교회가 되게 하소서

Power of word

이에 제자들에게 이르시되 추수할 것은 많되 일꾼이 적으니 그러므로 추수하는
주인에게 청하여 추수할 일꾼들을 보내주소서 하라(마태복음 9장 35~38절)

은혜가 풍성하신 주님!
주님의 사랑을 입은 자들이 주님의 몸 된 교회를 세워갈 수 있는 영
광도 누리게 하시니 감사합니다.
주님이 기뻐 받으시는 공동체를 세우기 위하여 마음을 쏟고 있는
자들에게 성령의 위로하심이 있게 하옵소서.

주님!
주의 신실한 일꾼들이 더 많이 세워지는 교회가 되기를 소망하며
기도합니다.
주님의 몸 된 교회에 주님을 위한 일이라면 무엇이든 가리지 않고
봉사할 수 있는 일꾼들이 더 많이 세워지게 하시고, 주님을 본받는
일이라면 받을 오해도 개의치 않고 기쁘게 섬길 수 있는 일꾼들이
더 많이 세워지게 하옵소서.

주님의 뜻을 나타내는 일이라면 가장 소중한 것을 잃을지라도 죽
도록 충성하는 일꾼들이 더 많이 세워지게 하시고, 주님을 따라가

는 것이라면 자신의 모든 것을 희생할지라도 끝까지 순종할 수 있는 일꾼들이 더 많이 세워지게 하옵소서.

주님!
주님의 몸 된 교회에 더 많은 일꾼들이 세워짐으로 수많은 영혼을 주님께로 인도할 수 있게 하시고, 사랑을 잃은 자들의 마음을 품어주며, 상처받은 영혼을 치유할 수 있는 주님의 공동체를 세워갈 수 있게 하옵소서.

이 땅위에 주님의 나라가 온전히 이루어지는 역사가 나타나며, 성령의 능력으로 모든 썩어가는 것을 새롭게 할 수 있는 교회가 되기를 원합니다.
주님의 은혜를 받은 더 많은 백성들이 주님의 음성을 듣고 그 부르심에 응할 수 있게 하옵소서.
예수 그리스도의 이름으로 기도합니다. 아멘

[기도체크]

Guide for a prayer
기도는 단순히 사람의 호소라기보다, 성령의 감동으로 우리 마음에 역사하시는 하나님의 뜻에 복종하는 것입니다.

드림이 있는 교회가 되게 하소서

Power of word

그리스도께서 하나님 곧 우리 아버지의 뜻을 따라 이 악한 세대에서 우리를 건지시려고 우리 죄를 대속하기 위하여 자기 몸을 주셨으니 영광이 그에게 세세토록 있을지어다 아멘(갈라디아서 1장 4~5절)

십자가에서 자신을 드려 저희에게 새 생명을 주신 주님! 또한, 저희가 구하고 생각할 수 있는 이상의 것을 주시는 주님!

크신 사랑과 은혜를 감사합니다. 이제 저희도 주님이 세우신 교회를 위하여 드림이 있는 삶을 살아가게 하옵소서.

저희를 위하여 십자가에서 목숨까지도 드리신 주님을 생각하면, 저희가 모든 것을 다 드린다 할지라도 어떻게 그 사랑을 따라갈 수 있겠습니까? 하오나, 조금이라도 더 주님을 닮기 위하여 어떠한 형편에 있든지 드림의 삶을 실천해 나갈 수 있는 저희의 믿음이 되게 하옵소서.

주님이 그러셨듯이, 드리면 드릴수록 더 드리고 싶은 마음만 앞서게 하시고, 드리고 또 드려도 항상 만족함을 모르는 아쉬움만 남아 있게 하옵소서.

주님!

저희의 드림이 있는 삶을 통하여 복음이 곳곳마다 전파되며 많은 사람이 주께로 돌아오는 생명의 역사가 나타나기를 원합니다.

많은 영혼들이 주님을 사랑하고 교회를 든든히 세워나가며, 자신을 하나님 앞에 드리기를 기뻐하는 자들이 넘쳐나기를 원합니다.

또한, 그동안 교회를 멀리했던 자들도 다시금 교회를 가까이하며 주님을 찾게 되는 역사가 있게 하시고, 교회를 비웃으며 비판했던 자들도 다시금 교회를 사랑하며 주님의 은혜를 사모하게 되는 역사가 있게 하옵소서.

저희가 아무리 어렵고 힘들어도 드림의 자리를 피하는 일이 없게 하시고, 드림의 욕구를 충족시켜 나아감으로 주님이 받으실 영광이 있게 하옵소서.

저희를 대속하시기 위하여 자기 몸을 드리신 예수 그리스도의 이름으로 기도합니다. 아멘

[기도체크]

Guide for a prayer

우리의 기도는 때때로 믿음을 토하는 출구이기보다 불신과 절망을 표출하는 출구일 수가 있습니다.

부요케 하는 교회가 되게 하소서

Power of word

우리 주 예수 그리스도의 은혜를 너희가 알거니와 부요하신 이로서 너희를 위하여 가난하게 되심은 그의 가난함으로 말미암아 너희를 부요하게 하려 하심이라 (고린도후서 8장 9절)

저희를 부요케 하신 주님!
주님이 저희를 위하여 가난하게 되셨기에, 저희가 부요함을 누리게 되었음을 생각하며 감사와 영광을 돌립니다.
저희도 주님을 본받아 주님이 이 땅에 남기신 교회를 부요케 하는 교회로 세워갈 수 있게 하옵소서.

주님!
저희들에게, 주님께 헌신하고 충성하는 일에 부요함이 넘치게 하시고, 주님의 몸 된 교회를 위하여 봉사하는 일에도 부요함이 넘치게 하옵소서.
주님을 대면하는 기도의 자리도 항상 부요케 할 수 있게 하시고, 영혼을 구원하는 전도의 현장도 항상 부요케 할 수 있는 저희들이 되게 하옵소서.

주님!

주님의 몸 된 교회의 부서와 기관들도 저희들로 하여금 날마다 부요케 되는 역사가 일어나게 하옵소서.

또한, 어려운 이웃을 구제하는 것과 힘든 교우를 돌아보는 일에도 부요함이 넘치게 하시고, 마음 아파 괴로워하는 이들에게도 아픔을 함께 나눌 수 있는 부요함이 넘치게 하옵소서.

질병으로 고통 받는 자들에게는 소망을 심어줄 수 있는 부요함이 넘치게 하시고, 낙심한 자들에게는 용기를 심어줄 수 있는 부요함이 넘치게 하옵소서.

그리하여 저희로 말미암아 주님의 몸 된 교회가 날마다 부요케 하는 교회로 든든히 서가기를 원합니다.

세상을 부요케 하는 교회로 소문나기를 원합니다. 저희가 이 땅을 살아가는 동안 부요케 하는 교회를 세우는데 목숨을 걸게 하옵소서.

'부요케 하는 도구'가 되는 것이, 주님 앞에 드리는 강렬한 기도제목이 되기를 원하오며, 예수 그리스도의 이름으로 기도합니다. 아멘

[기도체크]

Guide for a prayer

주님의 겟세마네 기도가 우리를 향한 사랑으로 완성되었듯이, 우리의 기도는 이웃을 부요케 하는 사랑으로 완성됩니다.

교회의 정체성이 회복되게 하소서

Power of word

내가 마게도냐로 갈 때에 너를 권하여 에베소에 머물라 한 것은 어떤 사람들을 명하여 다른 교훈을 가르치지 말며 신화와 끝없는 족보에 몰두하지 말게 하려 함이라 이런 것은 믿음 안에 있는 하나님의 경륜을 이룸보다 도리어 변론을 내는 것이라.(디모데전서 1장 3~4절)

교회의 머리가 되시는 주님!
주님의 몸 된 교회를 통하여 주님과 한 몸을 이루는 삶을 살아갈 수 있게 하시니 감사합니다. 언제나 그 몸의 지체임을 기억하여 교회를 사랑하고 섬기며 피차 복종하기에 힘쓰게 하옵소서.

주님!
갈수록 교회로서의 정체성이 흐려지고 있음을 깨닫습니다. 부흥과 성장이라는 미명하에 주님의 몸 된 교회가 세상문화와 타협하고 혼합을 이루고 있는 것을 볼 때, 주님의 피로 사신 교회를 사탄에게 내어주는 것 같아 너무 두렵고 안타까운 마음을 감출 수 없습니다.

지금도 사탄은 주님의 몸 된 교회를 영적으로 약화시키고, 교회 안에 자기의 왕국을 우뚝 세우려는 계략을 꾸미고 있다는 것을 기억하여, 사탄의 덫에 걸려 넘어지는 교회가 되지 않기 위하여 정체성을 바로 세워 나가는 주의 백성들이 되게 하옵소서.

주님!
교회의 생명은 주님의 말씀에 있음을 깨닫습니다. 말씀위에 든든히 세워지는 교회가 될 수 있도록 지체 된 백성들이 최선을 다할 수 있게 하옵소서.
문화를 핑계 삼아 접근해오는 사탄의 계략으로부터 주님의 교회를 든든히 키길 수 있는 영적인 파수꾼이 되게 하옵소서.

교회는 세상의 그 어떤 것으로도 조화를 이룰 수 없음을 보여주며, 교회 안에 세상문화가 스며드는 것을 철저히 배격하고 막아낼 수 있는 그리스도의 좋은 군사가 되게 하옵소서.
구원의 빛, 진리의 빛만을 강하게 비출 수 있는 교회가 되기를 소망하오며, 예수 그리스도의 이름으로 기도합니다. 아멘

[기도체크]

Guide for a prayer
사탄이 우리의 영혼을 노리고 있기 때문에 우리의 영혼을 십자가 앞에 두기 위하여 기도로 끊임없이 제련시켜야 합니다.

깨어있는 교회가 되게 하소서

Power of word
예수께서 힘쓰고 애써 더욱 간절히 기도하시니 땀이 땅에 떨어지는 핏방울 같이 되더라 기도 후에 일어나 제자들에게 가서 슬픔으로 인하여 잠든 것을 보시고 이르시되 어찌하여 자느냐 시험에 들지 않게 일어나 기도하라 하시니라(누가복음 22장 44~46절)

기도의 생애를 사셨던 주님!
"내 집은 만민이 기도하는 집이라 칭함을 받으리라"(막11:17)고 말씀하시며 스스로 기도의 본을 보이셨던 주님을 기억합니다.

오늘의 교회가 잘 꾸며져 있고 화려한 곳은 많아도, 기도의 음성이 들리지 않는 것이 안타까움으로 자리 잡고 있습니다.
어깻죽지 짓눌린 삶을 살면서도 밤낮을 가리지 않고 교회를 찾아 엎드렸던 선조들의 기도의 자리가, 지금은 프로그램을 통해서나 겨우 명맥을 유지하는 것으로 퇴색되고 말았습니다.

주님!
성전을 강도의 소굴로 만든 대제사장들과 서기관들의 뒷모습을 닮아가고 있는 지금의 교회를 보시며, 하늘보좌 우편에서 탄식의 기도를 하고 계실 주님을 생각할 때 너무나 부끄럽습니다.

주여!

교회마다 식어진 기도의 자리를 회복할 수 있게 하옵소서. 밤낮을 가리지 않고 부르짖을 수 있는 교회로 다시금 깨어날 수 있게 하옵소서.

교회마다 부르짖는 기도소리가 주님의 보좌를 움직일 수 있게 하시고, 기도를 통하여 주님의 능력이 깃드는 것을 경험하는 교회들이 되게 하옵소서.

교회마다 부흥과 성장의 동력을 잃은 것도 기도가 식어졌기 때문인 줄 믿습니다. 방법을 통해서만 답을 찾으려고 골몰할 것이 아니라, 깨어 기도함으로 무릎을 통해서 영혼을 사랑하는 마음부터 회복할 수 있는 교회들이 되게 하옵소서.

교회마다 더 깊은 기도의 자리를 사모하는 자들이 넘쳐나기를 소원합니다. 기도로 무너진 단을 수축하고 시대를 살리는 교회로 회복할 수 있게 하옵소서.

예수 그리스도의 이름으로 기도합니다. 아멘

[기도체크]

Guide for a prayer

기도가 식어 있는 교회는 교회로서의 존재가치를 상실한 것이나 다름없습니다.

전도하는 교회가 되게 하소서

Power of word

이르시되 우리가 다른 가까운 마을들로 가자 거기서도 전도하리니 내가 이를 위하여 왔노라하시고 이에 온 갈릴리에 다니시며 그들의 여러 회당에서 전도하시고 또 귀신들을 내쫓으시더라(마가복음 1장 38~39절)

영혼을 구원하는 전도의 생애를 사셨던 주님!
저희를 택하여주시고 영혼을 구원할 수 있는 전도자로 부르심을 감사합니다. 주님의 간절한 소원은 교회를 통하여 구원받는 숫자가 날마다 더해지는 것임을 믿습니다.

하지만, 안타깝게도 오늘의 교회는 구원받은 숫자가 점점 더 줄어들고 있음을 봅니다. 이 모든 것이 아무것도 하지 않으려 하고, 아무데도 가지 않으려고 하는 저희의 식어진 믿음 때문인 것을 깨닫습니다. 용서하여 주옵소서.

주님!
"전도할 문을 우리에게 열어주사 그리스도의 비밀을 말하게 하시기를 구하라"(골4:3)고 하셨는데, 지금부터라도 저희에게 영적인 부담감을 주셔서 전도할 영혼을 붙여달라고 기도할 수 있게 하옵소서.

"때를 얻든지 못 얻든지 항상 힘쓰라"(딤후4:2)고 하였사오니 어디든 가리지 않고 나가서 복음을 담대히 전할 수 있게 하옵소서.
무늬만 주님의 제자로 사는 것이 아니라, 영혼을 사랑하셨던 주님을 닮아가는 제자로 주님의 교회를 섬길 수 있게 하옵소서.

지금도 저희가 뜨거운 열정을 가지고 전도에 집중하는 주님의 제자로 산다면 많은 영혼이 교회를 통하여 주님께로 돌아오는 역사가 나타나게 될 줄을 믿습니다.
곳곳마다 천국의 지경이 확장되고 교회가 든든히 세워지는 축복이 임하게 될 줄로 믿습니다.

마음을 쏟아 더 열심히 기도할 수 있게 하시고, 영혼을 쏟아 더 열심히 전도할 수 있게 하옵소서. 그리하여 초대교회의 성령 충만한 교회를 회복할 수 있게 하시고, 더욱 강력한 성령의 기름 부으심을 경험하는 교회로 세워갈 수 있게 하옵소서.
예수 그리스도의 이름으로 기도합니다. 아멘

[기도체크]

Guide for a prayer
전도는 말로 하는 것이 아니라 무릎으로 하는 것입니다. 기도가 뒷받침 되지 않는 전도는 길가에 뿌려진 씨앗과 같습니다.

선교하는 교회가 되게 하소서

Power of word

오직 성령이 너희에게 임하시면 너희가 권능을 받고 예루살렘과 온 유대와 사마리아와 땅 끝까지 이르러 내 증인이 되리라 하시니라(사도행전 1장 8절)

구원의 주님!
사망 길에 빠진 저희를 건져내셔서 생명의 자리로 옮겨 주시고, 하늘 영광을 바라보며 기쁜 마음으로 살아갈 수 있게 하심을 감사합니다.

주님!
땅 끝까지 복음을 전하라는 것이 주님이 교회에 주신 명령이기에 주님 오시는 그날까지 선교의 사명을 잘 감당할 수 있는 교회가 되기 위하여 기도합니다.

미종족 미전도지역에서 복음을 전하는 선교사들을 기억하옵소서. 단지 그들에게 약간의 선교헌금을 보내는 것으로만 선교에 대한 의무를 다한 것으로 생각지 말게 하시고, 적지와 같은 선교지에서 눈물로 복음의 씨를 뿌리고 있는 선교사들을 위하여 마음을 쏟고 영혼을 쏟는 기도를 쉬지 않는 교회가 되게 하옵소서.

주님!

아직도 교회가 세워진 지역 안에는 죄악의 그늘 속에서 허덕이며 주님을 모른 채 방황하는 영혼들이 많습니다. 그들이 우리의 가까운 선교대상임을 기억하여, 그들에게 주님의 마음을 품고 생명이신 주님을 증거 할 수 있는 교회가 되게 하옵소서.

특히, 이 나라의 낙도 오지에 세워진 연약한 교회들을 기억하옵소서. 몇몇의 성도들을 섬기며, 외로움과 고독함 속에서도 주님의 교회를 묵묵히 세우고 있는 목회자들을 위로하여 주옵소서.

그곳에 주님의 교회가 문을 닫는 일이 없도록 도시의 교회들이 물질과 기도의 후원을 아끼지 않게 하시고, 적극적으로 찾아가 전도에 도움을 주며 힘이 되어 줄 수 있게 하옵소서.

땅 끝에서 주님이 받으시는 열매와 영광이 있는 교회가 되기를 원하오며, 예수 그리스도의 이름으로 기도합니다. 아멘

[기도체크]

Guide for a prayer

기도 속에는 선교의 의미가 담겨 있습니다. 왜냐하면 깊은 기도를 경험하게 되면 영혼구원을 향한 하나님의 열심을 만날 수 있기 때문입니다.

이 땅을 고치는 교회가 되게 하소서

Power of word

내 이름으로 일컫는 내 백성이 그들의 악한 길에서 떠나 스스로 낮추고 기도하여
내 얼굴을 찾으면 내가 하늘에서 듣고 그들의 죄를 사하고 그들의 땅을 고칠지라
(역대하 7장 14절)

구원의 주님!
저희를 영원히 썩지 않는 생명의 자리로 옮기시고 주님의 나라를
바라보며 살아갈 수 있게 하시니 감사합니다. 예수님의 향기를 풍
기며 기쁜 마음으로 살아가는 삶이 되게 하옵소서.

주님!
부정한 입술이지만 긍휼하심을 의지하여 간구하오니 주님의 몸 된
교회가 이 땅을 고치는 교회로 든든히 세워지게 하옵소서.
지금 이 사회는 갈수록 노아의 홍수심판 때와 같이 죄악이 관영해
지고 있음을 피부로 느낍니다. 격한 분노에 사로잡힌 자들이 이유
없이 생명을 해치는 일들이 수없이 자행(恣行)되고 있습니다.

점점 더 흑암의 권세로 덮이는 이 땅을 보며 구명선의 역할을 감당
해야할 교회가 지금 무엇을 해야만 하는지 주님의 음성을 분명히
들을 수 있게 하옵소서.

주님!

세상 사람들과 똑같이 상식적이고 합리적인 비판의 목소리만 높이는 교회가 아니라, 병들어가는 이 사회를 끌어안고 주님께 가슴 절절한 부르짖음의 강도를 높일 수 있는 교회가 되게 하옵소서.

이 땅을 치료하고 회복시키는 사명을 감당하기 위하여 곳곳마다 찾아가셔서 섬기기를 좋아하셨던 주님의 희생을 본받는 교회가 되게 하옵소서. 그리하여 지독한 병마에 시달리는 이 사회가 교회를 통하여 주님의 이름으로 고침을 받고 새롭게 될 수 있는 역사가 일어나게 하옵소서.

교회가 세인(世人)들로부터 비웃음과 조롱을 당한다 할지라도, 그래도 하나님은 교회를 통하여 이 땅을 기경해나가시고 치료하신다는 것을, 저희로 하여금 잊지 말게 하옵소서.
예수 그리스도의 이름으로 기도합니다. 아멘

[기도체크]

Guide for a prayer
이 땅을 치료하고 회복시키는 책임은 정부에 있는 것이 아니라 교회에 있습니다. 교회가 부패할수록 세상은 점점 더 병들어가기 때문입니다.

성령 충만한 교회가 되게 하소서

Power of word

세월을 아끼라 때가 악하니라 그러므로 어리석은 자가 되지 말고 오직 주의 뜻이 무엇인가 이해하라 술 취하지 말라 이는 방탕한 것이니 오직 성령의 충만함을 받으라(에베소서 5장 16~18절)

약속하신 성령을 부어주신 주님!
실망과 좌절로 앞을 보지 못한 제자들이 다락방에 둘러앉았을 때, 드센 바람소리와 혀같이 갈라지는 불꽃으로 다가와 힘과 능력을 부여하셨던 성령의 역사가 있었음을 깨닫습니다.

여전히 함께하시는 주님!
지금도 주님의 몸 된 교회와 성도들이 강한 성령의 능력에 사로잡히게 하옵소서. 그리하여 초대교회가 그랬듯이, 성령 충만하여 성령의 능력을 나타내는 교회로 든든히 세워지게 하옵소서.

주님!
한 번 빛을 받고, 하늘의 은사를 맛보고, 성령에 참여한바 되고, 하나님의 말씀과 내세의 능력을 맛보고도 타락한 자들은 다시 새롭게 하여 회개하게 할 수 없다는 말씀을 기억합니다(히6:4-6).

교회의 구성원들이 성령님을 거스르는 죄를 짓거나, 성령님을 근심케 하는 일들을 하지 않도록 항상 겸손한 마음으로 성령의 충만함을 사모하게 하옵소서.

온 교우들이 성령이 충만한 주님의 일꾼이 되어서 사람을 기쁘게 하는 교회가 아니라, 하나님이 기뻐하시는 교회를 세워갈 수 있게 하시고, 사람이 만족하는 교회가 아니라, 하나님이 흡족해 하시는 교회를 세워갈 수 있게 하옵소서.

특히, 주의 백성들이 미혹의 영에 이끌리기 쉬운 이때에, 거짓된 영들을 잘 분별할 수 있도록 더욱더 성령의 이끌림을 받는 교회로 세워나가게 하옵소서.

또한, 각종 성령의 열매를 풍성히 맺는 교회가 되기 위하여, 더욱 큰 은사를 간절히 사모하는 교회가 되게 하옵소서.
예수 그리스도의 이름으로 기도합니다. 아멘

[기도체크]

Guide for a prayer
성령님은 우리의 기도를 도우시고, 예수님은 우리의 기도를 변호하시며, 하나님은 그 기도에 응답을 주십니다.

처음사랑을 회복하는 교회가 되게 하소서

Power of word

근신하라 깨어라 너희 대적 마귀가 우는 사자 같이 두루 다니며 삼킬 자를 찾나니
너희는 믿음을 굳게 하여 그를 대적하라 이는 세상에 있는 너희 형제들도 동일한
고난을 당하는 줄을 앎이라(베드로전서 5장 8~9절)

전능하신 주님!
지금도 변함없이 주님의 교회를 붙들고 계시는 주님의 사랑을 경
험합니다. 저희가 그 교회의 지체가 되어 주님의 몸을 이루고 있으
니 얼마나 감사한지요. 항상 교회를 사랑하며 주님과 한 몸을 이루
는 삶이 되게 하옵소서.

주님!
현대 교회가 이제는 형식만 남아있는 교회로 기울어져가고 있음을
깨닫습니다.
하나님의 임재하심을 경험하는 예배의 감동도 식어지고 있고, 주님
의 응답을 체험하는 기도의 기쁨도 식어지고 있습니다. 하면 할수
록 즐겁기만 했던 봉사의 보람도 식어지고 있고, 전하면 전할수록
영혼이 구원받는 전도의 감격도 식어지고 있습니다.
또한, 쓸 것은 부족했어도 마음이 담긴 예물을 즐겨드리기를 원했
던 물질의 정성도 식어지고 있습니다.

"인자가 올 때에 세상에서 믿음을 보겠느냐"(눅18:8)는 주님의 말씀이 현실로 다가오고 있는 것 같습니다.

주님!
아무것도 하지 않으려는 영적인 무감각증에 걸려있는 교회와 주의 백성들을 불쌍히 여기시옵소서. 어서 속히 깨어날 수 있도록 마음의 문, 심령의 문을 두드려 주옵소서.
어디서 식어졌는지를 생각하여 회개하게 하시고 처음사랑을 회복할 수 있게 하옵소서. 주님이 토하여 버리실 수도 있다는 사실을 생각하며 초대교회처럼 생명을 살리고 영혼을 깨우는 교회로 거듭나게 하여 주옵소서.

모든 주의 백성들이 주님이 다시 오시는 그날까지, 기름을 준비한 지혜로운 다섯 처녀처럼 사명을 감당할 수 있게 하옵소서.
예수 그리스도의 이름으로 기도합니다. 아멘

[기도체크]

Guide for a prayer
주님에 대한 사랑이 식어졌습니까? 주님을 대면하는 기도의 자리가 식어졌기 때문입니다.

교역자를 붙드소서

Power of word

나는 선한 목자라 선한 목자는 양들을 위하여 목숨을 버리거니와 삯꾼은 목자가 아니요 양도 제 양이 아니라 이리가 오는 것을 보면 양을 버리고 달아나나니 이리가 양을 물어가고 또 헤치느니라(요한복음 10장 11~12절)

선한 목자이신 주님!
주님이 기름 부어 세우신 교역자분들을 통하여 하늘의 진리를 배우며 신앙의 양육을 잘 받을 수 있게 하시니 감사합니다.

주님!
담임목사님과 교역자분들을 위하여 기도합니다. 언제나 주님의 능력의 오른손으로 붙들어 주옵소서.
주님의 몸 된 교회를 섬기며, 교우들을 돌보고 양육하시는데 지치지 않도록 언제나 새 힘과 능력을 더하시옵소서.
말씀을 준비하실 때에 지혜와 능력을 더하여 주셔서 교우들에게 신령한 꼴을 먹일 수 있게 하시고, 예수님의 구원의 은총과 천국의 능력을 나타내기에 조금도 부족함이 없게 하옵소서.
사역을 감당하는 중에 외롭고 고독할 때에는 우리 주님이 따뜻한 벗이 되어주시고, 힘들고 지칠 때에는 위로와 용기를 더하시옵소서.

교인들이 알아주지 않을지라도 사도바울과 같이 하나님이 받으실 영광만을 바라보며 힘차게 달려가실 수 있게 하옵소서.

주님!
교역자분들의 가정도 큰 은혜로 함께하옵소서. 사모님께도 더욱 큰 능력으로 함께 하셔서 목사님을 내조하시는데 조금도 부족함이 없게 하옵소서.
혹, 괴롭고 아픈 일이 찾아올 때, 고난이 주는 유익을 생각하며 평안과 위로를 얻을 수 있게 하옵소서.
자녀들도 우리 주님이 크신 사랑으로 돌보아주셔서 주님께 보배롭게 쓰임 받는 그릇들이 되게 하옵소서.

교역자분들의 가정에 날마다 생활의 필요를 공급하여 주셔서, 목회하시는데 물질 때문에 고통을 당하는 일이 없게 하옵소서.
예수 그리스도의 이름으로 기도합니다. 아멘

[기도체크]

Guide for a prayer
부흥하는 교회의 특징은 성도들이 목회자를 위하여 끊임없이 하늘 문을 두드리고 있다는 것입니다.

열심을 다하게 하소서

Power of word

형제를 사랑하여 서로 우애하고 존경하기를 서로 먼저 하며 부지런하여 게으르지 말고 열심을 품고 주를 섬기라.(로마서 12장 10~11절)

사랑의 주님!
겨우 겨우 나아가는 신앙의 발걸음이라 할지라도 손잡아 주시는 주님이 계시기에 주님을 의지하는 삶을 살게 하시니 감사합니다. 항상 저희 곁에 계셔서 저희와 동행하여 주옵소서.

주님!
모든 교우들이 항상 열심을 품고 주님을 섬길 수 있기를 소망하여 기도합니다. 주님처럼 온유하고 겸손한 모습으로 주어진 일에 최선을 다하는 모습이 모든 교우들에게 넘치게 하옵소서.

주님을 위하여 일하고 싶어도 일할 수 없는 순간이 올 수 있다는 사실을 기억하여 일할 수 있는 기회가 있을 때, 그 기회를 놓치지 않고 열심을 낼 수 있는 교우들이 되게 하옵소서.
모든 교우들이 주님의 몸 된 교회를 섬기는 일에는 언제나 앞장서게 하시고, 서로에게도 주님을 섬기는 마음으로 잘 받들어 섬기는 아름다운 모습이 넘칠 수 있게 하옵소서.

피차 종노릇하는데 마음을 쏟게 하시며, 주님만이 높임을 받을 수 있는 복된 일들을 만들어 갈 수 있는 교우들이 되게 하옵소서.
더 많이 하고 있다고 하여 우쭐대는 일이 없게 하시고, 더 큰 어려움이 있다고 하여 낙심하거나 좌절하지 않는 교우들이 되게 하옵소서.

세상에서는 보잘 것 없어 보이고 불필요한 사람처럼 보일지라도, 주님 앞에서는 없어서는 안 될 꼭 필요한 일꾼으로 쓰임 받는 교우들이 되게 하옵소서.
부족함과 능력의 한계에 부딪힐 때에는 엎드려 기도하게 하시고, 겸손을 위장한 교만이 파고들 때는, 넘어지지 않기 위하여 더욱 성령의 충만을 구할 수 있는 교우들이 되게 하옵소서.
모든 교우가 주님 앞에서 열심을 다하는 신앙의 사람이 되기를 원하오며, 예수 그리스도의 이름으로 기도합니다. 아멘

[기도체크]

Guide for a prayer
우리가 아무리 주님을 위하여 열심을 다하는 헌신적인 사람이 된다 할지라도 주님의 십자가의 사랑을 따라갈 수 없습니다.

새가족을 축복하소서

Power of word

오직 사랑 안에서 참된 것을 하여 범사에 그에게까지 자랄지라 그는 머리니 곧 그리스도라 그에게서 온 몸이 각 마디를 통하여 도움을 받음으로 연결되고 결합되어 각 지체의 분량대로 역사하여 그 몸을 자라게 하며 사랑 안에서 스스로 세우느니라(에베소서 4장 15~16절)

구원의 주님!

저희교회에 새가족을 보내주심을 감사합니다. 새가족이 저희교회를 출석교회로 정하기까지는 여러 가지 이유들이 있었을 것입니다.

그러나 섭리하시는 주님이 그 교우에게 어떤 계기나 기회를 주셔서 저희교회에 등록하게 된 것임을 믿습니다.

이제 먼저 된 저희들과 함께 신앙생활하면서 더욱 풍성한 은혜와 복을 받는 신앙생활이 될 수 있도록 인도하옵소서.

시냇가에 심은 나무가 철을 따라 열매를 맺듯이 믿음의 아름다운 열매들을 풍성히 맺어갈 수 있게 하시고, 주님의 간섭하심을 통하여 형통의 복을 누릴 수 있게 하옵소서.

주님과의 관계가 형통하게 되는 복을 누리며, 사람과의 관계도 형통하게 되는 복을 누릴 수 있게 하옵소서. 또한, 때를 따라 채우시는 물질의 복도 누릴 수 있게 하옵소서.

주님!
그 가정에도 더 크신 은혜를 내려주시기를 원합니다. 언제나 주님만을 섬김으로 주님의 인정과 칭찬이 넘치는 가정이 되게 하옵소서. 자녀들도 붙들어 주셔서 언제나 주님의 사랑을 듬뿍 받을 수 있게 하시옵소서.

주님!
앞으로 교회봉사에도 관심을 갖는 새가족이 되기를 원합니다. 주님을 사랑하는 마음이 주님의 몸 된 교회를 섬기는 마음으로 표현될 수 있게 하시고, 사랑과 진리 안에서 주님이 귀하게 쓰시는 훌륭한 일꾼으로 빚어지게 하옵소서.
저희 교회에 새가족을 보내주심을 다시 한 번 감사드리오며, 영광을 받으실 예수 그리스도의 이름으로 기도합니다. 아멘

[기도체크]

Guide for a prayer
우리의 기도에는 현실을 위한 기도보다는 미래를 내다볼 줄 아는 기도가 있어야 합니다.

교우들을 돌보아주소서

Power of word

너희는 이 세대를 본받지 말고 오직 마음을 새롭게 함으로 변화를 받아 하나님의 선하시고 기뻐하시고 온전하신 뜻이 무엇인지 분별하도록 하라(로마서 12장 2절)

교회의 머리가 되시는 주님!
저희들을 항상 영혼이 잘되고 범사가 잘되는 삶으로 이끄심을 감사합니다. 이 땅에서 주님의 자녀로 사는 동안 주님의 몸 된 교회를 잘 섬길 수 있는 삶이 되게 하옵소서.

주님!
주님의 몸 된 교회에 속한 교우를 위하여 기도하기를 원합니다. 세상은 갈수록 악해져만 가고 있고 하나님의 자녀를 유혹하는 사탄의 무리는 갈수록 극성을 부리고 있는 이때에, 모든 교우들이 근신하며 깨어있도록 도와주옵소서.

사탄의 궤계를 능히 대적할 수 있도록 하나님의 전신갑주를 입혀주시고, 강한 유혹과 시험도 말씀의 능력으로 물리칠 수 있도록 성령의 충만을 허락하여 주옵소서.

주님!

교우들의 형편을 돌아보시옵소서. 교우 중에 출산한 가정이 있습니까? 태의 열매는 그의 상급이라고 하였사오니 신앙 안에서 잘 키울 수 있도록 이끌어 주옵소서.

생일을 맞은 교우가 있습니까? 지금까지 지켜주신 하나님을 찬양하며 남은 생애 더욱 주님만을 바라보며 살아갈 수 있도록 인도하옵소서.

이사 온 가정이 있습니까? 낯선 환경이지만 교회를 통하여 잘 적응할 수 있게 하시고, 변함없이 주님의 뜻을 좇아갈 수 있는 가정이 되도록 붙들어 주옵소서.

질병으로 고통 받는 교우가 있습니까? 만병의 의원이신 주님을 의지하게 하시고, 치료하시는 주님의 손길을 체험하게 하옵소서.

가정불화와 신앙이 나태한 교우가 있습니까? 가정의 화목을 위해서 기도하게 하시고, 주님께서 제일 싫어하시는 것이 게으름이란 것을 잊지 말게 하옵소서.

모든 교우들이 주님의 축복가운데 있게 하실 것을 믿사오며, 예수 그리스도의 이름으로 기도합니다. 아멘

[기도체크]

Guide for a prayer

하나님께서 우리에게 오셔서 일상적인 삶 속에서 우리에게 복을 주신다고 믿는 것이 바로 기도의 재료입니다.

교회의 기관과 부서를 붙드소서

Power of word

너희는 사도들과 선지자들의 터 위에 세우심을 입은 자라 그리스도 예수께서 친히 모퉁잇돌이 되셨느니라 그의 안에서 건물마다 서로 연결하여 주 안에서 성전이 되어가고(에베소서 2장 20~21절)

영광을 받으시기에 합당하신 주님!
구속 받은 주의 백성들이 교회를 통하여 믿음으로 든든히 세워져가게 하심을 감사합니다. 주님이 오시는 그날까지 그리스도 안에서 함께 지어져가는 은혜를 누리게 하옵소서.

주님!
주님의 몸 된 교회가 더욱 부흥하는 교회가 되기를 간절히 소망하며 각 기관과 부서를 위하여 기도합니다.
먼저, 주일학교를 기억하시옵소서. 어릴 때부터 교회를 가까이 할 수 있는 복을 주시니 감사합니다. 키가 자라듯 믿음도 쑥쑥 자랄 수 있게 하시고, 주님 안에서 복되고 아름다운 꿈을 키워갈 수 있게 하옵소서.

중, 고등부를 위하여 기도합니다. 아직 가치관이 미성숙한 때입니다. 쉽게 넘어질 수 있는 시기입니다. 길과 진리와 생명이신 우리 주님이 학생들의 마음을 붙들어 주셔서, 주의 법도를 익혀가며, 불의에 흔들리지 않고, 하나님께 영광 돌리는 믿음의 사람으로 성장할 수 있게 하옵소서.

대학, 청년부를 위하여 기도합니다. 젊을 때에 창조주 하나님을 기억하며 더욱 헌신할 수 있는 대학, 청년들이 되게 하시고, 모든 일에 성실한 자세를 잃지 아니함으로, 주님이 귀하게 쓰시는 복되고 존귀한 그릇들이 되게 하옵소서.

남, 여 전도(선교)회를 위하여 기도합니다. 주님의 영광을 위하여 선한 청지기의 삶을 살 수 있도록 인도하시고, 주님의 몸 된 교회를 위하여 교우를 섬기고 위로하며, 봉사와 헌신을 드리는 남녀종들이 되게 하옵소서. 또한, 영혼이 구원 되는 믿음의 열매도 풍성히 맺을 수 있게 하옵소서.
예수 그리스도의 이름으로 기도합니다. 아멘

[기도체크]

Guide for a prayer
성도의 생활은 항상 기도하는 생활이어야 하며, 우리에게 기도생활보다 더 큰 축복은 없습니다.

주일학교에 부흥을 주소서

Power of word

예수께서 보시고 노하시어 이르시되 어린아이들이 내게 오는 것을 용납하고 금하지 말라 하나님의 나라가 이런 자의 것이니라(마가복음 10장 14절)

어린아이를 사랑하시는 주님!
저희에게 영원한 생명과 하늘나라의 기업을 주심을 감사합니다. 하지만, 만족하지 못하고 여전히 세상 앞에 넘어지는 저희 자신을 봅니다. 못난 모습을 꾸짖어 주시고 용서하여 주옵소서.

주님!
주일학교를 위하여 기도하기를 원합니다. 안타깝게도 교회마다 주일학교가 점점 더 줄어들고 있습니다.
주일학교가 줄어들면서 한국교회가 심각한 위기를 맞은 것이 사실입니다. 주일학교가 없어진 교회가 태반이고, 1년에 3천여 교회가 문을 닫고 있다고 합니다.

교회가 세워질 때마다 주일학교 부서가 가장 먼저 세워짐으로 전도의 문이 열리고, 교회가 성장하게 되는 발판이 되었는데, 주일학교가 침체되니 한국교회도 점점 더 사라지고 있습니다.

주님!

주일학교가 침체되는 것이 저출산의 사회적영향도 있겠지만, 영적인 측면을 놓고 보았을 때 믿음에 대한 열정이 식어진 영향도 있음을 깨닫습니다.

지금부터라도 다시금 믿음에 대한 열정을 회복함으로 무너져가고 있는 한국교회를 위해서 눈물로 기도할 수 있게 하옵소서.

또한, 주님이 촛대를 옮기실 수도 있다는 영적인 부담을 가지고 구령에 대한 열정을 회복할 수 있게 하옵소서.

특별히 주일학교의 부흥이 없으면 한국교회의 미래도 없다는 것을 자각하여, 주일학교의 부흥을 위하여 마음을 쏟고 영혼을 쏟을 수 있는 주의 백성들이 되게 하옵소서.

주일학교에 순백색의 어린 영혼들이 꽃동산을 이루기까지 모든 열정을 쏟아 부을 수 있는 교회가 되기를 원하오며, 예수 그리스도의 이름으로 기도합니다. 아멘

[기도체크]

Guide for a prayer

우리는 어린아이가 내게 오는 것을 막지 말라는 주님의 말씀에 귀를 기울여야할 때임을 기억해야 합니다.

성실한 교사가 되게 하소서

Power of word

그가 어떤 사람은 사도로, 어떤 사람은 선지자로, 어떤 사람은 복음 전하는 자로, 어떤 사람은 목사와 교사로 삼으셨으니 이는 성도를 온전하게 하여 봉사의 일을 하게하며 그리스도의 몸을 세우려 하심이라(에베소서 4장 11~12장)

구원이요 빛이신 주님!
저희로 하여금 진리의 말씀을 따라 살아갈 수 있게 하시니 감사합니다.
주님의 몸 된 교회를 위하여 기도하면서 어린 생명들을 주님의 말씀으로 가르치며 양육하는 교사들을 위하여 기도합니다.

교회를 통하여 주님께서 맡겨주신 어린 생명들을 주님을 섬기는 마음으로 성실히 보살피며 양육할 수 있는 교사들이 되게 하옵소서.
어린 생명들에게 단지 성경지식을 가르치고 전수하는 교사이기보다는, 생명의 주님을 사랑하며 성장할 수 있도록 지도할 수 있는 교사들이 되게 하옵소서.
아이들의 이름을 하나하나 불러가며 기도하는 것도 가르치는 것 못지않게 중요하다는 것을 잊지 말게 하셔서, 어떤 아이라도 맡겨진 아이들을 차별 없이 가슴에 품고 기도할 수 있는 교사들이 되게 하옵소서.

주님!

영성이 뒷받침 되지 않으면 사명도 끝까지 감당하기가 어렵다는 것을 깨닫습니다. 교사의 직분을 가볍게 여기거나 태만하지 않기 위하여 언제나 말씀을 가까이 하며 묵상할 수 있게 하시고, 주님과 깊은 교제를 나누기 위하여 기도의 자리를 사랑할 수 있는 교사들이 되게 하옵소서.

교사들의 언어습관과 품행도 기억하옵소서. 어린생명들이 바른 믿음과 인격을 형성하는데, 그들의 언어와 품행이 걸림이 되지 않게 하시고, 좋은 영향을 끼칠 수 있는 교사들이 되게 하옵소서.
특별히, 어렵고 힘든 환경에서도 교사의 직분을 감당하려고 힘쓰는 교사들을 기억하셔서 언제나 성령님의 위로가 있게 하시고, 그들의 수고를 하늘의 크신 복으로 채워주시옵소서.
교사들에게 귀한 사명을 맡기신 예수 그리스도의 이름으로 기도합니다. 아멘

[기도체크]

Guide for a prayer
주님은 사명의 길을 걷는 자에게 더 특별한 기도를 원하고 계십니다.

구역(속회)이 확장되게 하소서

Power of word

또 비유를 들어 이르시되 천국은 마치 사람이 자기 밭에 갖다 심은 겨자씨 한 알 같으니 이는 모든 씨보다 작은 것이로되 자란 후에는 풀보다 커서 나무가 되매 공중의 새들이 와서 그 가지에 깃들이느니라(마태복음 13장 31~32절)

은혜의 주님!
슬플 때나 기쁠 때나 쉴 때도 함께하시고, 주님의 선하신 뜻대로 이 끌어주심을 감사합니다. 항상 주님 안에 행복과 영원한 가치가 있음을 알고, 그 가치를 좇아갈 수 있는 삶이 되게 하옵소서.

주님!
교회의 혈관과 같은 구역(속회)을 위하여 기도합니다. 구역(속회)을 통하여 교회가 부흥하며, 천국의 지경이 확장되는 은혜가 있게 하옵소서.
구역(속회)을 위하여 세움을 받은 구역(속)장들이 때를 얻든지 못 얻든지 죽도록 충성할 수 있는 일꾼들이 되게 하옵소서.

언제나 구역(속)장으로서 겸손으로 허리를 동이며 신앙의 본을 잘 보일 수 있게 하시고, 구역(속)원들에게 따뜻한 위로와 용기와 소망을 심어주며, 믿음으로 잘 섬길 수 있게 하옵소서.

구역(속회)들마다 모임의 필요성을 깨닫게 하셔서서 열심을 다하여 모일 수 있게 하시고, 모임을 가질 때마다 그곳에서 함께하시는 주님을 경험할 수 있게 하옵소서.

모이면 모일수록 주님을 향한 믿음의 고백으로 뜨거워질 수 있게 하시고, 서로가 주님의 지체로 든든히 세워져 감을 인하여 감사할 수 있게 하옵소서.

순번을 정하여 가정마다 예배를 드릴 때, 가정천국이 이루어지는 복을 받게 하시고, 믿지 않는 식구들에게는 구원의 문이 열리는 역사도 나타나게 하옵소서.

주님!

구역(속회)은 현장 속에 있는 영혼구원의 전진기지오니, 구역(속회)마다 영혼구원의 열매를 풍성히 맺게 하셔서, 주님의 몸 된 교회도 놀랍게 부흥하는 역사가 있게 하여 주옵소서.

예수 그리스도의 이름으로 기도합니다. 아멘

[기도체크]

Guide for a prayer

교회부흥을 위하여 기도하기를 원한다면 구역(속회)의 부흥을 위한 기도를 잊어서는 안 됩니다.

은혜를 잊지 않는 가정이 되게 하소서

Power of word

우리 주 하나님이여 영광과 존귀와 권능을 받으시는 것이 합당하오니 주께서 만물을 지으신지라 만물이 주의 뜻대로 있었고 또 지으심을 받았나이다 하더라(계시록 4장 11절)

사랑이 풍성하신 주님!
주님을 믿는 믿음이 행복임을 깨닫습니다. 주님을 기억하는 삶이 더할 나위 없는 즐거움인 것을 깨닫습니다. 언제나 주님 안에서만 행복을 찾아내고 즐거움을 얻을 수 있게 하옵소서.

주님!
주님께서 세워주신 복된 가정들을 위하여 기도합니다. 주님께서 호주가 되시기에 더욱 안전함을 깨닫습니다.
언제나 주님의 사랑을 받는 가정으로 이끌어 주시고, 귀하신 복으로 함께 하여 주옵소서.

간구하옵기는 주님이 택하여 주신 가정마다 주님의 은혜를 항상 잊지 아니하고 기억하는 가정들이 되게 하여 주옵소서.
예배와 기도로 하루를 시작함으로 받은 은혜에 감사하며 주님을 의지하는 마음이 흐트러지지 않는 가정들이 되게 하여 주옵소서.

감당키 어려운 고난이 올지라도 주님의 사랑을 의심치 않게 하시고, 뜻하지 않는 질병이 찾아온다 하여도 질병을 걸머지신 주님을 인하여 흔들림이 없는 가정들이 되게 하옵소서.

가슴을 파고드는 고통 중에 있을지라도, 그 고통의 자리에 주님이 함께 계심을 믿고 감사의 찬송을 잊지 않는 가정들이 되게 하시고, 언제나 가정마다 향하신 주님의 깊으신 뜻을 분별할 줄 아는 지혜가 넘치는 가정들이 되게 하옵소서.

주님!
잘되는 것도 주님의 축복이지만 안 되는 것도 주님의 사랑임을 깨닫게 하셔서, 가정을 천국같이 가꾸어 가시는 주님의 섭리를, 불평과 원망으로 뒤흔드는 일이 없게 하여 주옵소서.
예수 그리스도의 이름으로 기도합니다. 아멘

[기도체크]

Guide for a prayer
우리의 가정은 주님의 축복의 장소입니다. 그것을 깨닫고 누리기 위해서는 기도를 잊지 말아야 합니다. 왜냐하면 기도를 통하여 우리는 그분의 음성을 선명하게 들을 수 있기 때문입니다.

고난을 겪고 있는 교우를 기억하소서

Power of word

고난당한 것이 내게 유익이라 이로 말미암아 내가 주의 율례들을 배우게 되었나이다 주의 입의 법이 내게는 천천 금은보다 좋으니이다(시편 119편 71~72절)

고난을 피하지 않으신 주님!
십자가에서 고난 받으신 주님이 계셨기에 저희가 죄에서 놓임을 받아 하늘영광을 바라보는 주님의 백성이 되었음을 믿고 감사합니다. 친히 고난을 당하신 우리 주님이시기에, 고난 중에 있는 교우들을 헤아리실 것을 믿고 기도합니다.

주님!
고난 중에 있는 교우들의 마음을 어루만져주시고 참된 위로를 허락하여 주옵소서.
고난당할 때 더욱 기도할 것을 권면하신 주님을 기억합니다. 지금 그들이 마음을 추스르기조차 힘들지라도, 도우시는 주님의 선하신 손길을 바라보며 기도의 무릎을 꿇을 수 있게 하여 주옵소서.

그리하여 고난을 통한 엎드림이, 더 깊은 기도의 세계를 경험할 수 있는 능력의 통로가 되게 하시고, 이전에 듣지 못했던 주님의 음성을 들을 수 있는 응답의 통로가 되게 하옵소서.

우리 주님은 사랑하는 자에게 불필요한 고난을 허락하시는 분이 아니라, 미처 생각지 못한 유익을 더하시는 분이심을 믿습니다.

고난을 통하여 전에는 깨닫지 못했던 것을 깨닫게 하시며, 전에는 볼 수 없었던 것을 보게 하시며, 전에는 가질 수 없었던 것을 갖게 하시는 주님의 축복을 누릴 수 있게 하옵소서.

고난이 크면 클수록 주님과 더불어 받게 될 영광도 크다는 것을 생각하며 감사가 넘치는 믿음이 되게 하여 주옵소서.
감당치 못할 시험을 허락지 않으시는 주님을 바라보며 끝까지 믿음의 진검승부를 벌일 수 있게 하옵소서.

지친 영혼을 일으켜 주셔서 언제나 새 능력을 더하여 주시는 예수 그리스도의 이름으로 기도합니다. 아멘

[기도체크]

Guide for a prayer
성도에게 고난이 왜 유익한가? 이제껏 듣지 못했던 하나님의 음성을 고난을 통하여 들을 수 있기 때문입니다.

사고와 재난을 당한 교우를
긍휼히 여기소서

Power of word

내 형제들아 너희가 여러 가지 시험을 당하거든 온전히 기쁘게 여기라 이는 너희 믿음의 시련이 인내를 만들어 내는 줄 너희가 앎이라(야고보서 1장 2~3절)

참된 위로를 주시는 주님!
인간의 고통과 아픔을 친히 담당하시고 참 평안을 주신 주님의 은혜와 사랑을 감사합니다.
지금도 인간의 고통과 아픔의 현장을 외면치 않으시고 찾아오셔서 위로와 소망을 주시는 주님이심을 믿습니다.

주님!
갑작스런 사고와 재난으로 인하여 감당키 어려운 고통과 슬픔에 잠겨 있는 교우를 위하여 기도합니다.
얼마나 당혹스럽고 얼마나 황당하겠습니까? 어찌해야만 할지 갈피를 잡지 못하고 혼란스러워하고 있는 그 마음을 주님의 강하신 손으로 붙들어 주옵소서.

주님!
이와 같은 상황일 때 저희들도 어떻게 위로해야할지 할 말을 잃습니다. 그러나 합력하여 선을 이루시는 우리주님이심을 믿습니다. 화가 변하여 복이 되게 하시는 우리주님이심을 믿습니다.

지금은 그들이 사방으로 욱여쌈을 당한 것 같고, 답답한 일을 당한 것 같고, 거꾸러뜨림을 당한 것 같지만, 그러나 능력의 주님께서, 그들이 알지 못하고 깨닫지 못했던 깜짝 놀랄 일을 예비하고 계신 줄 믿습니다.

주님!
욥이 하루아침에 감당할 수 없는 엄청난 고통을 당하였지만, 불평과 원망을 앞세우지 않고 끝까지 하나님의 섭리하심을 바라보았듯이, 지금 사고와 재난을 당한 교우에게도 그와 같은 믿음으로 채워 주시옵소서.
이 위기의 상황을 흔들리지 않는 믿음을 앞세워 잘 이겨냄으로, 귀로 듣기만 했던 하나님을 직접 눈으로 보며, 삶에 기적을 일으키시는 하나님의 능력을 경험하는 축복의 주인공이 되게 하옵소서.
예수 그리스도의 이름으로 기도합니다. 아멘

[기도체크]

Guide for a prayer
하나님이 왜 고통을 주시는가? 하나님께로 나아갈 수 있는 사닥다리를 놓아주시기 위해서입니다.

질병에 시달리는 교우를 치료하소서

Power of word

내 이름을 경외하는 너희에게는 공의로운 해가 떠올라서 치료하는 광선을 비추리니 너희가 나가서 외양간에서 나온 송아지 같이 뛰리라(말라기 4장 2절)

소망이 되시는 주님!

형편과 환경을 보면 절망이지만, 저희를 구원해주신 주님을 바라보면 언제나 소망이 되게 하심을 감사합니다. 주님의 은혜와 사랑이 없이는 살 수 없는 인생임을 고백합니다. 주님을 의지하오니 복 있는 길로 인도하시옵소서.

주님!

질병 가운데 놓여 있는 교우들을 위하여 기도합니다. 아플 때의 그 마음을, 진정으로 헤아려 주실 분은 주님밖에 없음을 믿습니다. 병들어 연약해진 영혼을 불쌍히 여기시고 크신 긍휼을 베풀어 주옵소서.

크고 작은 질병이든 마음이 낙심되고 흔들리기 쉽사오니, 주님의 권능의 손으로 어루만져 주시고 평안의 매는 줄로 굳게 잡아주시옵소서.

주님!

질병 속에 숨겨진 하나님의 뜻과 섭리가 분명히 있음을 깨닫습니다. 질병도 하나님의 영광을 나타내기 위한 도구가 된다면 그것은 불행이 아니라 복이요, 재앙이 아니라 주님이 주신 은혜임을 믿습니다.

그러므로 합력하여 선을 이루시는 주님의 섭리를 의심하는 일이 없게 하시고, 오히려 건강할 때 깨닫지 못했던 주님의 크신 뜻을 깨닫는 은총을 누리게 하옵소서.

주님!

믿음의 기도는 병든 자를 구원하리니 주께서 그를 일으키시리라(약5:15)는 말씀을 의지합니다. 질병으로 신음하는 교우들을 구원하여 주옵소서. 낫게 하시는 권능이 주님께 있사오니, 치료의 광선을 발하여 주셔서 몸속에 있는 병균을 소멸시켜 주옵소서.

다시금 건강한 몸으로 회복하여 기쁜 마음으로 주님을 섬길 수 있도록 은총을 더하여 주옵소서. 예수 그리스도의 이름으로 기도합니다. 아멘

[기도체크]

Guide for a prayer

우리가 다른 사람의 아픔을 위하여 기도하는 것만큼 하나님은 우리의 문제에도 관심을 갖고 계십니다.

경제적인 어려움을 겪는
교우를 기억하소서

Power of word

내가 두 가지 일을 주께 구하였사오니 내가 죽기 전에 내게 거절하지 마옵소서. 곧 헛된 것과 거짓말을 내게서 멀리 하옵시며 나를 가난하게도 마옵시고 부하게도 마옵시고 오직 필요한 양식으로 나를 먹이시옵소서(잠언 30장 7~8절)

모든 것을 가지신 주님!

예수 그리스도께서 부요하신 자로서 가난하게 되심은, 저희를 부요하게 하려 하심이라는 말씀을 생각할 때 감사할 수밖에 없음을 깨닫습니다. 저희를 부요한 자리로 이끄신 주님을 생각하며, 많은 사람을 부요하게 할 수 있는 삶이 되게 하옵소서.

주님!

교우들 중에 소득의 양극화로 인하여 어려움을 겪고 있는 이들을 위하여 기도합니다. 소득불균형 속에서도 낙심하지 않고 기도에 더욱 힘쓰며, 주님의 몸 된 교회를 성실하게 섬기고 있는 교우들을 기억하옵소서.

그들을 통하여 주님이 받으시는 영광이, 풍족하게 가진 자들이 주님께 영광 돌리는 것에 조금도 부족함이 없다는 것을 깨닫습니다.

하오나, 그들에게 소득의 불균형이 너무 오래 지속되지 않도록 도우시고 은총을 내려주실 것을 간구합니다.

요셉이 어려운 가운데 있었지만, 하나님을 의지하는 믿음을 귀하게 보셔서 형통의 복을 누리게 하셨듯이, 경제적인 어려움에 놓인 교우들에게도 동일한 은혜로 함께하여 주옵소서.

그리하여 주님을 더 잘 섬기며, 나눠주고, 도와주고, 베풀기를 좋아하며, 주님의 몸 된 교회를 위하여 몸과 물질을 드려 충성하는데 기쁨이 되게 하옵소서.

주님!

혹시, 주님이 물질의 은사를 더하시지 않을지라도 낙망치 말게 하시고, 주님이 자신들을 통하여 받으실 영광이 따로 있음을 생각하며, '그리 아니하실지라도'의 신앙으로 믿음의 승리를 보여주는 삶이 되게 하옵소서.

차별이 전혀 없으신 주님의 사랑을 확신하오며, 예수 그리스도의 이름으로 기도합니다. 아멘

[기도체크]

Guide for a prayer

우리는 우리의 원하는 바를 하나님께 구하는 것이 아니라, 우리 주변에서 필요한 것을 하나님께 구할 수 있어야 합니다.

미혹의 영을 경계하게 하소서

Power of word

그때에 사람이 너희에게 말하되 보라 그리스도가 여기 있다 저기 있다 하여도 믿지 말라 거짓 그리스도들과 거짓 선지자들이 일어나 큰 표적과 기사를 보여 할 수만 있으면 택하신 자들도 미혹하리라(마태복음 24장 23~24절)

길과 진리요 생명이신 주님!
예수 그리스도만이 저희가 구원 받는 유일한 길이요 진리요 생명임을 믿습니다. 하나님이 천하 인간에 구원을 얻을만한 다른 이름을 우리에게 주신 일이 없음을 기억하여 항상 예수 그리스도만이 구세주임을 확신하며 살아갈 수 있게 하옵소서.

주님!
때가 악하여 감을 깨닫습니다. 곳곳에서 주님을 가장한 거짓 영들이 끝없이 일어나고 있고, 주의 백성들을 미혹하는 거짓된 무리들이 극성을 부리고 있는 것을 봅니다. 그들의 공격적인 포교활동으로 우리 주님이 피로 값 주고 사신 교회마저도 이단의 공격으로부터 안전하지 못하다는 것을 경험하고 있습니다.

주님!
주님의 은혜를 입은 자들이 이러한 시기를 분별할 줄 아는 영적인 안목이 있게 하시고, 영적으로 무장할 수 있게 하옵소서. 거짓 영들을 막아내고 대적하기 위하여 주님의 진리로 무장하며, 빛의 갑옷을 입기에 마음을 쏟을 수 있게 하옵소서. 성령의 권능과 능력으로 악한 영들의 견고한 진을 파하기 위하여 항상 깨어 기도할 수 있게 하옵소서.

저희가 영적으로 무장하고 있지 않으면 언제라도 그들의 밥이 될 수 있음을 잊지 말게 하셔서, 그들에게 영적인 틈을 보이지 않기 위하여 오직 하나님 중심, 말씀 중심, 교회중심으로 신앙생활을 하기에 힘쓰게 하옵소서.

주님!
이미 이단의 사슬에 메여버린 자들이 있습니다. 만세전부터 택하신 주님의 백성인줄 믿습니다. 그 어두운 영혼에 진리의 빛을 강하게 비추어주셔서, 다시금 온전한 진리 가운데로 인도함을 받을 수 있게 하옵소서.
예수 그리스도의 이름으로 기도합니다. 아멘

[기도체크]

Guide for a prayer
한 시간 기도하면 사탄이 우리를 이기고, 세 시간 기도하면 우리가 사탄을 이깁니다.

교회를 멀리하는 교우를 기억하소서

Power of word

내가 네 행위를 아노니 네가 차지도 아니하고 뜨겁지도 아니하도다 네가 차든지 뜨겁든지 하기를 원하노라(계시록 3장 15절)

살아계신 주님!

죄악된 세상을 방황하고 있는 저희에게 구원의 빛을 비추셔서 빛이신 주님을 좇아갈 수 있게 하시니 감사합니다.

일생을 다하도록 곁눈질 하지 않고 흔들림 없이 주님을 좇아갈 수 있는 삶이 되게 하옵소서.

주님!

교회를 멀리하고 있는 교우를 위하여 기도하기를 원합니다. 주일도 잘 지키지 않고, 모임에도 잘 참석하지 않으며, 봉사와 섬김의 자리에서도 함께 하지 않는 교우들이 있습니다.

전화를 하면 받지도 않고, 찾아가도 문을 열어주지 않으며, 어쩌다 보게 되어 사랑으로 권면하면 귀찮다는 듯이, 아예 들어보려고 하지도 않습니다.

주님!

저희들도 주님을 멀리하고 있는 교우를 생각하면 안타깝기만 한데,

주님의 마음은 얼마나 안타까우시겠습니까? 주님을 멀리하고 있는 교우를 불쌍히 여겨주옵소서. 어서 속히 깨닫게 하여 주옵소서. 자신이 머물고 있는 자리가 주님을 멀리하고 있는 자리임을 깨달을 수 있게 하시고, 주님의 마음을 속상하게 하고 더욱 아프게 하는 자리임을 깨닫게 하여 주옵소서.

주님!
그들이 하루 속히 자신들의 죄를 깨닫게 하셔서, 악인의 자리에 서 있었던 것을 회개하며 주님 앞으로 돌아올 수 있게 하여 주옵소서.

그리하여 더 이상 악인의 꾀를 좇지 않고, 죄인의 길에 서지 않으며, 시냇가에 심은 나무가 계절을 따라 열매를 맺듯이, 믿음의 열매들로 주님을 기쁘게 해드리는 복 된 삶을 살아갈 수 있게 하옵소서. 더 이상 사탄에게 미혹당하여 주님의 은혜를 배반하는 삶이 되지 않기를 원하오며, 예수 그리스도의 이름으로 기도합니다. 아멘

[기도체크]

Guide for a prayer
믿음이 기도에 힘을 불어넣어 주는 것과 달리, 불신앙은 그 힘을 파괴한다는 것을 기억해야 합니다.

A prayer

for a nation and a neighborhood

기도하는 한사람이 한 민족보다 강합니다.

_존 낙스

남을 위해 기도하는 것은 그를 위하여

다른 선을 행하는 것보다 가치가 있습니다.

이것은 무엇보다 기도하는 일이

가장 큰 사랑이라는 의미입니다.

_마틴 루터

제3부

나라와 이웃을 위한

직분자 무릎 대표기도문

이 민족이 복음화 되게 하소서

Power of word

나의 형제 곧 골육의 친척을 위하여 내 자신이 저주를 받아 그리스도에게서 끊어질지라도 원하는 바로라(로마서 9장 3절)

능력의 주님!
오랜 역사동안 하나님을 알지도, 예배하지도 못했던 이 민족에게 복음을 주시고 번영케 하셔서, 이제 성령의 역사로 말미암아 전 세계 열방을 향해 복음을 증거 하는 민족이 되게 하심을 감사합니다. 주님이 받으실 영광만 나타나는 이 민족이 되게 하옵소서.

주님!
이 민족 복음화를 위하여 기도하기를 원합니다. 아직도 이 땅에는 수많은 사람들이 주님께로 돌아오지 못하고 있습니다. 그들이 구원을 얻기까지 세워진 주님의 교회들마다 힘을 다하여 복음을 전할 수 있게 하옵소서.

교회들마다 성령을 기름 붓듯 부어주셔서 저 죽어가는 생명들을 건져낼 수 있는 구명선이 되게 하시고, 이 민족을 영적으로 지도하는 사명을 다할 수 있게 하옵소서.

주님!

북한 땅에도 함께하여 주옵소서. 그들의 강퍅한 마음들이 복음의 능력으로 녹아지게 하시고, 주님의 구원의 은혜가 있게 하여 주옵소서. 아직도 북한 땅에는 신앙을 굽히지 아니하고 결연한 각오로 신앙을 지키다가 순교하는 주의 백성들이 있습니다.

지하에서, 또는 은밀한 장소에서 애통한 마음으로 부르짖는 주의 백성들이 있습니다. 그들의 순교의 피와 간곡한 부르짖음이 헛되지 않게 하실 것을 믿습니다. 하루빨리 신앙의 자유가 회복되고 교회가 재건될 수 있도록 은총을 내려 주옵소서.

주님!

아직도 낙도나 산간오지에는 복음이 전파되지 않은 곳이 많습니다. 구원의 기쁜 소식을 알릴 수 있는 헌신 된 일꾼들을 그곳으로 보내 주셔서, 한 생명이라도 구원을 받을 수 있는 기회를 얻게 하시고, 주님의 나라가 세워지게 하옵소서.
예수 그리스도의 이름으로 기도합니다. 아멘

[기도체크]

Guide for a prayer
우리는 우리의 기도 제목에서 나라를 위한 기도를 항상 빼놓지 말아야 합니다.

이 나라의 경제를 회복시키소서

Power of word

하나님은 우리에게 은혜를 베푸사 복을 주시고 그의 얼굴빛을 우리에게 비추사 (셀라) 주의 도를 땅 위에, 주의 구원을 모든 나라에 알리소서(시편 67편 1~2절)

역사의 모든 것을 주관하시는 주님!
총체적인 어려움에 처한 이 나라를 아주 넘어지지 않도록 인도하심을 감사합니다. 이 나라에 주께서 계시기에, 주님이 찾고 계시는 의인들이 있기에, 이 나라를 주님이 붙들고 계심을 믿습니다.
하지만, 이 나라를 덮고 있는 경제침체의 먹구름이 장기화되다보니 온 국민들도 심한 생활고에 허덕이며, 걱정과 한숨이 깊어만 가고 있습니다.

주님의 백성들도 믿음의 주요 온전하게 하시는 주님을 바라보며 잘 이겨내야 하지만, 밀려드는 경제적인 압박감을 피부로 느끼지 않을 수 없습니다.

주님!
경제침체의 늪에 갇혀 고통과 시름이 떠나지 않는 이 나라를 불쌍히 여기시옵소서. 메마를대로 메말라가고 있는 삶의 현장을 품어주시고 은혜의 단비를 내려주옵소서.

요행을 바라지 않고 성실을 심으며, 땀 흘린 정직한 열매를 원하고 있는 국민들의 소박한 소원을 외면하지 마옵소서. 저마다 품고 있는 소박한 삶의 희망이 꽁꽁 얼어붙지 않게 하여 주옵소서.

주님!

정부에서는 조금씩 나아질 것이라고 전망하고 있지만, 이것이 어제 오늘의 일만은 아니기에, 이제 저희들은 그 말을 신뢰하기가 힘이 듭니다. 더욱이 국가의 흥망성쇠나 인간의 생사화복이 주님의 주권에 달려 있음을 깨닫습니다. 주님이 닫으시면 풀 자가 없고, 주님이 여시면 닫을 자가 없음을 깨닫습니다.

오직 주님의 주권에 달려있음을 믿사오니, 이 나라와 국민을 궁휼히 여기셔서 어려운 경제를 회복시켜 주옵소서.

주의 사랑하는 백성들도 주님을 위하여 기쁨마음으로 충성할 수 있도록 이끌어 주옵소서. 오직 주님의 능력만을 바라봅니다. 예수 그리스도의 이름으로 기도합니다. 아멘

[기도체크]

Guide for a prayer

상대방의 아픔을 살필 수 있는 신앙적인 자세가 되어 있다면 그가 부르짖는 기도에는 반드시 하나님의 능력이 깃들게 되어 있습니다.

이 나라에 통일을 주소서

Power of word

여호와께서 시온의 포로를 돌려보내실 때에 우리는 꿈꾸는 것 같았도다 그때에 우리 입에는 웃음이 가득하고 우리 혀에는 찬양이 찼었도다 그 때에 뭇 나라 가운데에서 말하기를 여호와께서 그들을 위하여 큰일을 행하셨다 하였도다(시편 126편 1~2절)

역사를 주관하시는 주님!

이 민족을 사랑하여 주셔서 많은 위기 속에서도 다시 일어서게 하시고, 전쟁의 위협 속에서도 발전을 거듭할 수 있게 하시니 감사합니다. 우리 주님이 이 민족을 더욱 지켜주시고 붙들고 계신 까닭임을 믿습니다.

그러나 아직까지 남과 북이 냉전 상태에 놓여있고, 서로를 향하여 총부리를 겨누고 있어서 안타까움을 더해주고 있습니다. 세계 여러 나라 중에 유일한 분단국가로 남아있게 되었습니다.

이 민족을 사랑하시는 주님!

이 나라의 통일을 위하여 기도하기를 원합니다. 이 민족을 불쌍히 여기셔서 어서 속히 남과 북이 하나가 되게 하시고, 감격스런 민족 통일을 이루게 하여 주옵소서. 언제까지 이 민족이 내 동포, 내 혈육을 향하여 총부리를 겨누고 있어야만 하겠습니까?

주님!

이 민족이 통일을 이룰 수 있는 것은 인간의 손에 달려있는 것이 아니라 하나님의 손에 달려 있사오니, 온 백성이 이 나라의 통일을 놓고 하나님을 간절히 찾을 수 있게 하여 주옵소서.

남과 북이 대치된 가운데 이 백성이 무고한 피를 흘리는 안타까움이 더 이상 발생되지 않게 하여 주옵소서. 북한의 도발에 희생된 자녀와 남편을 가슴에 묻고, 쓰라린 아픔을 추스르며 살아야 하는 유족들이 더 이상 발생되지 않게 하여 주옵소서.

주여!

전쟁의 쓰라린 아픔이 자자손손 계속 대물림되지 않도록 이 나라에 통일을 주시고, 진정한 평화를 주옵소서. 남과 북이 하나 되어 손에 손을 맞잡고 감격의 노래를 부를 수 있도록 큰 은총을 허락하여 주옵소서.

예수 그리스도의 이름으로 기도합니다. 아멘

[기도체크]

Guide for a prayer

기도하지 않으면 신앙의 초신자가 될 수밖에 없고, 앉은뱅이 신앙생활에서 벗어나지를 못합니다.

이산의 아픔을 헤아리소서

Power of word

보라 형제가 연합하여 동거함이 어찌 그리 선하고 아름다운고, 헐몬의 이슬이 시온의 산들에 내림 같도다 거기서 여호와께서 복을 명하셨나니 곧 영생이로다 (시편 133편 1,3절)

자비하신 주님!
이 땅에 자유와 평화를 주시고 이 땅의 백성들로 하여금 예수 그리스도를 믿을 수 있는 은혜를 주심을 감사합니다. 한 많은 이 민족의 눈물을 씻겨주신 주님께 찬양을 드립니다.

주님!
하지만, 아직도 이 나라의 백성들 가운데 가고 싶어도 마음대로 갈수 없고, 보고 싶어도 마음대로 볼 없는 이산의 아픔을 안고 사는 백성들이 있습니다.
북에 두고 온 부모형제와 고향을 그리워하면서 늙어가야만 하는 이산가족의 아픔을 헤아려주옵소서.

특히, 명절을 맞을 때마다 고향산천을 생각하며, 정답던 마음들이 얼마나 사무치고 가슴을 아리게 하겠습니까?

그립고 또 그리워, 그들이 흘린 눈물이 강을 이루고, 그들의 가슴속에 맺힌 한이 켜켜이 쌓여 산을 이루고 있을 것입니다.

주님!
이 민족의 쓰라린 아픔과 분단의 고통이, 실향민과 이산가족의 가슴속에는 여전히 계속되고 있음을 봅니다. 참된 자유와 평화를 누리지 못하고 있는 그들을 불쌍히 여기시옵소서.
살아서도 갈 수 없고, 죽어서도 만날 수 없는 그들의 설움과 아픔이 속히 치유될 수 있도록 은총을 내려주옵소서.

총부리를 맞대고 있는 휴전선이 변하여 평화를 노래하는 광장이 되게 하시고, 같은 국기를 바라보며, 애국가를 열창할 수 있는 감격의 그날이 속히 올 수 있게 하옵소서.
그리하여 실향민과 이산가족들도, 꿈에도 그리워하던 고향산천을 자유롭게 오가면서 사무치게 보고 싶었던 부모형제를 다시 만나 서로의 그리움을 씻을 수 있게 하옵소서. 모든 눈물을 닦아주시는 예수 그리스도의 이름으로 기도합니다. 아멘

[기도체크]

Guide for a prayer
우리가 기도할 때 주님의 사랑이 우리를 통해 기도 대상자에게로 흘러들어갑니다.

이 나라에 전쟁이 사라지게 하소서

Power of word

또 여호와의 구원하심이 칼과 창에 있지 아니함을 이 무리에게 알게 하리라 전쟁은 여호와께 속한 것인즉 그가 너희를 우리 손에 넘기시리라(사무엘상 17장 47절)

은혜의 주님!

아무 쓸모없는 이 죄인을 가장 큰 영광의 자녀로 삼으시고 택하신 백성으로서의 권리를 누리며 살게 하시니 감사합니다. 항상 하나님을 경외하기를 원하오니 저의 마음을 받으시옵소서.

주님!

이 나라를 위하여 기도하기를 원합니다. 이 나라에 다시는 전쟁이 없게 하옵소서. 전쟁을 싫어하고 평화를 사랑하는 민족이 사는 이 한반도에, 항상 전쟁이 날 수도 있다는 긴장감이 맴돌고 있습니다.

비극적인 전쟁을 치른 아픈 흔적들이 아직도 곳곳에 남아 있는데, 또 다시 전쟁이 발발할 수 있다는 긴장감이 한반도를 뒤덮고 있사오니, 평화를 사랑하는 이 민족을 긍휼히 여기시옵소서.

주님!

전쟁은 분명히 하나님께 속한 것임을 믿습니다. 이 민족을 긍휼히 여기시는 우리주님께서, 이제는 더 이상 이 땅위에 삶과 죽음의 통곡소리가 들리지 않도록 보호하여 주옵소서.

불가항력적으로라도 전쟁을 치르는 일이 없도록 이 나라에서 전쟁을 막아주옵소서. 이해관계와 이데올로기의 갈등으로 얼룩진 이 나라를, 화합의 나라로 이끄시고 평화의 나라로 이끌어 주옵소서.

전쟁의 사기를 드높이는 군가가 변하여 통일과 화합을 축하하는 노래가 되게 하시고, 전쟁무기가 변하여 땅을 일구는 보습이 되게 하옵소서.

영광의 주님을 찬양하고 주님을 높이는 제사장 나라가 되게 하실 것을 믿습니다. 그날이 속히 올 수 있도록, 모든 그리스도인들이 기도로 주님의 전을 뜨겁게 달구게 하옵소서. 이 나라의 주권자가 되시는 예수 그리스도의 이름으로 기도합니다. 아멘

Guide for a prayer

어두운 세상에서 넘어지지 않는 방법은 주님 앞에 무릎 꿇는 것밖에는 없습니다.

이 나라의 안보를 붙드소서

Power of word

여호와께서 집을 세우지 아니하시면 세우는 자의 수고가 헛되며 여호와께서 성을 지키지 아니하시면 파수꾼의 깨어 있음이 헛되도다(시편 127편 1절)

은혜의 주님!
전쟁의 아픔이 있는 이 나라를 세계강국으로 발돋움할 수 있게 하시니 감사합니다. 하지만, 아직도 남과 북이 대치 국면 상태로 있으면서 항상 전운이 감돌고 있습니다.

북한은 여전히 핵무기와 각종 무기로 남한을 위협하며 전쟁의 공포를 조장하고 있고, 꽃보다 아름다운 수많은 청년들을 바다에 수장시키기까지 하는 무자비한 도발행위도 서슴지 않고 있습니다.

주님!
이 나라의 안보를 위하여 기도합니다. 다시는 이 땅에서 전쟁이 일어나지 않도록 주님의 능력의 오른손으로 막아주옵소서. 이 땅에서 더 이상 피 흘리는 동족상잔의 비극이 일어나지 않도록 보호하여 주옵소서.

주님!

더욱 투철한 안보의식이 요구될 때임을 깨닫습니다. 성능이 좋은 무기를 배치시키는 것도 중요하겠지만, 그보다 더 중요한 것은 국민의 안보의식임을 잊지 말게 하옵소서.

정신이 무너지면 육체도 무너지듯이, 안보의식이 무너지면 이 나라가 무너질 수 있음을 기억하여, 언제나 안보의식을 투철하게 세워나갈 수 있는 국민들이 되게 하옵소서.

주님!

안타깝게도 신세대의 많은 젊은이들이 안보불감증에 걸려 있음을 봅니다. 우리의 진정한 적은 북한보다도 안보불감증이라는 것을 기억하게 하셔서, 이 땅에서 전쟁의 그림자가 완전히 걷힐 때까지 안보의식을 가볍게 여기는 일이 없게 하옵소서.

이 땅의 모든 교회도 이 나라의 안보정책을 위하여 기도할 수 있게 하시고, 밤낮으로 철책을 지키고 있는 장병들을 생각하며 깨어 기도할 수 있게 하옵소서.

예수 그리스도의 이름으로 기도합니다. 아멘

[기도체크]

Guide for a prayer

가장 확실한 안보는 주님이 이 나라를 붙들고 계셔야 합니다. 주님이 간섭하시는 손길은 성도의 기도무릎에 달려있습니다.

이 나라의 국군장병을 붙드소서

Power of word

젊은 자의 자식은 장사의 수중의 화살 같으니 이것이 그의 화살 통에 가득한 자는 복되도다 그들이 성문에서 그들의 원수와 담판할 때에 수치를 당하지 아니하리로다(시편 127편 4~5절)

높고 크신 주님!
이 나라에 젊고 씩씩한 젊은이들을 주셔서 이 땅의 안보를 지켜나갈 수 있도록 도와주시니 감사합니다. 그들을 불꽃같은 눈동자로 살피시며 보호하고 계시는 주님이심을 믿습니다.

주님!
사랑하는 조국과, 가족과, 친척과, 동료들을 위하여 많은 날들을 봉사하는 젊은 장병들을 위하여 기도합니다.
분단된 아픔이 있는 나라, 전쟁의 위협이 항상 존재하는 이 조국을 수호하고자 어렵고 힘든 많은 날들을 인내하며, 국방의 의무를 감당하는 장병들에게 위로와 용기를 주옵소서.

복무기간 동안 장병들 모두가 나라를 지켜야 한다는 투철한 사명감을 가지고 충성된 마음으로 본분을 다할 수 있게 하옵소서.
젊을 때에 나라를 위하여 봉사하는 것이 인생에 있어서 영광된 일임을 기억하게 하셔서, 기쁨과 즐거움으로 군복무생활을 할 수 있게 하옵소서.

주님!
특별히 간구하는 것은, 군 복무에 임하고 있는 장병들의 건강을 지켜주시기 원합니다.
무더운 더위와 혹독한 추위에도 넉넉히 견디어 낼 수 있도록 체력을 강화시켜 주시고, 어렵고 힘들 때마다 조국을 수호하기 위해서 목숨을 바친 수많은 호국영령들을 기억하면서 새 힘을 얻을 수 있게 하옵소서.

혈기왕성한 때입니다. 젊은 혈기로 인하여 충동적인 유혹에 빠지기 쉽사오니, 감정을 잘 다스릴 수 있게 하여 주시고, 그 어떤 불미스러운 일에도 걸려 넘어지지 않게 하여 주옵소서.
동료의 허물이 보이면 은밀히 가려줄 수 있게 하시고, 동료의 부족함이 보이면 따뜻한 힘이 되어 줄 수 있는 병영생활이 되게 하옵소서. 예수 그리스도의 이름으로 기도합니다. 아멘

[기도체크]

Guide for a prayer
젊은이들에게 총칼을 의지하는 것보다 하나님을 의지하는 법을 가르칠 수 있도록 기도해야 합니다.

이 나라의 가정을 지키소서

Power of word

그러므로 사람이 부모를 떠나 그의 아내와 합하여 그 둘이 한 육체가 될지니 이 비밀이 크도다 나는 그리스도와 교회에 대하여 말하노라 그러나 너희도 각각 자기 아내 사랑하기를 자신 같이 하고 아내도 자기 남편을 존경하라(에베소서 5장 31~33절)

고마우신 주님!
저희는 항상 넘치는 주님의 사랑을 받고 사는 인생임을 깨닫습니다. 부족하고 못난 저희를 즐겨 품으시는 주님께 감사하며 경배하오니 영광을 받으시옵소서.

주님!
행복이 시작되는 이 나라의 가정을 위하여 기도하기를 원합니다. 요즘 흔들리고 무너지는 가정들이 봇물을 이루면서, 이 사회에 또 하나의 큰 아픔으로 자리 잡고 있습니다.
행복해야할 가정에서조차 온갖 더럽고, 악하고, 끔찍한 일들이 서슴없이 자행되고 있는 것을 볼 때, 에덴동산에서 아담과 하와의 가정을 무너뜨렸던 사탄의 간교함이 지금도 여전히 가정을 향하고 있음을 깨닫습니다.

주님!

저희로 하여금 이 사탄의 공격으로부터 가정을 지킬 수 있는 길이 무엇인지 깨닫는 지혜가 있게 하옵소서.

사회 곳곳에서 무너지고 해체되는 가정들을 보며, 이럴 때 교회와 믿음을 가진 자들이 무엇을 어떻게 해야만 하는지를 고민하며 기도할 수 있게 하옵소서.

범사회적으로 할 수 있는 것은 감히 엄두를 못 낼지라도, 가까운 곳에 상처받는 이웃을 찾아가서 그들을 위로하고, 그들의 마음을 어루만지며, 따뜻한 벗이 되어줄 수 있는 선한 사마리아인은 될 수 있게 하옵소서.

그것이 누군가는 해야 할 일이기에, 하지 않으면 안 될 일이기에, 그 멍에와 짐을 주의 백성들이 짊어질 수 있게 하셔서, 이 사회에 사탄의 장막들이 서서히 걷히며, 곳곳마다 사랑과 평화와 행복을 노래하는 가정이 회복되는 은총의 역사가 있게 하옵소서. 예수 그리스도의 이름으로 기도합니다. 아멘

[기도체크]

Guide for a prayer

하루동안 하나님께 얼마나 손을 드는가에 따라서 간섭하시는 그분의 손길을 경험할 수 있습니다.

이 사회의 안전을 붙드소서

Power of word

오직 그만이 나의 반석이시요 나의 구원이시요 나의 요새이시니 내가 흔들리지
아니하리로다 나의 구원과 영광이 하나님께 있음이여 내 힘의 반석과 피난처도
하나님께 있도다(시편 62편 6,7절)

사랑의 주님!
주님의 가없는 사랑으로 말미암아 침침하고 시끄러운 세상에서도
힘과 희망을 잃지 않고 살게 하심을 감사합니다. 삶의 여정이 힘들
때마다 주님의 품 안에서 안식과 평안을 찾을 수 있게 하옵소서.

주님!
이 사회가 갈수록 험악해지고 있는 것을 봅니다. 이 땅 곳곳에서 경
악을 금할 수 없는 끔찍한 사건들이 끊임없이 발생되고 있습니다.
그 어디에서도 안전한 곳을 찾아볼 수 없는 사회로 변해가고 있습
니다. 곳곳마다 위험이 도사리고 있고, 곳곳마다 생명의 위협을 받
고 있습니다.

주님!
언제 어떻게 위험한 일이 다칠지 모르는 가운데, 불안감을 안고 살
아야 하는 이 나라의 국민을 불쌍히 여기시옵소서.

모든 위험으로부터 안전하게 지키시고 보호하여 주시기를 원합니다.

피해의식에 사로잡혀서 불특정 다수에게 분노의 감정을 폭발하는 자들이 사라질 수 있게 하시고, 이상한 정신세계에 사로잡혀서 존엄한 생명을 해치거나 다치게 하는 자들도 사라진 이 사회가 되게 하옵소서.

더 이상 끔찍한 범죄가 반복되는 거리가 아니라, 이웃과 소통하며 정감을 나눌 수 있는 거리로 회복되게 하셔서, 어린아이로부터 노인에 이르기까지 누구라도, 생명의 위협을 받지 않고 안전하게 활동할 수 있게 하옵소서.

치안을 담당하고 있는 경찰관들도 붙드셔서, 관할지역내에 있는 주민들의 생명과 안전을 지키는데 맡겨진 책임을 다할 수 있게 하옵소서. 어느 순간에라도, 사방으로 욱여쌈을 당하는 이웃이 없기를 소망하며, 예수 그리스도의 이름으로 기도합니다. 아멘

[기도체크]

Guide for a prayer

겸손히 주님의 은혜를 바라는 자에게 새벽이슬 같은 주의 은혜가 임합니다.

이 사회에 부정부패가 사라지게 하소서

Power of word

오직 정의를 물같이, 공의를 마르지 않는 강같이 흐르게 할지어다(아모스 5장 24절)

은혜의 주님!

어둠 속에서 부패해가던 저희를 사랑해주셔서 구원받을 수 있게 하시고, 주님을 의뢰하는 삶을 살게 하시니 감사합니다. 저희의 생각과 마음이 언제나 주님을 향할 수 있게 하옵소서.

주님!

부정부패로 얼룩진 이 사회를 위하여 기도합니다. "만물보다 거짓되고 심히 부패한 것이 사람의 마음이라"(렘17:9)는 주님의 말씀대로, 이 사회가 부정부패로 만연되어 있음을 봅니다.

정치부패, 기관부패, 기업부패, 종교부패, 지방정부부패 등, 어느 한 곳도 부정부패로 얼룩져 있지 않은 곳이 없습니다.

주님!

썩을 대로 썩어 있고, 상할 대로 상해 있는 이 사회를 불쌍히 여겨주옵소서. 부정부패를 척결한다는 정부의 의지가 아무리 강해도 은밀하게 진행되는 부정부패의 고리는 끊어지지 않고 있습니다.

적폐를 뿌리 뽑아야 한다는 목소리가 높아지고 있지만, 꼬리에 꼬리를 물고 있는 부정부패의 사례는 이러한 주장을 무색하게 만들고 있습니다.

주님!
끊으려고 해도 끊어지지도 않고, 척결하려고 해도 척결되지도 않는 이 사회의 부정부패를 더 이상 관망하지 마옵소서.
정의를 쓴 쑥으로 바꾸며, 공의를 땅에 던지는 사악한 무리들을 주님의 권능의 손으로 척결하여 주옵소서. 그들의 더러운 생각에 오물을 끼얹어주시고, 그들의 오만한 힘들을 정의의 칼날로 베어주옵소서.

그러므로 이 땅 곳곳에서 사회질서를 어지럽히는 독버섯 같은 무리들이, 더 이상 발을 붙일 수 없게 하옵소서.
예수 그리스도의 이름으로 기도합니다. 아멘

[기도체크]

Guide for a prayer
이 땅에 바른 길이 열릴 수 있는 것은 오직 우리 자신을 주님 앞에 내던지는 길밖에는 없습니다.

이 나라의 기업들을 붙드소서

Power of word

내 심령에 이르기를 여호와는 나의 기업이시니 그러므로 내가 그를 바라리라 하
도다 기다리는 자들에게나 구하는 영혼들에게 여호와는 선하시도다(예레미야애
가 3장 24~25절)

은혜와 복을 더하시는 주님!

이 나라가 경제발전을 이룩하고 대기업들이 성장하여 세계 곳곳마
다 진출하여 국제경쟁력을 강화하게 된 것을 감사합니다.

하지만, 갈수록 국제경쟁력이 약화되면서 대기업뿐만 아니라 중소
기업들도 위기를 맞고 있습니다.

이 나라의 조선업도 국제경쟁력에 밀려서 장기불황에 허덕이다가
결국은 대대적인 구조조정이 불가피한 상황이 되고 말았습니다. 세
계경제가 좀처럼 회복되지 않는 상황 속에서 엎친 데 덮친 격으로
수많은 근로자들이 정든 직장을 잃게 되었습니다.

주님!

이 나라의 기업들에게 긍휼을 베풀어 주옵소서. 기업들이 무너지게
되면 전방위에 걸쳐서 더욱 힘들어지게 되오니, 이 나라의 기업들
마다 든든히 서갈 수 있는 은총을 내려주옵소서.

정부도 위기를 맞은 기업들을 회생시키기 위하여 특단의 정책들을 잘 세워나갈 수 있게 하셔서, 파국으로 치닫고 있는 기업들을 막아낼 수 있게 하옵소서.

또한, 대기업에 편중된 정책보다 중소기업들도 도울 수 있는 정책들을 세워나갈 수 있게 하셔서 작은 기업도 희망과 확신을 가지고 성장을 위한 발걸음을 힘차게 내딛을 수 있게 하옵소서.

특히, 영세업체들도 불쌍히 보시옵소서.

당국은 물론 경제 단체나 상공단체들도, 서민경제나 복지사회의 기운을 더욱 살리기 위해서라도, 영세업체를 지원 육성하는데 관심을 기울일 수 있게 하옵소서.

그리하여 영세업체의 수많은 근로자들도, 자긍심을 가지고 경제사회 발전에 중요한 몫을 담당하는 주추가 되게 하옵소서. 예수 그리스도의 이름으로 기도합니다. 아멘

[기도체크]

Guide for a prayer

주님을 닮아가야 한다는 것은 기도하는 자만이 품게 되는 깨달음입니다.

국민을 섬기는 위정자가 되게 하소서

Power of word

다스리는 자들은 선한 일에 대하여 두려움이 되지 않고 악한 일에 대하여 되나니 네가 권세를 두려워하지 아니하려느냐 선을 행하라 그리하면 그에게 칭찬을 받으리라(로마서 13장 3절)

모든 권세의 주관자가 되시는 주님!

위정자들이 국민의 선택을 받아 나라를 위하여 일하고, 국민을 위하여 봉사하며 섬길 수 있도록 축복하심을 감사합니다.

위정자들이 세움을 받은 것은, 겉보기에 국민의 선택을 받은 것 같지만, 실제는 주권자이신 하나님께서 세우신 것임을 저희들은 알고 있습니다.

위정자들도 이 사실을 깨닫게 하셔서 모든 권세의 주관자가 되시는 하나님을 두려워하며 정치를 할 수 있게 하옵소서.

하나님이 가장 바라고 계시는 공의와 정직을 강같이 흐르게 하는 데 정치의 생명을 걸 수 있게 하시고, 자신에게 주어진 권력을 함부로 남용하거나 사리사욕을 채우는 수단으로 이용하는 일이 없게 하옵소서.

모든 주권은 국민에게 있고, 모든 권력은 국민으로부터 나온다는 것을 기억하여, 국민을 주인 섬기듯 섬기며, 국민의 마음을 시원케 할 수 있는 위정자들이 되게 하옵소서.

모든 국민은 자신들이 힘을 다하여 섬겨야 할 대상이요, 자신은 힘을 다하여 섬겨야 할 장본인임을 잊지 말게 하옵소서.
그들이 하는 일을 통하여 국민들이 아픔을 당하거나 억울함을 당하는 일이 없게 하시고, 뼛속까지 국민들의 마음을 잘 헤아리는 정치를 하여서, 국민의 기쁨이 되고 자랑이 되는 위정자들이 되게 하옵소서.

자신이 하는 역할이 클지라도 교만을 앞세우지 않게 하시고, 자신이 이루어낸 공적이 많을지라도 거만함을 드러내지 않으며, 모든 공은 국민에게로 겸손히 돌릴 수 있는 위정자들이 되게 하옵소서.
예수 그리스도의 이름으로 기도합니다. 아멘

[기도체크]

Guide for a prayer
성도의 생활은 기도 생활이어야 하며 우리에게 기도생활보다 더 큰 축복은 없습니다.

공의로운 사법기관과 법조계가 되게 하소서

Power of word

너는 재판을 굽게 하지 말며 사람을 외모로 보지 말며 또 뇌물을 받지 말라 뇌물은 지혜자의 눈을 어둡게 하고 의인의 말을 굽게 하느니라 너는 마땅히 공의만 따르라(신명기 16장 19~20절)

공의로우신 하나님!

대한민국이 법과 질서로 세워져 갈 수 있게 하심을 감사합니다. 법을 지키며 살아야 하는 국민의 한 사람으로, 사법기관과 법조계를 위하여 기도합니다.

예나 지금이나 법조계의 비리가 끊이지 않고 있음을 봅니다. 국민으로부터 가장 신뢰받고 존경받아야 할 사법기관이 불신과 지탄의 대상이 되고 있습니다. 여기저기서 곪을 대로 곪아있는 법조계를 개혁해야만 한다는 목소리가 높습니다.

주님!

지금이라도 법조계가 정신을 차리고 본연의 임무를 충실히 감당할 수 있는 기관으로 거듭날 수 있게 하옵소서.

국민이 가장 믿고 신뢰할 수 있는 사법기관이 되기 위하여 마음을 쏟을 수 있게 하시고, 국민을 위한 법을 공정하게 집행하며 정의롭게 실천해 나갈 수 있는 법조인들이 되기 위하여 스스로 자정노력을 할 수 있게 하옵소서.

그리하여 누구나 법 앞에서는 평등함과 동등함을 누리게 할 수 있는 사법기관이 되게 하시고, 누구나 보호를 받으며, 백성된 권리와 주권을 행사하는데 장애가 되지 않는 법조계가 되게 하여 주옵소서.

주님!
법조계에도 믿음의 사람들을 많이 세우신 것을 감사합니다. 법을 통해서도 하나님의 공의가 실현될 수 있도록 힘쓸 수 있게 하시고, 법 위에는 하나님의 통치와 말씀이 있음을 잊지 말게 하여 주옵소서. 솔로몬의 재판장과 같은 사법기관과, 솔로몬처럼 지혜로운 법조인들이 되게 하실 것을 믿사오며, 예수 그리스도의 이름으로 기도합니다. 아멘

[기도체크]

Guide for a prayer
우리는 나라의 법 위에 하나님의 정의로우심이 덧입혀질 수 있도록 힘써서 기도해야 합니다.

청렴한 공직자들이 되게 하소서

Power of word

경건하지 못한 무리는 자식을 낳지 못할 것이며 뇌물을 받는 자의 장막은 불탈 것이라 그들은 재앙을 잉태하고 죄악을 낳으며 그들의 뱃속에 속임을 준비하느니라 (욥기 15장 34~35절)

빛과 진리로 충만하신 주님!
언제나 저희를 향하여 은혜와 평강의 빛을 비추고 계심을 감사합니다. 저희의 모든 것이 주님의 사랑이요 섭리임을 깨닫습니다.

주님!
공무원들의 청렴을 위하여 기도합니다. 국민들로부터 권한을 위임받고 공직에 나간 이들은 무엇보다 국민을 향한 책임을 철저히 느끼며 살아야 할 것입니다.

그러나 이 땅의 공직자비리가 너무 심각하여 이른바 관피아라는 신조어까지 생겨나게 되었습니다.
이러한 적폐로 이 나라 곳곳에서 안전사고가 끊이질 않고 있고, 수많은 생명이 목숨을 잃음으로 국민에게 고통과 아픔을 주고 있습니다.

주님!

불쌍히 여겨주옵소서. 국가발전과 사회 안정을 위해 모든 시민이 새로운 윤리적 결단으로 살아도 어려운 이때에, 공직자의 부정이 늘고 있다는 사실에 대하여, 정부는 쌓이고 또 쌓여가는 관행과 비리들을 척결하기 위하여 더욱 강력한 조치를 취할 수 있게 하옵소서.

또한, 바라옵기는 더 이상 공직자들에게 양심과 영혼을 팔아 육체를 만족시키는 부정부패가 없게 하옵소서. 옳은 것은 옳다고 말하고, 잘못된 것은 아니라고 말할 수 있는 공무원들이 되게 하옵소서.

부정한 것에 대하여는 부끄러워할 수 있게 하시고, 옳지 못한 방법에 대해서는 단호히 거절할 수 있는 공직자들이 되게 하옵소서.
정직을 사랑하게 하시고, 불의를 미워할 수 있게 하시며, 재직하는 기간 동안 시민에게 인정받고 사랑받으며 존경받을 수 있는 공직자들이 되게 하옵소서.
예수 그리스도의 이름으로 기도합니다. 아멘

[기도체크]

Guide for a prayer
우리가 기도하는 것도 하나님의 거룩한 사역에 동참하는 것 중에 하나임을 기억해야 합니다.

사회적 약자를 돌아보소서

Power of word

수고하고 무거운 짐 진 자들아 다 내게로 오라 내가 너희를 쉬게 하리라 나는 마음이 온유하고 겸손하니 나의 멍에를 메고 내게 배우라 그리하면 너희 마음이 쉼을 얻으리니 이는 내 멍에는 쉽고 내 짐은 가벼움이라 하시니라.(마태복음 11장 28~30절)

저희를 부르시는 주님!
무거운 짐을 지고 가는 인생들이기에 지친 인생을 어루만져주시는 주님의 따뜻한 손길이 필요함을 깨닫습니다.
저희를 항상 쉴만한 물가로 인도하여 주셔서 세상 어디에서도 얻을 수 없는 평안을 얻게 하실 것을 믿습니다.

주님!
이 땅의 약하고 소외된 이들을 위하여 기도합니다. 그늘지고 소외된 곳에서 빛을 보지 못한 채 힘겹게 살아가는 이웃들을 기억하옵소서.

지역 때문에, 계층 때문에, 인종 때문에, 또 다른 이유로 소외당하고 차별받는 이들이 있습니다. 집 없는 사람들, 무의탁노인과 소년 소녀 가장들, 장애인들, 노숙인과 외국인 노동자들, 실직당하고 해직

된 자들, 고향을 잃은 사람들이 바로 그들이고, 그늘진 곳에서 외로워하고 있습니다.

그들에게 찾아가서 그들의 편이 되어주고, 외로움을 달래주며, 상처 난 곳들을 싸매어주고, 부족함을 채워줄 수 있는 선한 사마리아인 같은 이웃들이 이 사회에 많아지게 하옵소서.

교회들도 성 쌓고 모으는 데만 주님이 주신 은사와 달란트를 사용할 것이 아니라, 주님처럼 소외된 자들의 곁으로 다가가서 약한 손을 잡아주고, 그들의 은밀한 고통과 아픔까지도 감싸주며, 친근한 벗이 되어줄 수 있는 교회가 되게 하옵소서.

갈수록 사회적 가치와 사랑의 조화가 무너지고 있는 이때에, 아름다운 봉사와 섬김이 있는 열매로, 그들에게 삶의 희망을 심어줄 수 있는 교회와 이웃들이 되게 하옵소서.
예수 그리스도의 이름으로 기도합니다. 아멘

[기도체크]

월
/
일

Guide for a prayer
하나님이 우리의 기도 내용을 무조건 응답해주시는 것은 아닙니다. 무응답도 응답이고 하나님의 뜻일 수 있습니다.

서민의 삶을 돌아보소서

Power of word

그러나 주께 피하는 모든 사람은 다 기뻐하며 주의 보호로 말미암아 영원히 기뻐 외치고 주의 이름을 사랑하는 자들은 주를 즐거워하리이다(시편 5편 11절)

높고 크신 우리 주님!

우리 주님은 삶에 지친 영혼들을 새롭게 하시고 새 힘을 주시는 분이심을 믿습니다. 주님을 바라보는 갈급한 영혼마다 이슬 같이 내리는 주의 은혜를 맛보게 하옵소서.

주님!

이 땅의 서민들을 위하여 기도합니다. 나라의 경제가 점점 더 어려워지면서 경제적 불평등이 이 사회에 또 하나의 커다란 아픔이 되고 있습니다.

갈수록 빈부격차가 심해지고 있음을 피부로 느낍니다. 소득불균형과 장기실업으로 신용불량자들이 늘어나고 있고, 가계부채가 수조 원에 달하여 서민들의 위기감이 최고조에 달하고 있습니다.

주님!

잘 사는 사람은 더 잘살고, 못사는 사람은 더 못살 수밖에 없는 사회구조 속에서 설움만 쌓여가는 서민들의 삶을 돌아보시옵소서. 통장의 잔고는 바닥을 드러낸 채 빚더미만 쌓여가는 서민들의 삶을 살펴주옵소서. 가장 기본적인 생활조차도 감당하기 어려워, 깊은 한숨으로 긴 세월을 보내야 하는 서민들의 고통이 이 땅 곳곳에 메아리치고 있습니다. 부모가 겪는 가난의 아픔이 부메랑이 되어, 자녀들에게 대물림 되지 않도록 은총을 내려주옵소서.

주님!
좀처럼 회복되지 않는 나라의 경제상황이 어서 속히 제자리를 찾을 수 있게 하시고, 서민들마다 걱정 없이 살 수 있는 일자리가 하루빨리 확보될 수 있게 하옵소서. 필요한 만큼의 소득규모가 회복되어서, 눈을 뜨면 걱정이 앞서고, 눈을 감으면 꿈자리마저 어수선한 생활에 안녕을 고할 수 있게 하옵소서.

빚을 줄여가는 기쁨도 있게 하시고, 이웃의 아픔도 헤아리며 가정의 행복도 키워갈 수 있는 보람을 찾을 수 있게 하옵소서. 예수 그리스도의 이름으로 기도합니다. 아멘

[기도체크]

Guide for a prayer
우리가 기도하는 것은 이미 주님이 약속하신 것을 받아 누리기 위함입니다.

노인들을 기억하소서

Power of word

야곱의 집이여 이스라엘 집에 남은 모든 자여 내게 들을지어다 배에서 태어남으로부터 내게 안겼고 내게 업힌 너희여 너희가 노년에 이르기까지 그리하겠고 백발이 되기까지 내가 너희를 품을 것이라 내가 지었은즉 내가 업을 것이요 내가 품고 구하여 내리라(이사야 46장 3~4절)

언제나 사랑과 은혜로 인도해 주시는 주님! 감사합니다. 이 땅에 있는 동안 몸과 마음을 드려 주님을 더 잘 섬길 수 있게 하옵소서.

주님!
이 땅의 노인들을 위하여 기도하기를 원합니다. 갈수록 고령화 인구가 늘어나면서 고통과 아픔을 겪는 노인들도 그 수를 더해가고 있습니다.
자녀들에게 매를 맞고 버림을 받는 노인들도 있고, 홀로 험한 세상과 싸워가며 말년을 쓸쓸히 보내야만 하는 노인들도 있습니다.

주님!
이 시대의 악함을 불쌍히 여겨 주옵소서. 늙은 부모를 공경하며 잘 보살펴 드릴 수 있는 자녀들이 되게 하시고, 힘없고 연약한 노인들을 잘 섬기며 존경할 수 있는 사회가 되게 하옵소서.

인생은 흘러 젊은 사람도 언젠가는 노인이 될 수밖에 없을 것인데, 그때의 자신의 모습을 생각하며 지금의 노인들을 잘 받들고 공경할 수 있는 세대가 되게 하옵소서.

주님!
정부차원에서 실시하고 있는 노인들을 위한 정책도, 노인들에게 꼭 필요한 정책이 되기를 원합니다. 퍼주는 것으로만 일관하는 정책이기보다는, 건강한 노인들이 소일을 할 수 있는 일거리를 만들어 갈 수 있게 하시고, 노인의 때에도 보람이 될 수 있는 기회를 만들어 드릴 수 있는 정책을 세워가게 하옵소서.

주님!
쇠약하여 병상에서 신음하는 노인들과 고독과 외로움 가운데 신음하는 노인들에게 은총을 더하시고, 아직도 주님을 모르는 노인들에게 죽음 이후에 또 다른 세계가 있음을 알게 하셔서 주님을 만날 수 있게 하옵소서.
예수 그리스도의 이름으로 기도합니다. 아멘

[기도체크]

Guide for a prayer
깊은 기도의 세계를 경험한 사람은 사랑을 무시하고 기도에만 몰입하지 않습니다.

장애인들을 기억하소서

Power of word

이 백성은 내가 나를 위하여 지었나니 나를 찬송하게 하려 함이니라(이사야 43장 21절)

사랑이 많으신 주님!
죄인들을 사랑하시되 특별히 병약자와 장애인들을 사랑하시고 뜨거운 동정심으로 사셨던 주님의 생애를 돌아보며 마음을 담아 기도합니다.

주님!
장애를 갖고 사는 사람들을 기억하시고 긍휼히 여기시옵소서. 욕심일 수도 있겠지만 정상인들처럼 건강했더라면 얼마나 좋았겠습니까? 평생 장애를 갖고 살아야 하는 고통과 아픔을 보듬어 주시고 헤아려 주셔서 그들의 미래가 눈물로 얼룩져 가는 슬픈 인생이 되지 않게 하옵소서.

정상인에 비해 수십 배나 더 노력하고, 더 힘든 과정들을 헤치면서 살아야 할 것입니다. 사람들의 냉대를 받기도 하며, 비인격적인 대우도 견디고 참아내며 살아야 할 것입니다. 결코 밝지만 않은 그들의 미래와 삶을 주님께서 손수 붙들어 주옵소서.

주님!

아직도 우리나라는 장애인을 위한 정책이 턱없이 취약하다는 것을 깨닫습니다. 인권의 사각지대에 놓인 장애인들도 너무나 많습니다. 해당 부처를 복 있게 하셔서 이 나라에 속해 있는 모든 장애인들이 소박한 꿈마저 포기하지 않도록 그들을 위한 정책을 꼼꼼히 세워나갈 수 있게 하옵소서.

주님!

정상인도 취직하기 힘든 이 사회이지만, 장애인들이 직장생활을 할 수 있는 길도 열어주시기 원합니다. 나라에서 지급해주는 수당만으로는 생활하기가 너무 버겁다는 것을 아시오니, 고용기회가 넓혀질 수 있는 길을 열어주옵소서.

직장에서 주어진 일을 성실하게 감당함으로써 스스로 보람을 찾을 수 있게 하시고, 정상인에게도 희망의 표징이 될 수 있는 행복을 얻게 하옵소서.
예수 그리스도의 이름으로 기도합니다. 아멘

[기도체크]

Guide for a prayer
우리가 이 땅을 살아가는 동안 믿음의 덕을 세우는 것이야말로 기도 응답의 자양분입니다.

고통 받고 있는 아이들을 기억하소서

Power of word

그의 거룩한 처소에 계신 하나님은 고아의 아버지시며 과부의 재판장이시라 하나님이 고독한 자들은 가족과 함께 살게 하시며 갇힌 자들은 이끌어 내사 형통하게 하시느니라 오직 거역하는 자들의 거처는 메마른 땅이로다(시편 68편 5~6절)

사랑의 주님!

이 땅의 아이들을 위하여 기도할 수 있게 하시니 감사합니다. 특별히 고통 받고 있는 아이들을 위하여 기도할 수 있는 영적인 부담을 주시니 감사합니다.

아이들을 사랑하셨던 주님의 마음을 품고 기도합니다. 이 땅 곳곳에서 고통 받는 아이들을 불쌍히 여기시옵소서. 인권의 사각지대에서 폭력과 학대 속에서 생명의 위협을 느끼며 살아가는 아이들이 있습니다.

심지어 부모에게마저도 모진 학대를 받으며 두려움과 공포 속에서 살아가는 아이들이 있습니다.

어릴 때부터 너무나 큰 아픔과 충격 속에서 헤어 나오지 못하는 순백색의 영혼들을 긍휼히 여기사 구원의 손길을 베풀어 주옵소서.

아이들의 육체와 영혼까지도 파괴하는 일부 어른들과 부모들을 반드시 심판하여 주시옵소서.

주님!

특히, 가난한 나라에서 인권을 유린당하며 짐승처럼 살아야하는 아이들을 기억하옵소서.

아이들이 생계의 수단이나 전쟁의 도구로 이용되는 일이 끝없이 반복되고 있사오니, 공포에 질린 그들의 눈물을 기억하셔서 자유와 평화를 누릴 수 있게 하옵소서.

세계 곳곳에 굶주림에 죽어가는 아이들도 많습니다. 제가 기도를 하는 이 순간도 굶주림에 지친 아이들이 생명의 마지막 끈을 놓지 않으려고 안간힘을 쓰고 있을 것입니다.

부(富)를 누리고 있는 나라들이, 세계는 한 가족임을 깨닫게 하셔서 주님의 마음으로 선한 사마리아인의 역할을 감당할 수 있게 하옵소서.

고통 받는 곳마다 찾아가시는 예수 그리스도의 이름으로 기도합니다. 아멘

[기도체크]

Guide for a prayer

주님은 지금도 고통 받는 자들에게 눈을 떼지 않고 계시며, 그들의 고통에 당신의 사랑하는 백성들이 동참할 수 있기를 기도하고 계십니다.

청소년들을 붙드소서

Power of word

오직 너 하나님의 사람아 이것들을 피하고 의와 경건과 믿음과 사랑과 인내와 온유를 따르며 믿음의 선한 싸움을 싸우라 영생을 취하라 이을 위하여 네가 부르심을 받았고 많은 증인 앞에서 선한 증언을 하였도다(디모데전서 6장 11~12절)

사랑의 주님!
이 세상에 영광과 존경을 돌려드릴 이가 주님밖에 누가 또 있겠습니까? 주님께 영광을 돌려드립니다. 받으시옵소서.

주님!
이 땅에 청소년들을 주심을 감사합니다. 그들을 위하여 기도합니다. 요즘 청소년들이 오염된 문화 속에서 허덕이고 있습니다.
꿈을 버리고 미래를 생각지 않는 학생들이 많아지고 있고, 무책임한 행동과 충동적인 행동에 이끌려 사는 학생들이 많아지고 있습니다.

학생으로서의 본분을 망각하고 탈선하는 학생들도 급증하고 있습니다. 건전하지 못한 시대문화의 영향으로, 청소년들의 비행과 탈선이 심각한 사회적인 문제로 대두되고 있음을 봅니다.

주님!

이 땅의 청소년들을 긍휼히 여기시고 붙들어 주옵소서. 학생이라는 본연의 위치를 충실히 지킬 수 있기를 소원합니다. 배움에 충실할 수 있게 하여 주시고, 기성세대가 남긴 잘못된 풍습을 좇지 말게 하여 주옵소서.

지나면 후회될 일에 감정을 잘못 다스려서 자신들의 미래를 망치는 일이 없게 하시고, 순간의 만족을 위해서 충동에 이끌리는 학생들이 되지 말게 하옵소서.

냉정한 판단력을 주시고, 옳고 그름을 분별할 수 있는 지혜가 있게 하옵소서. 선생님으로부터 가르침을 잘 받게 하여 주시고, 배운 것을 바르게 적용할 수 있는 청소년들이 되게 하옵소서.

특히, 주님을 섬기는 믿음의 청소년들을 붙드셔서 다윗과 같이 주님만을 섬기며 주님만을 의지하게 하시고, 솔로몬과 같은 지혜로움으로 언제나 진리 안에 거할 수 있게 하옵소서. 청소년들을 사랑하시는 예수 그리스도의 이름으로 기도합니다. 아멘

[기도체크]

Guide for a prayer

우리의 기도에는 보응의 기도내용보다 평화의 내용을 많이 담아서 주님의 보좌 앞에 쏟아놓을 수 있어야 합니다.

수험생을 붙드소서

Power of word

주께서 생명의 길을 내게 보이시리니 주의 앞에는 충만한 기쁨이 있고 주의 오른쪽에는 영원한 즐거움이 있나이다(시편 16편 11절)

소망의 주님!

연약한 자의 능력과 소망이 되어주시는 주님이심을 찬양합니다. 주님께서는 의지하는 자의 반석이시요, 구원의 뿔이시요 산성이심을 믿습니다.

주님!

이 땅의 수험생들을 위하여 기도합니다. 수많은 수험생들이 밤잠을 자지 못하며, 심한 스트레스를 받아가며 수능을 준비하고 있습니다. 낙심하거나 포기하지 않도록 그 마음들을 다잡아 주옵소서.

지칠지라도 잘 이겨낼 수 있도록 은총을 내려 주옵소서. 몸을 깎는 그 모든 수고와 희생에 정직한 열매를 거둘 수 있게 하시고, 지긋지긋하게 느껴지는 수능준비일지라도, 준비하는 과정 속에서 뿌린 대로 거둘 수 있는 보람을 얻을 수 있게 하옵소서.

해낼 수 있다는 자신감 속에서 끝까지 최선을 다하여 만족한 결과를 얻을 수 있게 하옵소서.

무엇보다 수험생들의 건강을 붙들어 주옵소서. 저마다 그토록 가고 싶었던 학과에 합격하여 청운의 푸른 꿈을 펼치기까지, 그들의 건강이 걸림이 되지 않게 하옵소서.

주님!

수험생을 두고 있는 부모들에게 함께하여 주시기를 원합니다.

이제껏 수능시험을 준비하는 자녀를 위하여 안쓰러운 마음과 안타까운 마음으로 기도하며 수발해온 줄 압니다. 그 모든 수고와, 마음의 간절함이 헛되지 않도록 은총을 더하여 주옵소서.

자녀와 함께 고생의 탑을 쌓으며 달려온 발걸음이 허물어지지 않도록 축복하여 주옵소서. 모든 수험생들이, 담장너머로 뻗어가는 줄기처럼 형통의 복을 누리게 하실 것을 믿습니다.

수험생들에게 놀라운 지혜로 함께하실 것을 믿사오며, 예수 그리스도의 이름으로 기도합니다. 아멘

[기도체크]

Guide for a prayer

모호한 기도는 모호하게 응답받게 되어 있고 구체적인 기도는 구체적으로 응답받게 되어 있습니다.

청년실업의 문제를 살피소서

Power of word

내가 산을 향하여 눈을 들리라 나의 도움이 어디서 올까 나의 도움은 천지를 지으신 여호와에게서로다(시편 121편 1~2절)

참 좋으신 주님!
주께서 부르신 자들을 언제나 평강에 평강으로 인도하시는 주님이심을 믿습니다. 항상 주님의 은총에 감사하며 영광 돌릴 수 있는 삶이 되게 하옵소서.

주님!
이 나라의 청년실업의 문제를 놓고 기도하기를 원합니다. 이 나라의 청년실업률이 최악에 달해있음을 봅니다. 직장을 구하지 못하여 청년의 때에 마땅히 이루고 싶은 꿈과 계획들을 접을 수밖에 없는 청년들을 돌아보옵소서.
배우고 익힌 실력과 능력이 있어도, 취업의 문이 너무 좁아서 조바심과 초조함 속에 하루하루를 보내야만 하는 청년들을 건져주옵소서.

그들이 마음으로 겪는 고통과 삶의 불안함은 이루 말할 수 없을 것입니다. 자신들의 불안한 미래를 어떻게 헤쳐 나가야할지를 몰라

생을 포기하는 젊은이들도 있습니다.

살기 싫어서 생을 포기하는 것이 아니라, 어떻게 살아야할지 길이 보이지 않아 선택한 죽음일겁니다.

주님!

이 나라의 청년들을 불쌍히 여기시옵소서. 이 나라의 청년들에게 소망을 주옵소서. 청년들이, 때에 맞는 꿈을 마음껏 펼치며 살 수 있는 길을 열어주옵소서.

이 나라의 경제가 회복되게 하시고 기업의 문도 넓어지게 하옵소서. 모든 청년들이 일할 수 있을 때에 일할 수 있는 즐거움을 맛볼 수 있도록 은총을 내려 주옵소서.

그리하여 저출산의 문제도 사라지게 하시고, 자식으로부터 버림을 받는 부모도 없게 하여 주옵소서.

정부와 기업들도 청년실업의 문제를 놓고 계속 고민하면서 해결방안을 모색할 수 있게 하옵소서.

예수 그리스도의 이름으로 기도합니다. 아멘

[기도체크]

Guide for a prayer

기도의 응답은 전심으로 기도하는 열정에 사로잡힐 때에만 하나님의 능력이 깃들게 되어 있습니다.

근로자를 긍휼히 여기소서

Power of word

깨끗한 자에게는 주의 깨끗하심을 보이시며 사악한 자에게는 주의 거스르심을 보이시리니 주께서 곤고한 백성은 구원하시고 교만한 눈은 낮추시리이다 주께서 나의 등불을 켜심이여 여호와 내 하나님이 내 흑암을 밝히시리이다 (시편 18편 26~28절)

긍휼을 베푸시는 주님!
이 민족이 가난에서 벗어나 번영하고 부요한 삶을 누리게 하여 주심을 감사합니다. 이 민족이 이렇게 경제적으로 번영하고 부요를 누리고 있지만, 아직도 이 나라의 백성들 중에 가난을 면키 어려운 수많은 근로자들이 있습니다.

주님!
그들을 위하여 기도하기를 원합니다. 주님은 상한 자를 싸매 주시며 병든 자를 강하게 하시는 분이심을 믿습니다.
가난하게 자랐기 때문에 근로자가 되었고, 근로자가 되었기 때문에 가난을 면키 어려운 저들을 기억하시옵소서.

남달리 노력을 해도 불공정한 분배를 비롯한 사회의 구조적 문제들 때문에, 최소한의 인간다운 삶조차도 보장 받지 못하고 사는 저임금의 근로자들이 아직도 이 땅에 많음을 기억하시옵소서.
힘 있는 사람들과 가진 자들이 먼저 근로자들을 소중히 여기고 고마움을 느낄 수 있게 하옵소서.

기술자와 전문가들, 그리고 사용자와 경영인만으로는 이 사회가 지탱될 수 없음을 깨닫게 하셔서 근로자들의 존재를 재인식할 수 있게 하여 주옵소서.
저임금 근로자들의 피땀 흘린 노동의 대가를 착취하는 기업인들이 없게 하시고, 자신들만 생각하는 탐욕과 이기주의도 없게 하여 주옵소서.

정부의 근로정책도 저임금의 근로자들을 위한 복지정책이 확실하게 수립될 수 있게 하셔서, 근로자들마다 자신이 맡은 일에 마음 놓고 최선을 다하며 떳떳하게 종사할 수 있게 하옵소서.
이 땅의 모든 근로자들을 긍휼히 여기시기를 원하오며, 예수 그리스도의 이름으로 기도합니다. 아멘

[기도체크]

Guide for a prayer
우리의 환경은 달라지지 않습니다. 그러나 기도로 우리 자신이 변화될 수 있다면 우리의 환경은 분명히 달라질 것입니다.

노동자들의 고달픔을 기억하소서

Power of word

그러므로 나는 사람이 자기 일에 즐거워하는 것보다 더 나은 것이 없음을 보았나니 이는 그것이 그의 몫이기 때문이라(전도서 3장 22절)

낮은 곳으로 찾아오신 주님!
평화가 깨지고 슬픔과 고통이 만연된 현장에 주님이 계셨기에 풀꽃 같은 인생들이 새 힘을 얻고 소망을 갖게 된 것을 믿습니다.
주님의 마음은 여전히 그곳에 계시기에 지친 삶의 현장에도 산 소망이 움트게 되는 것을 믿습니다.

주님!
이 땅의 노동자들을 기억하옵소서. 가진 것이 없고 많이 배우지 못하여 노동자가 되었고, 부빌 언덕도 없어 노동자가 된 그들의 고달픈 삶을 돌아봐주시기를 원합니다.
누구도 알아주지 않는 직업이고, 누구도 인정하지 않는 직업입니다. 별을 보며 하루를 시작해야만 하고, 별을 보며 하루를 마감하는 고달픈 직업입니다.
흙먼지를 뒤집어쓰며 땀으로 뒤범벅이 된 채 하루를 마감하는 삶은, 언제나 늘어진 육체만 덩그러니 남아 삶을 더욱 서글프게 합니다.

주님!

그들의 형편과 처지를 우리 주님은 아시지요? 불쌍히 여기시옵소서. 몸을 혹사시켜가며 일을 해야만 겨우 하루의 품삯을 받게 되는 직업일지라도, 부끄러워하거나 주눅 든 인생이 되지 말게 하옵소서.

그들이 하는 일을 통하여 나름대로 삶의 보람을 찾을 수 있게 하시고, 땀 흘린 대로 얻게 되는 정직한 소득의 기쁨을 항상 누릴 수 있게 하옵소서.

자랑스러운 직업이 못된다고 자녀들에게 너무 미안해하지 말게 하시고, 일정한 수입을 갖다 주지 못한다고 너무 속상해하지 말게 하옵소서. 부정한 방법으로 살지 않고 떳떳하게 살 수 있음을 감사하며 보람있게 살아가게 하옵소서.
예수 그리스도의 이름으로 기도합니다. 아멘

[기도체크]

Guide for a prayer
우리가 주님께 쏟아내는 기도는 말씀에 대한 복종으로 그 열매가 확실해집니다.

맞벌이 하는 가정을 기억하소서

Power of word

거기 곧 너희 하나님 여호와 앞에서 먹고 너희 하나님 여호와께서 너희의 손으로 수고한 일에 복 주심으로 말미암아 너희와 너희 가족이 즐거워할지니라(신명기 12장 7절)

사랑의 주님!
저희를 주님의 자녀로 택하여 주셔서 경건한 신앙의 길로 나아가게 하여 주시니 감사합니다. 육신은 차츰 쇠하여 질지라도 영혼은 날마다 새로워지는 기쁨이 있게 하옵소서.

주님!
맞벌이하는 가정을 위하여 기도합니다. 이 땅 곳곳에, 힘든 생활고와 경제적인 압박감을 줄여보려고, 쌓여만 가는 부채를 줄여보기 위하여 맞벌이를 하는 가정들이 있습니다.
또는 집 없는 설움을 극복해 보려고, 자녀들을 잘 키워보겠다는 일념하나로 맞벌이를 하는 가정들도 있습니다.
그들이 맞벌이를 해야만 하는 이유가 어떻든지, 쉴 날 없이 일하고 있는 그들의 삶의 현장을 감찰하시옵소서.

그들의 소박하고도 평범한 삶의 소망이 아름다운 결실로 맺어지게 하시고, 가정을 위하여 땀 흘려 일하는 욕심 없는 헌신이 기쁨의 열매로 맺어질 수 있게 하옵소서.

쓰고 싶은 것 마음대로 쓰지 못하고, 먹고 싶은 것 마음껏 먹지 못하는 아쉬움이 있어도, 더 나은 미래를 바라보며 소망 중에 즐거워할 수 있게 하옵소서.
하는 일들이 너무나 고달프고 힘겨워도, 가정의 행복한 미래를 생각하면서 보람과 위안을 얻을 수 있게 하옵소서.

주님!
때로 오해를 받고 억울한 일을 당하게 되어도 가정을 위하여 희생하는 기쁨으로 넉넉히 이기며 참아낼 수 있게 하옵소서.
가족들 간에 소홀해질 수 있는 대화도 서로의 마음을 헤아려 주며 극복할 수 있게 하시고, 서로를 보듬어 주는 따뜻한 마음으로 끈끈한 가족애를 키워갈 수 있게 하옵소서.
예수 그리스도의 이름으로 기도합니다. 아멘

[기도체크]

Guide for a prayer
그리스도인이 피울 수 있는 꽃 중에 기도의 꽃보다 아름다운 것은 없습니다.

건전한 소비생활이 되게 하소서

Power of word

모든 것이 가하나 모든 것이 유익한 것이 아니요 모든 것이 가하나 모든 것이 덕을 세우는 것이 아니니 누구든지 자기의 유익을 구하지 말고 남의 유익을 구하라(고린도전서 10장 23~24절)

은혜의 주님!

다른 나라의 도움 없이는 살 수 없었던 이 나라를, 이제는 다른 나라에 도움을 줄 수 있는 나라로 일으켜 주심을 감사합니다. 전쟁을 겪으면서 먹을 것과 입을 것이 없어 고생을 하던 때를 생각하면 우리가 지금 이토록 잘살게 된 것이 한없이 감사할 뿐입니다.

하나님의 도우심으로 경제발전을 이만큼 이루어, 이 나라가 세계 여러 나라를 구제하고 돕는 일에도 적극 동참할 수 있는 국가가 되었으니 전적인 주님의 은총임을 믿습니다.

그러나 이 나라에는, 아직도 잘못된 소비문화에 길들여진 사람들이 많이 있음을 봅니다. 그들의 거침없는 낭비풍조가 크고 작은 희생을 감수하며 힘겹게 살아가는 자들의 마음까지도 더욱 시리게 하고 있습니다.

주님!

그들로 하여금 모든 것이 가하나 모든 것이 유익한 것이 아님을 깨닫게 하셔서 자신들에게 주어진 풍족함을 헛되게 사용하는 일이 없게 하옵소서.

소비를 안 하면서 살 수는 없지만 절제된 소비습관을 길러감으로, 그들의 비뚤어진 소비습관이, 또 다른 이에게는 상대적 박탈감으로 느껴지지 않게 하옵소서.

주님!

가진 것이 풍족할지라도 그것으로 자신의 욕구와 욕망을 채우는 일에만 사용한다면 그것이 가난한 인생임을 깨닫습니다.

그들이 누리고 있는 풍족함을 잘 선용하여 어려운 이웃들과도 함께 나눌 수 있는 따뜻함이 있게 하시고, 힘겹게 살아가는 이들에게도 용기와 희망을 줄 수 있는 축복의 통로가 되게 하옵소서.

더 많이 쓰려고 하는데 마음을 쏟기보다, 더 잘 쓰려고 하는데 마음을 쏟을 수 있는 그들이 되게 하옵소서.

예수 그리스도의 이름으로 기도합니다. 아멘

[기도체크]

Guide for a prayer

인생은 가만히 두어도 저절로 병이 들지만, 날마다 기도하면 영혼은 병들지 않습니다.

불신 이웃을 긍휼히 여기소서

Power of word

하나님은 모든 사람이 구원을 받으며 진리를 아는데 이르기를 원하시느니라(디모데전서 2장 4절)

천하보다 한 영혼을 귀하게 보시는 주님!

저희가 그 사랑을 입었기에 구원받은 주님의 백성이 되었음을 감사합니다. 주님의 그 애틋함이 저희의 마음에도 겹겹이 쌓여지게 하옵소서.

주님!

아직도 주님을 만나지 못한 불신 이웃을 위하여 기도합니다. 그들의 영혼과 가족을 불쌍히 여기셔서 주님께로 돌아올 수 있도록 구원의 은혜를 베풀어 주옵소서.

그들은 반드시 지옥 가서는 안 될 영혼들임을 믿습니다. 반드시 천국 가야만 할 영혼들임을 믿습니다. 만세전부터 택하시고 부르시기로 작정하신 영혼들임을 믿습니다. 어서 속히 그들에게 믿음의 눈을 열어 주셔서 구원의 주님을 만나게 하시고, 하나님의 자녀의 권세를 누리는 은총을 얻게 하옵소서.

그들로 하여금, 예수 그리스도 외에는 천하 인간에 구원을 얻을만한 다른 이름을 우리에게 주신 일이 없음을 깨닫게 하셔서, 더 이상 마귀의 권세 아래서 죄에게 종노릇하며 사는 영혼들이 되지 말게 하옵소서.

주님!
성령님이 그들의 마음을 깨닫게 하셔서 주님 앞으로 돌아오게 하여 주실 것을 믿습니다. 회개할 수 있는 기회와 은총을 베풀어 주실 것을 믿습니다. 예수 그리스도 안에서 생명을 얻되 넘치도록 얻는 삶을 살게 하여 주실 것을 믿습니다. 천국 백성이 되게 하여 주실 것을 믿습니다.

주님!
먼저 된 주의 백성들이, 그들이 주님 앞으로 돌아오기까지 마음을 다하여 기도할 수 있게 하시고, 그들에게 힘을 다하여 복음을 전할 수 있게 하옵소서. 그리하여 그들도 하나님께 영광 돌리는 복된 자녀의 복을 누릴 수 있게 하옵소서.
예수 그리스도의 이름으로 기도합니다. 아멘

[기도체크]

Guide for a prayer
주님의 십자가의 사랑을 깨달은 자는 영혼을 구원해내기 위한 기도무릎을 결단코 쉬지 않습니다.

[부록]

응답받는 기도 포인트 성경구절

교회선택의 십계명

1. 감사함으로(빌 4:6)

감사는 기도의 시작이요, 마무리입니다. 사도바울은 오직 모든 일에 감사함으로 하나님께 아뢸 것을 강조했습니다. 감사의 기도야말로 하늘 문을 여는 열쇠입니다.

2. 회개부터(겔 18:30)

기도는 거룩하신 하나님과의 대화이므로, 우리에게 죄악이 있을 때에는 기도를 해도 아무 소용이 없습니다. 그러므로 기도하는 사람은 먼저 자신을 돌아볼 수 있어야 합니다.

3. 겸손하게(잠 3:34)

하나님은 거만한 자를 비웃으시되 겸손한 자에게는 은혜를 베푸신다고 하셨습니다. 그리고 주님은 상하고 통회하는 자를 멸시하지 않으십니다(시 51:17).

4. 솔직하게(요 15:7,16)

바라는 것을 솔직하게 간구하십시오. 하나님께서는 우리의 마음을 아시기에 무엇을 구하든지 응답해주시기를 기다리고 계십니다.

6. 용서한 후에(막 11:25)

하나님은 용서의 하나님이시기 때문에 마음에 분을 품고 기도하는 것을 경멸하십니다. 하나님이 우리를 용서해주신 것을 기억하십시오.

7. 성령 안에서(엡 6:18)

성령님은 우리의 기도를 도우시는 분이요, 우리를 위해서 친히 간구하시는 기도의 영입니다. 그러므로 성령 안에서 기도하기를 힘써야 합니다.

8. 하나님의 뜻대로(마 26:39)

기도는 내 뜻대로 이루어지는 것이 아니요, 하나님 아버지께서 아버지의 뜻대로 이루어주시는 것이기 때문에 우리의 욕망이 아닌 아버지의 뜻대로 기도해야만 합니다.

9. 성급하지 않게(유 1:20~21)

하나님은 자기 자신보다 우리를 더욱 사랑하고 계시기 때문에 꼭 필요한 하나님의 때에 응답해주시기를 기뻐하십니다. 때로는 느린 것 같고 때로는 응답이 없으므로 불안과 초조가운데 있으나, 하나님께서는 가장 좋은 때에 가장 좋은 방법으로 우리에게 응답해주시기를 원하십니다.

10. 받은 줄로 믿고(막 11:24)

예수님께서 기도하고 구하는 것은 받은 줄로 믿으라고 친히 약속하셨습니다. 그리고 믿음은 기도의 응답의 생명입니다.

11. 간절하게(잠 8:17, 렘 29:13)

우리가 전심으로 기도하는 열정에 사로잡힐 수 있다면, 우리에게 하나님의 능력은 언제나 깃들게 되어있습니다.

12. 무릎 꿇고(왕상 8:54, 눅 22:41)

오늘도 하나님께서는 입술의 사람이 아닌 무릎의 사람들에게 능력과 감화를 더해주십니다. 그리고 무릎 꿇는 사람은 절대로 넘어지지 않습니다.

13. 끈질기게(눅 18:7)

열심이 없는 기도는 죽은 개로 벼룩을 사냥하는 것과 같고, 눈먼 매로 빈대를 잡으려는 것과 같습니다. 예수님은 불의한 재판관을 예로 드시면서, 우리가 끈질기게 기도할 것을 말씀하셨습니다.

14. 낙심하지 말고(갈 6:9)

근심, 초조, 불안, 낙심가운데 기도하고, 기도한 후에도 계속해서 근심, 초조, 불안, 낙심 가운데 살면 기도응답의 기쁨은 영원히 주어지지 않습니다.

15. 끝까지(창 32:36)

하나님의 응답이 더디다고 생각될 때, 기도를 중단하는 자들이 있습니다. 그러나 끝까지 기도할 때 하나님의 응답이 깃들게 되어 있고, 그분의 능력을 경험할 수 있습니다.

16. 쉬지 말고(삼상 12:23)

기도는 호흡과 같은 것입니다. 기도의 생활화, 생활의 기도화가 되어 있으면, 언제나 우리는 하나님이 주시는 응답을 경험하는 행복한 삶을 살 수 있습니다.

17. 순간마다(창 24:63)

사탄은 틈을 비집고 들어오는 존재입니다. 매순간마다 깨어서 기도하는 자에게는 사탄이 미혹하거나 시험할 틈이 보이지 않습니다.

18. 구체적으로(눅 11:5)

우리는 육신의 부모님께 구체적으로 나의 필요를 요청할 때가 있습니다. 때로 하나님 아버지께도 구체적으로 기도할 수 있어야 합니다.

19. 믿음으로(약 1:6~8)

믿음의 기도만이 우리가 전능하신 하나님을 움직일 수 있는 능력이요, 응답의 역사를 펌프질 할 수 있는 통로가 됩니다.

20. 진실하게(마6:7)

하나님은 우리에게 중언부언 하는 기도가 아니라, 정직과 진실이 묻어있는 기도를 원하고 계십니다.

21. 하나님을 기쁘시게(마 6:33)

하나님은 당신을 기쁘시게 한 자녀에게 모든 것으로 채워주시기를 간절히 원하고 계십니다.

22. 하나님의 뜻대로(막 14:36)

우리가 생각하기에 하나님의 뜻을 구하는 것은 작게 구하는 것 같지만, 사실은 더 크게 구하는 것임을 깨달아야 합니다.

23. 새벽에(막 1:35)

성경의 기사와 이적은 거의 다 새벽에 일어났습니다. 새벽이슬을 머금은 풀을 먹은 양은 하루 종일 목마르지 않습니다.

24. 금식하며(마 4:2, 에 4:3,16)

주님은 공생애 사역을 시작하기 전에 40일 동안 금식기도 하셨고, 수많은 성경의 인물들이 금식 기도함으로 하나님이 주시는 응답을 체험했습니다.

25. 말씀을 의지하여(막5:1~7)

주님이 우리에게 주신 말씀은 우리가 의지하라고 주신 말씀입니다. 기도도 말씀에 의지하여 기도한다면 확실한 기도의 응답을 받을 수 있습니다.

26. 통곡함으로(사 38:1~8)

구약성경의 히스기야는 하나님의 진노 속에서 잘못을 뉘우치고 기도하였는데, 그는 벽을 마주하고 통곡의 기도를 드림으로 하나님의 응답을 받았습니다.

27. 찬송하면서(행 16:16~34)

바울과 실라는 찬송으로 옥문이 열리는 하나님의 능력을 체험했습니다. 감옥이 그를 가둔 것이 아니라, 바울과 실라가 감옥을 가두었습니다.

28. 오래도록(출 33:11, 수10:22)

구약성경에 하늘의 해와 달을 멈출 수 있었던 여호수아의 능력은 그의 깊은 기도습관에서 비롯된 것입니다. 오래 기도하는 습관을 가질 수 있다면, 어느 순간 짧은 기도에도 하나님의 응답은 즉각 나타날 수 있습니다.

29. 반복하여(삼상 1:9~18)

반복의 기도는 물이 바위를 뚫는 것과 마찬가지입니다. 한나의 기도는 한 가지 기도제목을 놓고 계속 기도함으로 그가 원하는 것을 모두 받는 기도의 응답의 축복을 받았습니다.

30. 끈질기게(창 32:13~31)

구약성경의 야곱은 환도뼈가 위골되는 고통을 겪으면서도, 천사와 씨름하여 새롭게 되는 하나님의 응답을 체험할 수 있었습니다.

31. 하나님으로 쉬지 못하게(사 62:6,7)

하나님을 쉬지 못하게 한다는 말에 모순이 있지만, 부지런한 기도야말로 하나님의 보좌를 움직일 수 있는 기도가 될 것입니다.

32. 물러서지 않음으로(히 10:38)

뒤로 물러가는 기도생활은, 어쩔 수 없이 하나님의 능력과도 거리가 멀어질 수밖에 없습니다.

33. 약한 것을 강하게(고전 1:27)

약한 것을 없애달라고 기도하는 것보다 약한 것을 강하게 해달라고 기도할 수 있어야 합니다. 하나님은 약한 것을 통하여 강한 것을 부끄럽게 하시는 분입니다.

34. 분명한 목적을 가지고(마9:27~31)

신약성경의 맹인 바디매오는, 눈을 뜨고자 하는 목적을 가지고 부르짖었기에, 평생 뜨지 못했던 눈을 떠서 보게 되는 기적을 체험하게 되었습니다.

35. 동역자들과 같이(출 17:8~16)

구약성경의 모세는 기도하러 산꼭대기에 올라갈 때 아론과 훌을 데리고 올라갔습니다. 기도의 동역자가 있으면 넘어지더라도 힘이 됩니다.

36. 낮춤으로(약 4:6)

주님을 높이고, 자신의 공로를 내세우지 않는 겸손한 기도는 주님의 기도를 닮아가는 아름다운 기도모습입니다.

37. 앞장서서 일하며(롬 12:11)

하나님은 당신을 위하여 일하는 분량만큼 능력을 더하여 주십니다.

38. 시간을 정하여(눅 22:39, 행 3:1)

성경을 보면 예수님도 규칙적인 기도생활에 힘쓰셨고, 제자들도 시간을 정하여 규칙적인 기도생활에 힘쓴 것을 볼 수 있습니다.

39. 우상을 버리고(출 20:1~6)

기독교에서 말하는 우상이란, 하나님보다 더 사랑하는 모든 것을 말합니다. 우리의 기도에 하나님의 능력이 깃들게 하려면 "주님께서 절대적으로 내게 첫째인가?"를 살피는 것이 우선입니다.

40. 인색함이 없이(마 7:2)

우물의 물은 퍼서 써야만 새로운 물로 채워집니다. 기도의 새로운 능력을 날마다 체험하려면 퍼주는 것이 습관화되어 있어야만 합니다.

41. 의심을 버리고(약 1:6,7)

의심하는 것은 곧 하나님을 거짓말하는 자로 만드는 것이기 때문에, 그분을 전적으로 신뢰하는 것이 정말 중요합니다.

42. 분노심을 없애고(막 11:25)

타인에게 분노심을 품고 있으면, 하나님의 귀를 막아 자기의 간구를 못 듣게 하는 것이나 마찬가지입니다. 저주의 마음은 기도의 가장 무서운 적입니다.

43. 열정적으로(렘 33:2~3)

아무감정 없이 냉랭한 마음으로 기도하는 것은, 하나님의 능력의 불꽃에 물을 끼얹는 것이나 마찬가지입니다.

44. 뜻을 세우고(단 6:1~10)

구약성경은 다니엘이 단지 기도만 열심히 한 사람이 아니라, 하나님의 영광을 드러내기 위한 뜻을 세운 기도를 하였기에, 하나님의 능력이 그와 함께 하셨습니다.

45. 환경을 초월하여(막 1:35)

기도할 환경이 조성되었기에 기도하는 것은 기도가 아닙니다. 주님의 기도생활은 환경을 초월한 기도생활이셨습니다.

46. 기도하기 싫으면(사 55:6~9)
기도하기 싫으면 예수님도 만날 생각을 하지 마십시오. 예수님이 기도하지 않는 사람을 본다는 것은 그분에게는 곤욕이지 즐거움이 아닙니다.

47. 낙망하지 않고(눅 18:1~8)
우리는 기도하다가 응답이 더디면 낙망할 수 있지만, 그럴수록 포기하지 않고 더 적극적으로 기도의 자리로 나아갈 수 있어야 합니다.

48. 하나님의 방식대로(롬 8:28)
내가 원하는 방식대로 응답을 주셔야만 기도응답이라고 생각하지 마십시오. 우리의 기도를 들으시는 하나님은 우리에게 모든 것을 합력하여 선을 이루시는 하나님이십니다.

49. 영혼이 잘되기를(요삼 1:2)
영혼이 잘되기를 위하여 기도하십시오. 영혼이 건강해야 범사가 잘되는 하나님의 인도를 받을 수 있습니다.

50. 하나님을 더 사랑함으로(시 18:1~2)
기도의 응답을 사랑하기보다 하나님을 더 사랑하십시오. 기도를 통해서 얻어내려는 것에만 집착하면 마음을 쏟는 기도를 해도 하나님이 듣지 않으십니다. 하나님은 우리와 바른 관계를 원하십니다.

51. 하나님의 주권을 의지하며(삼상 17:34,35)

구약성경의 다윗이 거인골리앗을 이기는 하나님의 능력을 맛볼 수 있었던 것은, 하나님의 주권을 전적으로 의지했기 때문입니다.

52. 주일을 잘 지키며(출 20:8~10)

하나님께서는 어떤 경우든 그분의 시간을 도적질하는 사람의 기도는 듣지 않으십니다.

53. 꾸준하게(시 1편, 살전 5:17)

언제나 기도할 수 있게 해달라는 것을 기도의 첫 제목으로 삼으십시오. 시냇가에 심은 나무가 계절을 따라 좋은 과일을 맺을 수 있는 것은, 항상 그곳에 심겨져 있기 때문입니다.

54. 갈망하며(시 42:1~5)

하나님은 말을 잘하는 기도보다, 하나님 자신을 갈망하는 마음으로 찾는 자의 기도에 응답하시기를 원하십니다.

55. 무엇으로 심든지(갈 6:7~8)

기도는 하나님께 심는 것입니다. 기도를 많이 심으면 심을수록, 많은 열매를 거두게 하시는 그분의 은총을 누릴 수 있습니다.

56. 승리를 확신하며(민 14:6~9)

구약성경의 갈렙은 이스라엘이 열세인데도 불구하고 승리를 확신하였기 때문에 가나안 땅에 들어가는 축복의 주인공이 될 수 있었습니다.

57. 물대는 작업(사 58:11)

물댄 곳에서 왕성한 생명의 현상이 나타나듯, 기도하는 자만이 새롭게 하시는 하나님의 능력을 체험할 수 있습니다.

58. 썩어짐으로(요 12:24)

한 알의 밀이 땅에 떨어져 죽어야만 많은 열매를 거둘 수 있듯이, 자기의 생각과 의견을 완전히 죽여야만 기도의 많은 열매를 맺을 수 있습니다.

59. 영적인 건강을 위하여(마 7:17~18, 빌 2:12)

아무리 좋은 나무도 병이 들면 열매를 맺을 수 없듯이, 영적으로 병들어 있으면 기도의 열매를 맺을 수 없습니다.

60. 성전에 나와서(행 3:1~2)

하나님은 어디에나 계시는 무소부재하신 분이시지만, 또한 어디에서나 함께하시는 분이지만, 특별히 성전을 통하여 당신의 응답의 창고를 열기를 원하십니다.

61. 순종함으로(삼상 15:22~23)

말씀에 대한 순종을 생활화하십시오. 이것이 뒷받침 된다면 우리의 기도 생활에는 언제나 그분의 함께하심으로 응답의 꽃을 피우게 될 것입니다.

다도고 다능력/多禱告 多能力

소도고 소능력/少禱告 少能力

무도고 무능력/無禱告 無能力

많이 기도하면 많이 능력 받고,

적게 기도하면 적게 능력 받고,

기도하지 않으면 아무 능력도 받지 못한다는 뜻임.

능력 있는 신앙생활은 기도무릎에 달려있다.

[교회 선택의 십계명]

교회를 선택하실 때 건물을 보고 아름답다거나, 환경이 좋다거나 나쁘다거나, 혹은 규모가 크고 작은 것을 보지 말고, 또는 목회자의 명성이나 외모를 보지 말고 그 안에 담긴 신령한 면을 보십시오.

1. 예배가 사람중심의 예배인가, 하나님중심의 예배가 드려지는가를 꼼꼼히 살펴보십시오.

하나님께 예배를 드린다고 하지만, 사람을 기쁘게 하기 위하여 예배를 이용하는 교회는 하나님께서 받지 않는 예배를 드리는 교회이므로 평생을 다녀도 헛수고가 되기 때문에 하나님중심의 예배를 드리는 교회를 찾아야 합니다.

2. 목회자가 감정폭발만 시키는가, 성령의 역사로 기도하고 찬송하게 하는가를 살펴보십시오.

감정폭발은 육신의 스트레스를 해소시킬 수 있어 잠시 기쁠지 몰라도, 우리 안에 있는 영은 슬퍼하며 쇠약해지기 때문에 성령님께서 역사하시는 교회를 찾아야 합니다.

3. 목회자가 영광을 받으려고 하는가, 하나님께 영광을 돌리려고하는가를 살펴보십시오.

하나님이 받으실 영광을 사람이 대신 취하고 있다면, 이는 교회가 아니며 우리의 영혼을 착취하고 있는 것입니다. 그러므로 교회의 모든 부분에서 하나님을 영화롭게 하는 교회를 찾아야 합니다.

4. 사람의 철학을 가르치는가, 하나님의 말씀을 가르치는가를 살펴보십시오.

어느 목회자가 하나님의 말씀을 전하지 않는다고 하겠습니까만, 그러나 성경을 읽은 다음 덮어두고, 자기 말이나 사람(위인)들의 말만을 한다면, 성도들의 영은 자신도 모르는 사이에 시들어 병들어가게 됩니다. 그러므로 하나님의 말씀인 성경을 통해서 하나님의 뜻을 바르게 전하는 교회를 찾아야 합니다.

5. 성도들이 성령님으로 주시는 은혜에 만족하는가, 목회자가 자기 권위에 만족하는가를 살펴보십시오.

목회자는 화려한 경력과 깊이 있는 설교를 유창하게 하면서 자신은 만족하지만, 성도들의 영은 시들어가서 기도원이나 다른 교회의 부흥회에 은혜 받으러 다녀야 한다면, 신앙생활이 고달프기만 하지 영혼의 만족을 얻을 수 없게 되므로 성도들의 영혼을 만족시켜 주는 교회를 찾아야 합니다.

6. 어려운 교회나 개인을 돕는 것이 과시용인가, 사랑으로 하는 것인가를 살펴보십시오.

미자립 개척교회를 돕는 일이나 소년소녀 가장이나 어려운 이웃을 돕는 일, 심지어 선교사를 파송하거나 자원하는 일들도 목회자 자신이나 교회를 과시하기 위한 전시용인 경우가 많습니다. 그러므로 구제와 선교를 위하여 헌신하는 자세로, 오른손이 하는 것을 왼손이 모르게 하고 있는 아름다움이 숨어있는 교회를 찾아야 합니다.

7. 주님의 말씀을 이용하여 착취를 하는가, 은혜로운 헌금을 하나님께 드리는가를 살펴보십시오.

하나님의 은혜에 감사하여 헌금을 드리고 복을 받는 것은 기독교의 기본적인 경제관으로 기복신앙이 아닙니다.

그러나 축복을 이용한 착취를 하고, 너무 많은 헌금종류로 한 푼이라도 더 걷어내려는 방법을 동원하며, 심지어 헌금을 걷어 들이기 위해 부흥회를 하는 교회, 심령은 괴로워 고통 중에 죽어갈 수밖에 없습니다.

그러므로 살아계신 하나님을 경험함으로 감사할 일이 넘치게 되어 헌금과 헌신을 하고 싶게 하는 교회를 찾아야 합니다.

8. 율법적인가? 은혜와 사랑으로 하나 되어 봉사하고 섬기며 교제하는 교회인가를 살펴보십시오.

에베소 교회처럼 은혜는 메마르고, 거룩함만을 주장하고, 자그마한 잘못도 용납하지 않는 율법적인 교회가 아니라, 때로는 투정하고 응석을 부리면 받아주고 이해하며, 때로는 약간의 단점도 있지만 허다한 죄를 사랑으로 덮어주고, 상처 입은 심령을 싸매주는 따뜻함이 하나로 연결되어 있는 수평적인 교회를 찾아야 합니다.

9. 목회자의 가정이 화목한가, 위선인가를 살펴보십시오.

목사의 사모는 목사의 신앙상태, 마음상태, 영적상태와 인격과 삶을 대변하는 대변인이나 마찬가지입니다. 사모의 입에서 늘 감사의 말이 흘러넘치는가? 불평의 말만 쏟아놓고 있는가?

사모의 입에서 감사와 찬양이 가득하고 얼굴에 기쁨이 충만한 모습인 교회는 성도들도 목사님의 가정을 따라 성도들의 가정에 천국이 이루어집니다.

10. 목사님의 친구가 누구이며, 어떻게 평가하는가를 살펴 보십시오.

목사님의 친구들이 세상명예와 대외적인 자랑에 매여 있는가, 사람보다 하나님을 갈망하는 분들인지 살펴보십시오. 목사님이 명예와 권세와 사람보다 주님을 친구로 삼고 있다면 얼마나 좋을까요?

지금의 교회는 교회라고 해서 다 주님의 몸 된 교회가 아닙니다. 간판은 교회이되 주님이 안 계신 교회도 있기 때문입니다.

교회를 가장한 이단 교회도 있습니다.
다툼과 싸움이 반복되는 교회도 있습니다.
영성보다 문화를 추구하는 교회도 있습니다.
복지를 가장한 이윤을 추구하는 교회도 있습니다.
하나님보다 황금을 섬기는 교회도 있습니다.
영혼보다 건물을 중시하는 교회도 있습니다.

그러므로 당신의 믿음이 건강하다고 자부하지 마십시오. 아무리 건강한 믿음일지라도 교회를 잘못 선택한 순간 믿음에서 멀어질 수 있습니다.

앞에서 언급한 교회선택의 십계명이, 당신이 교회를 선택하실 때 작은 도움이라도 되었으면 좋겠습니다.